Kerry & Chris Shook

Was wäre, wenn ich noch einen Monat zu leben hätte

Für Ryan, Josh, Megan und Steven

So wie wir euch erzogen haben,
habt ihr in vieler Hinsicht uns erzogen.
Wir beten, dass ihr immer so leben werdet,
dass ihr nichts zu bereuen habt.

Kerry & Chris Shook

Was wäre, wenn ... ich noch einen Monat zu leben hätte

Die 30-Tage-Chance, das Leben neu zu ordnen

BRUNNEN
VERLAG BASEL · GIESSEN

Bibliografische Information der Deutschen Bibliothek
Die Deutsche Bibliothek verzeichnet diese Publikation in der Deutschen Nationalbibliografie; detaillierte bibliografische Daten sind im Internet über http://dnb.ddb.de abrufbar.

Die Bibelstellen sind, soweit nicht anders angegeben, der revidierten «Hoffnung für alle» (2002) entnommen

Titel der amerikanischen Originalausgabe: «One Month to Live», von Kerry und Chris Shook, herausgegeben von WaterBrook Press, a division of Random House, Inc., 12265 Oracle Boulevard, Suite 200, Colorado Springs, Colorado 80921, USA

Übersetzung aus dem Amerikanischen: Christian Rendel, Witzenhausen

Umschlag: Waterproof Grafikdesign, Ingo C. Riecker, Neuffen
Foto Umschlag: Mauritius Images / Haag + Kropp
Satz: Bertschi & Messmer AG, Basel
Druck: Bercker, Kevelaer
Printed in Germany

ISBN 978-3-7655-1912-3

Inhalt

Drittes Prinzip
Lerne demütig

Viertes Prinzip
Lass unerschrocken los

Vorwort von Rick Warren

Nichts schärft den Blick fürs Wesentliche so sehr, wie wenn man erfährt, dass man bald sterben wird. Viele von uns würden dann plötzlich merken, dass wir unser Leben mit Dingen verbracht haben, die nicht wirklich wichtig sind. Etliche von uns verbringen das Leben mit dem verinnerlichten «Wenn-Dann»-Denken und glauben, «wenn» dies oder jenes passiert, «dann» würden wir wirklich anfangen zu leben und etwas wirklich Bedeutsames für Gott tun.

Diese Art zu leben werden Sie garantiert bereuen. Am Ende Ihres Lebens zählt nur eines – ob Sie Gottes Ziel für Ihr Leben erreicht haben. Jesus war erst zwölf, als er sagte: «Ich muss im Haus meines Vaters sein.» Nur einundzwanzig Jahre später konnte er zum Vater sagen: «Ich habe deinen Auftrag erfüllt.» Wenn wir alle unser Leben mit einer so klaren Linie und Konzentration führen würden, wer weiß, was Gott dann in der Welt bewirken würde!

Die Furcht vor dem Tod lähmt die meisten Menschen und hindert sie daran, die nötigen Risiken einzugehen, um Gottes Plan für ihr Leben zu erfüllen. Kerry und Chris Shook möchten Ihnen zu einer erstaunlichen Einsicht verhelfen: Indem Sie Ihre Sterblichkeit annehmen, werden Sie frei für ein sinnvolles und befriedigendes Leben, in dem Sie nichts zu bereuen haben. So wie Königin Esther stellt Gott jeden von uns «um dieser Zeit willen» in die Welt. *Was wäre, wenn ich noch einen Monat zu leben hätte* ist eine großartige Möglichkeit, jenes Leben voller Sinn, Freude und Erfüllung zu finden, für das Gott Sie geschaffen hat!

Rick Warren
Gründungspastor der Saddleback Church
Verfasser des internationalen Bestsellers *Leben mit Vision*

Ein Wort von den Verfassern

Wenn Sie nur noch einen Monat zu leben hätten, was würden Sie ändern?

Dieses Buch ist in vieler Hinsicht einzigartig. Vor allem, wie schon der Titel und die obige Frage zeigen, scheuen wir uns nicht, unbequeme Fragen zu stellen. Über zehn Jahre haben wir darauf gewartet, dieses erste Buch zu schreiben, und diese Seiten enthalten die entscheidende Botschaft, der wir uns verschrieben haben – wie man das Leben voll ausschöpft, indem man leidenschaftlich und zielbewusst lebt, so wie wir zu leben geschaffen wurden. Indem wir die Tatsache annehmen, dass unsere Zeit auf der Erde begrenzt ist, können wir bewusst leben. Und wir können aufhören, die Freude und den Frieden, die aus dem Umstand entstehen, dass wir unsere gottgegebene Bestimmung erfüllen, auf später zu verschieben. Falls Sie nicht zu den Menschen gehören, die überhaupt nichts haben, was sie in ihrem Leben verändern wollen, freuen wir uns darauf, mit Ihnen gemeinsam der Frage nachzugehen, was es heißt, so zu leben, als ob dieser Monat unser letzter wäre.

Einzigartig ist dieses Buch auch wegen der Art und Weise, wie wir es geschrieben haben. Wir beide, Kerry und Chris, sehen unser Leben und unseren Dienst als eine gleichberechtigte Partnerschaft. Wir sind seit über zwanzig Jahren verheiratet und haben die ganze Zeit über gemeinsam im Dienst gestanden, und wir funktionieren wirklich besser als Team. Im gemeinsamen Ringen und Ausstrecken, Wachsen und Feiern haben wir die auf diesen Seiten enthaltene Botschaft ausgelebt. Deshalb stammt etwa die Hälfte der Erfahrungen und Einsichten, die wir in diesem Buch weitergeben, von Kerry (dem Mann), die andere Hälfte von Chris (der Frau).

Um der leichteren Lesbarkeit willen ist das Buch jedoch in der ersten Person aus einem einzigen Blickwinkel geschrieben. Dadurch vermeiden wir den verwirrenden Wechsel zwischen «ich» (Kerry) und «ich» (Chris) und damit eine unnötige Ablenkung von der entscheidenden Botschaft, um die es uns geht. Indem wir unsere beiden Stimmen zu einer einzigen vereinigen, möchten wir auch unterstreichen, dass unsere Botschaft über alle demografischen Aspekte hinausgeht. Sie betrifft Männer wie Frauen, Singles wie Paare, Reiche wie Arme und Menschen aus allen Kulturen rund um die Welt.

Wo immer Sie auf Ihrer Lebensreise auch stehen mögen, wir laden Sie ein, umzublättern und die Frage zu beantworten, die wohl für immer Ihre Art und Weise zu leben verändern wird.

Kerry und Chris Shook

Als wäre es Ihr letzter Monat

Die Herausforderung

Ich verpflichte mich, aus Gottes Kraft
die nächsten dreißig Tage so zu leben,
als wären sie meine letzten,
damit ich das Leben voll ausschöpfen kann!

____

Ihr Name

____

Name Ihres Freundes bzw. Partners /
Ihrer Freundin bzw. Partnerin

____

Ort, Datum

Nehmen Sie die Herausforderung gemeinsam
mit einem Freund oder Partner an,
damit Sie sich gegenseitig ermutigen können.

Tag 1

Einführung

Der gelebte Bis-Strich

Der Tod ist universeller als das Leben:
Jeder stirbt, aber nicht jeder lebt.
Alan Sachs

Ich bin überzeugt, dass es nicht die Furcht vor dem Tod, vor dem Ende unseres Lebens ist, die uns bis in den Schlaf verfolgt, sondern vielmehr die Furcht ... dass es aus der Sicht der Welt überhaupt keinen Unterschied machen könnte, ob wir je gelebt haben.
Harold Kushner

Ihre Zeit auf der Erde ist begrenzt.

Wie unangenehm Ihnen dieser Gedanke auch sein mag, es ist eine Tatsache. Egal, wer Sie sind, wie jung oder alt, wie erfolgreich Sie bisher waren oder wo Sie leben, der Tod ist und bleibt der große Gleichmacher. Mit jedem Ticken der Uhr geht ein Moment Ihres Lebens vorbei. Selbst während Sie diesen Absatz lesen, verstreichen Sekunden, die Sie nie wieder zurückholen können. Ihre Tage sind gezählt, und jeder, der vergeht, ist für immer dahin.

Wenn es Ihnen so geht wie mir, sind Sie vielleicht in Versuchung, diese Realität als etwas Hartes, Unwillkommenes zu empfinden, sich davon überwältigen und sogar lähmen zu lassen. Aber das ist nicht das Ziel, mit dem ich dieses Buch schreibe – im Gegenteil. Ich bin überzeugt, statt uns zu hemmen und auf Nummer Sicher gehen zu lassen, *kann es unglaublich befreiend für uns sein, wenn wir die Tatsache annehmen, dass unsere Zeit auf der Erde eine begrenzte Ressource ist.* Die meisten von uns würden anders leben, wenn wir wüssten, dass wir nur noch einen Monat zu leben haben. Wir würden uns selbst treuer sein und unsere Zeit bewusster einsetzen. Doch ein solcher Gegensatz wirft die Frage auf: *Was hält uns eigentlich davon ab, schon jetzt so zu leben?*

Meine Motivation, die Antwort darauf zu finden – und besser noch, sie zu leben und Ihnen zu helfen, sie ebenfalls zu leben –, ist zum Teil aus meinen Erfahrungen im Gemeindedienst entstanden. In dieser Aufgabe hatte ich das Vorrecht, mit vielen Leuten im Angesicht des bevorstehenden Endes ihres Erdenlebens Zeit zu verbringen. Während viele von ihnen die Stadien der Trauer durchlaufen – Schock, Verleugnung, Handeln, Schuldgefühle, Zorn, Depression, Akzeptanz –, nehmen die meisten als Konsequenz aus dem Wissen über ihren unheilbaren Zustand radikale Veränderungen vor. Sie nehmen sich die Freiheit, zu sagen, was sie wirklich denken, und zu tun, was sie wirklich wollen. Sie bitten um Vergebung und vergeben anderen. Sie denken nicht mehr nur an sich selbst, sondern wenden sich den Menschen zu, die sie lieben, und lassen sie wissen, wie viel sie ihnen bedeuten. Sie gehen Risiken ein, die sie vorher nie auf sich genommen hätten, und erlauben sich, alle Sorge fahren zu lassen und jeden Tag dankbar anzunehmen. Ihre Prioritäten scheinen sich ganz neu zu klären, wie etwa ihre Beziehung zu Gott und das bleibende Vermächtnis, das sie hinterlassen werden.

Im Laufe der Jahre, in denen ich andere Menschen in ihren letzten Tagen beobachtete, fing ich an mich zu fragen: *Warum können wir nicht alle mehr so leben, als würden wir sterben? Ist das nicht genau die Art, wie wir eigentlich von Anfang an leben sollten? Nämlich so, dass wir entdecken, wofür wir geschaffen sind, und in der begrenzten Zeit, die uns gegeben ist, unsere einzigartigen Gaben ausnutzen?* Also machte ich letztes Jahr auf einer Mitarbeiterfreizeit ein kleines Experiment und stellte den Leuten aus unserem Team folgende Frage: Wenn du wüsstest, dass du nur noch einen Monat zu leben hättest, inwiefern würdest du anders leben? Ich gab jedem von ihnen ein Tagebuch und forderte sie auf, die nächsten dreißig Tage so zu leben, als wären es ihre letzten, und aufzuschreiben, was sich veränderte.

Es kam wahrhaft Lebensumwälzendes dabei heraus! Am Ende der dreißig Tage hatten wir alle ein klareres Zielbewusstsein und eine erneuerte Leidenschaft für die Dinge, die wirklich zählen. Viele Leute unternahmen Großartiges, wie man es nur einmal im Leben macht, zum Beispiel den Traumurlaub auf Hawaii mit ihrem Ehepartner, oder sie machten endlich ernst mit einem gesunden Lebensstil und nahmen zehn Kilo ab oder versöhnten sich mit einem Elternteil, den sie jahrelang vernachlässigt hatten.

Bei mir bekamen die kleinen Dinge des Alltags eine ganz neue Bedeutung und veränderten für immer mein Leben. Es wurde mir zu einer echten Freude, meine beiden jüngsten Kinder jeden Tag in die Schule zu bringen. Mir wurde ganz deutlich bewusst, was für ein heiliger Moment es jeden Morgen ist, wenn ich mit Steven «Zwanzig Fragen» spiele oder mir mit meiner heranwachsenden Tochter Megan alberne Lieder ausdenke. Ich nahm mir Zeit, mich mit meinen beiden ältesten Söhnen Ryan und Josh einmal in der Woche nach der Schule in ihrem Lieblingsrestaurant zu treffen, einfach um etwas gemeinsam zu unternehmen. Viele unserer Mitarbeiter setzten alles daran, bei den Ballspielen, Aufführungen und Schulveranstaltungen aller ihrer Kinder dabei zu sein. Gleichzeitig fiel mir auf, dass das Team produktiver arbeitete als je zuvor, denn jeder wollte, dass das, was er tat, eine bleibende Wirkung erzielte.

Seither bin ich zu der Überzeugung gekommen, dass der Dreißig-Tage-Lebensstil auf einem universellen Prinzip beruht, aber in seiner Ausgestaltung ganz individuell ist. Wenn wir alle so leben würden, als wäre es unser letzter Monat auf der Erde, würde jeder von uns seine Tage auf eine für uns einzigartige Weise anders verbringen. Und dennoch glaube ich, dass wir alle ein erfüllenderes Leben finden würden, das ein Vermächtnis für die Ewigkeit hinterlassen kann.

Nur ein kleiner Bis-Strich

Die Ewigkeit ist vielleicht an keinem Ort so deutlich greifbar wie auf einem Friedhof. Kein Wunder, dass mich alte Grabsteine und die Lebensgeschichten, die hinter ihnen stehen, faszinieren. Die Daten auf manchen der alten Gedenksteine und Grabmarkierungen in der Gegend von Houston, wo ich wohne, reichen bis ins neunzehnte Jahrhundert zurück. An den diversen Geschichten, die die Grabsteine erzählen, entzündet sich immer meine Fantasie. Ich überlege mir dann, wie es wohl gewesen sein mag, 1823 oder 1914 zu leben. Ich weiß, die Leute damals hatten dieselben Probleme und Nöte wie jeder andere auch, aber ich frage mich, ob sie sich wohl auch so gestresst und unter Druck gefühlt haben wie ich. Unsere Technik und all die modernen Annehmlichkeiten haben unser Leben im einundzwanzigsten Jahrhundert revolutioniert, aber zu welchem Preis?

Wenn ich mir alte Grabsteine anschaue, macht es mich immer wieder betroffen, dass von ganzen Menschenleben hier vor mir nur noch zwei Jahreszahlen und ein kleiner Bis-Strich übrig sind. Manche Gedenksteine enthalten auch Fakten oder Aussprüche, Bibelverse oder bewegende Worte des Andenkens, doch das Leben jedes Menschen läuft letzten Endes auf das hinaus, was sich zwischen diesen beiden Daten abgespielt hat. Es läuft auf das hinaus, was sich in dem Bis-Strich verbirgt.

Ich schaue mir den Bis-Strich auf dem Grabstein eines Menschen an und frage mich: «Wofür hat er gelebt? Wen hat sie geliebt? Was waren seine Leidenschaften? Was waren ihre größten Fehler, und was hat sie am meisten bereut?»

Wenn wir es recht bedenken, gibt es nicht viele Dinge in unserem Leben, die wir in der Hand haben. Wir konnten nicht darüber entscheiden, wo wir geboren wurden, wer unsre Eltern sind oder mit welcher Zeit und Kultur wir konfrontiert sind. Wir können uns die Daten auf unserem Grabstein nicht aussuchen. Wir wissen nicht, wann unsere Zeit auf dieser Erde zu Ende geht. Es könnte schon nächste Woche so weit sein, nächstes Jahr oder vielleicht auch erst in ein paar Jahrzehnten. Das weiß nur Gott. Unser Leben liegt in seinen Händen. Eine Sache gibt es jedoch, die wir sehr wohl in hohem Maß in der Hand haben. Wir können entscheiden, wie wir unseren Bis-Strich gebrauchen wollen.

Sie können sich aussuchen, wie Sie jenen kleinen Strich der Zeit zwischen den beiden Daten Ihres irdischen Daseins verbringen werden. Womit verbringen Sie Ihren? Leben Sie Ihren Bis-Strich, so dass Sie sich voll darüber im Klaren sind, wer Sie sind und warum Sie hier sind? Oder machen Sie einen Strich durch Ihr Leben, indem sie in aller Eile kostbare Zeit damit verbringen, Dingen nachzujagen, die Ihnen eigentlich gar nicht wichtig sind? Der Psalmist betete: «Mach uns bewusst, wie kurz unser Leben ist, damit wir endlich zur Besinnung kommen!» (Psalm 90,12). Gott möchte, dass wir erkennen, dass unsere Zeit auf der Erde begrenzt ist, damit wir sie klug einsetzen. Aber er überlässt uns selbst die Wahl, wie wir diese wertvollste aller Währungen investieren.

Keine Änderung erforderlich

Viele der Leute, die ich kenne, die dem Tod entgegengehen, nehmen radikale Veränderungen vor, um ihr Leben zu einem guten Ende zu bringen. Doch gelegentlich treffe ich auch welche, die nur ganz wenig verändern. Nicht, dass sie nicht zu einer Veränderung bereit wären. Aber sie haben so bewusst und so authentisch gelebt, dass durch die Nachricht vom baldigen Ende ihres Lebens für sie nicht alles auf den Kopf gestellt wird. Natürlich trauern sie auch und kämpfen mit dieser Neuigkeit. Sie leiden um ihrer Familien und der Menschen willen, die sie lieben. Aber sie schöpfen Trost aus dem Wissen, dass sie ihr Leben auf das ausgerichtet haben, was ihnen am wichtigsten ist: ihre Beziehungen zu den Menschen, die sie lieben, ihre Beziehung zum Gott des Universums und die Erfüllung ihres einzigartigen Daseinszwecks auf dieser Erde.

Wäre es nicht herrlich, wenn Sie so leben würden, dass Sie überhaupt nichts zu ändern bräuchten, wenn Sie eines Tages erführen, dass Sie nur noch einen Monat zu leben hätten? Was hält Sie davon ab? Worauf warten Sie? In der Bibel erinnert uns Gott immer wieder daran, wie kurz unser Leben im Vergleich zur Ewigkeit ist. «Dabei wisst ihr nicht einmal, was morgen geschieht! Was ist denn schon euer Leben? Nichts als ein leiser Hauch, der – kaum ist er da – auch schon wieder verschwindet» (Jakobus 4,14).

Damit will ich Sie natürlich nicht dazu ermutigen, einfach nur für das Heute zu leben. Die meisten von uns können es sich nicht leisten, über Nacht den Job zu kündigen, immer auszusprechen, was wir wirklich empfinden, oder jedem spontanen Gedanken zu folgen. So eine Lebensweise erscheint selbstsüchtig und zügellos und könnte ein Zeichen dafür sein, dass der Betreffende nicht daran glaubt, dass nach diesem Leben noch etwas kommt. Doch das Leben ist mehr als das, was wir hier auf der Erde vor Augen haben. Während wir uns mit der Gegenwart befassen, müssen wir darüber nachdenken, wie sich unsere Lebensweise in der Ewigkeit auswirken wird. Die Bibel sagt uns, Gott habe die Ewigkeit in unsere Herzen gelegt (Prediger 3,11). Er erschuf uns nach seinem Bild als geistliche Wesen, die aber in fleischlichen Körpern leben. Wenn wir ehrlich sind, spüren die meisten von uns, dass an unserem Dasein mehr dran sein muss als das, was diese Welt zu bieten hat.

Das ist der Punkt, an dem sich viele Menschen dem Glauben zuwenden. Doch so wie etliche in einer Weise leben, als gäbe es kein Morgen, gibt es andere, die ihren Glauben dazu benutzen, so zu leben, als gäbe es kein Heute. Sie denken immer nur daran, wie es «eines Tages» im Himmel sein wird, anstatt sich voll auf das Leben hier und jetzt einzulassen.

Die einzige Art und Weise, wie wir für die Ewigkeit leben können, ist die, dass wir jeden Tag als ein Geschenk Gottes empfangen. Wir müssen auf dem Grat zwischen dem Alltag und der Ewigkeit leben. Er hat uns geschaffen und uns einen weiteren Tag geschenkt, um zu leben – um seine Liebe kennen zu lernen und zu erfahren; um die Menschen um uns her zu lieben und ihnen zu dienen; und um leidenschaftlich das Leben zu leben, für das er uns geschaffen hat. Die zeitlich begrenzte Natur unseres Lebens sollte uns helfen, uns auf das zu konzentrieren, was am meisten zählt.

Die Dreißig-Tage-Herausforderung

Seien Sie brutal ehrlich zu sich selbst. *Ihre Zeit auf der Erde ist begrenzt. Sollten Sie nicht anfangen, das Beste daraus zu machen?* Wenn Sie wüssten, dass Sie nur noch einen Monat zu leben hätten, würden Sie alles aus einem anderen Blickwinkel sehen. Viele der Dinge, die Sie jetzt tun und die Ihnen so wichtig erscheinen, würden sofort bedeutungslos werden. Sie hätten plötzlich völlige Klarheit darüber, was am meisten zählt, und Sie würden nicht zögern, spontan zu sein und alles zu wagen. Sie würden nicht bis morgen warten, ehe Sie tun, was Sie heute tun müssen. Sie würden sich wünschen, Sie hätten schon Ihr ganzes Leben lang so gelebt, wie Sie diesen Monat leben.

Wenn Sie wüssten, dass Sie nur noch einen Monat zu leben hätten, würde sich Ihr Leben radikal verwandeln. Aber warum warten wir erst, bis wir eine Krebsdiagnose bekommen oder einen geliebten Menschen verlieren, bevor wir diese Erkenntnis annehmen und uns von ihr befreien zu lassen? Wollen wir denn nicht alles mitnehmen, was das Leben zu bieten hat? Wollen wir denn nicht den Zweck verwirklichen, zu dem wir erschaffen wurden? Wäre unser Leben nicht viel befriedigender, wenn wir so leben würden?

Ich fordere Sie heraus, von jetzt an so zu leben, als wäre es Ihr letzter Monat. Und um Ihnen dabei zu helfen, habe ich dieses Buch geschrieben. Es gibt vier universelle Prinzipien für den Dreißig-Tage-Lebensstil: *Lebe leidenschaftlich, liebe bedingungslos, lerne demütig* und *lass unerschrocken los*. Dementsprechend habe ich dieses Buch in vier Abschnitte oder «Wochen» unterteilt, und ich möchte Ihnen Mut machen, diese nächsten dreißig Tage so zu leben, als wären es Ihre letzten. Für jeden Tag gibt es ein Kapitel, das Ihnen dabei helfen soll, sich mit dem Prinzip der jeweiligen Woche auseinanderzusetzen.

Jedes Kapitel enthält zudem zwei Bestandteile, die Sie bei Ihrem Dreißig-Tage-Experiment ermutigen sollen. In jedem Kapitel werden Sie wiederholt auf «Jeder Tag zählt»-Momente stoßen: Fragen, die Ihnen helfen sollen, Ihr Leben zu überprüfen und auf das auszurichten, was am wichtigsten ist. Der andere Bestandteil, überschrieben mit «Damit es fürs Leben hält», kommt am Ende jedes Kapitels und bietet Möglichkeiten, den Schwerpunkt des jeweiligen Tages in die Tat umzusetzen. Diese Handlungskomponenten sind nicht so sehr Hausaufgaben als vielmehr Anregungen zu *Lebensaufgaben*, Möglichkeiten, wie Sie das Material für Ihr Leben persönlich umsetzen können. Lassen Sie sich Zeit, diese Punkte zu durchdenken, Tagebuch darüber zu führen und darüber zu beten.

Falls Sie dieses Buch gemeinsam mit anderen in einer Gruppe lesen, bieten diese Punkte auch einen hervorragenden Anstoß zum gemeinsamen Gespräch.

Wie auch immer Sie dieses Buch verwenden, meine Hoffnung und mein Gebet ist es, dass Sie ernsthaft darüber nachdenken werden, was Sie sich am meisten vom Leben erhoffen und was Sie davon abhält, danach zu streben. Ich hoffe, Sie werden die Tatsache annehmen, dass Ihr Leben eines Tages zu einem Ende kommen wird, damit Sie anfangen, jeden Tag voller auszuschöpfen.

Sie müssen nicht erst auf eine Krise warten, um darüber nachzudenken, wie Sie das Beste aus Ihrem Leben herausholen können. Wenn Sie bereit sind, diese Dreißig-Tage-Herausforderung anzunehmen, dann stellen Sie sich darauf ein, dass Ihr Leben sich radikal verbessern wird. Sie können leben, ohne etwas zu bereuen, und sich auf ein so erfülltes Leben einlassen, dass Sie sich fragen werden, wieso Sie sich je mit weniger zufriedengegeben haben.

Es gibt keinen besseren Zeitpunkt, um damit anzufangen, als die Gegenwart – also genau jetzt! Dieses Buch zu lesen erfordert Zeit, Ihr kostbarstes Gut, und ich verspreche Ihnen, dass keine Minute vergeudet ist, die Sie mit diesen Seiten verbringen. Wenn Sie das Leben entdecken, für das Sie geschaffen wurden, kann heute wahrhaftig der erste Tag eines Lebens ohne Reue sein. Nehmen Sie diesen Tag in Anspruch als den Beginn eines Monats, der garantiert Ihr Leben verändern wird!

Damit es fürs Leben hält

1. Stellen Sie so schnell wie möglich, ohne zu genau oder zu lange nachzudenken, eine Liste von fünf Dingen auf, die Sie an Ihrem Leben verändern würden, wenn Sie wüssten, dass Sie nur noch einen Monat zu leben hätten. Wählen Sie mindestens einen aus, um schon heute, gleich jetzt, mit der Veränderung zu beginnen.

2. Beschreiben Sie, inwiefern Sie gerne hätten, dass Ihr Leben anders geworden ist, wenn Sie mit dem Lesen dieses Buches fertig sind. Was hat Sie überhaupt dazu gebracht, diese Seiten aufzuschlagen? Was geht zurzeit in Ihrem Leben vor sich, das Sie bereit gemacht hat, darüber nachzudenken, wer Sie sind und warum Sie hier sind?

3. Erzählen Sie mindestens einem anderen Menschen – einem Freund, einem Angehörigen oder Kollegen –, dass Sie dieses Buch lesen. Bitten Sie diese Person, sich den Tag heute in einem Monat im Kalender anzustreichen und Sie dann zu fragen, wie sich Ihr Leben verändert hat.

Erstes Prinzip

Lebe leidenschaftlich

Tag 2

Achterbahn

Die Fahrt mit dem «Big Dipper»

Das Leben bemisst sich nicht nach der Zahl der
Atemzüge, die wir tun, sondern nach den Momenten,
die uns den Atem nehmen.
Unbekannt

Jemand sollte uns gleich zu Beginn unseres Lebens
sagen, dass wir sterben. Dann würden wir das Leben
vielleicht voll ausschöpfen, jede Minute jedes Tages. Tut
es, sage ich! Was immer ihr tun wollt, tut es jetzt! Ein
Morgen gibt es irgendwann nicht mehr.
Papst Paul VI.

Als Kind fand ich es herrlich, jeden Sommer in den Spring-Lake-Vergnügungspark zu gehen. Ich liebte den Duft der Zuckerwatte, die Jahrmarktstände mit den Preisen, das Riesenrad und die Autoscooter. Doch der Hauptgrund, warum ich so gerne dort hinging, war die Achterbahn. Bis heute ist der Big Dipper die atemberaubendste Achterbahn, mit der ich je gefahren bin!

Nun schätze ich mich selbst als so etwas wie einen Achterbahnkenner ein und bin schon mit mehreren Dutzend davon gefahren, von denen ich die meisten entweder als «Modell der alten Schule» oder als «neue technische Errungenschaft» einstufe. Sicher mag ich auch die schnittigen, hochmodernen Achterbahnen mit ihren Stahlschienen. Sie türmen sich zu neuen Höhen auf und erreichen halsbrecherische Geschwindigkeiten in den Bergab- und Kurvenschleifen und Korkenzieherkurven und Überschlägen. Meine Kinder lieben die Dinger, und wir haben einen Riesenspaß damit.

Der Big Dipper dagegen gehörte definitiv zur alten Schule und hatte keines der Merkmale seiner modernen Nachfolger. Dieses Ding war eine jener alten, aus Holz gebauten, traditionellen Achterbahnen mit Holzschwellen und klapprigem Gerüst, abblätternder Farbe und Rissen im Holz. Wie abgehärtet man auch von anderen Achterbahnen sein mochte, der Big Dipper bot garantiert einen Adrenalinstoß bei jeder Fahrt.

Sobald die anderen Abenteurer und ich einstiegen und die Station verließen, spürte ich, wie mein Herz zu jagen begann. Es ging die erste Steigung hinauf – *klick, klick, klick, klick* –, bis wir oben waren, und dann blieb der Zug einfach stehen, und ich fragte mich schon: *Ist das Ding kaputt? Kommen die uns jetzt herausholen? Was wird hier passieren?* Doch dann – *WUMM!* – sackte der Boden unter uns weg, und ab ging die Fahrt, dass mir der Magen bis in die Kehle hüpfte. Ich musste meine Augen und den Mund zumachen, damit mir keine Insekten hineinflogen!

Während ich mich mit aller Kraft festklammerte, fühlte ich mich so ausgelassen und aufgeregt und voller echter Angst um meine Sicherheit – und das alles gleichzeitig. Wir jagten durch die erste Kurve, wo die Räder sich auf einer Seite tatsächlich ein kleines Stück von den Schienen hoben, während sie auf der anderen Seite quietschend Funken sprühten. Kaum wusste ich wieder, wo ich war – *WUMM!* –, der nächste Sturz und die nächste Haarnadelkurve. Ich hob die Hände hoch, um bei meinen Freunden Eindruck zu schinden, aber Mann, hatte ich eine Angst!

Selbst wenn ich erst am Tag zuvor damit gefahren war, verlor ich jedes Mal die Orientierung so sehr, dass ich mich fragte, was als Nächstes kam. Die Kurven kamen Schlag auf Schlag, während mein Herz raste und meine Hände die kleine Sicherheitsstange auf meinem Schoß vollschwitzten. Es ging durch einen Tunnel, in dem es so dunkel war, dass ich kaum den Wagen vor mir sehen konnte, dann wieder hinaus und in die nächste Kurve, und dann – *QUIETSCH* – kamen wir mit einem Ruck in der Station wieder zum Stehen.

Ein typisches Achterbahnerlebnis, nicht wahr? Doch was

den Big Dipper auszeichnete, das einzigartige Merkmal, das ihn von allen anderen abhob, war sein Alter und sein sichtlich schlechter Wartungszustand. Er sah so übel aus, dass manche meiner Freunde sich überhaupt nicht trauten, damit zu fahren. Jeder merkte schon beim Hinsehen und erst recht bei der Fahrt, dass es nur eine Frage der Zeit war, bis er aus der Spur fliegen würde. Die letzte Inspektion lag schon Jahre zurück! Meine Freunde und ich hatten keine Ahnung, ob wir im Dipper sitzen würden, wenn es passierte, aber uns war vollkommen klar, dass er eines Tages entgleisen würde. Tatsächlich erzählte mir Jahre später ein Freund, einmal, als er damit gefahren sei, sei der leere Sitz neben ihm in der ersten Kurve buchstäblich aus dem Wagen geflogen!

«Jeder Tag zählt»-Moment

Sehen Sie Ihr Leben eher als sicheren Ausflug oder als eine Fahrt im Big Dipper? Welche Bereiche Ihres Lebens sind sicherer als andere? Zum Beispiel gehen Sie vielleicht große Risiken ein, um beruflich voranzukommen, halten aber Ihre Gefühle übermäßig geschützt und riskieren in Beziehungen wenig.

Das «Eines Tages»-Syndrom

Heute, wo ich in die mittleren Jahre komme, bin ich überzeugt davon, dass meine Lieblingsachterbahn eine gute Analogie für die Art zu leben ist, für die wir gemacht sind. Bei beidem kommt es einem so vor, als wäre es gerade erst losgegangen, aber da ist es auch schon wieder zu Ende. Man wusste ja, dass es irgendwann enden würde, aber es ging einfach so schnell vorbei. Je länger man fährt, desto schneller scheint es zu gehen. Beide Fahrten können schwindelerregend, verwirrend und begeisternd sein.

So wie die Achterbahnfahrt im Nu vorbeigeht, ist auch unser Leben auf der Erde zeitlich begrenzt. Das gehört zum Menschsein einfach dazu: Wir werden geboren, und irgendwann wird unser Körper sterben. Wenn Sie bereit sind, sich dieser Wahrheit über das Leben – dass es, so wie Sie es hier kennen, einmal zu Ende gehen wird – zu stellen und sie anzunehmen, können Sie, statt sich davon deprimieren oder lähmen zu lassen, wahrhaft frei sein. Statt uns einzuschränken, kann uns unsere Sterblichkeit beständig daran erinnern, alles zu sein, wozu wir geschaffen wurden.

Oft sind wir in Versuchung, auf Nummer Sicher zu gehen und uns mit viel weniger zufriedenzugeben, als uns zugedacht ist. Ich kenne haufenweise Leute, deren Lieblingswochentag «Eines Tages» ist. Unzählige Leute in allen Lebensstadien sagen gern: «Eines Tages werde ich alles ausschöpfen, was das Leben zu bieten hat.» – «Wenn ich in den Ruhestand gehe, werde ich das Leben genießen.» – «Eines Tages werde ich für Gott leben und mein Leben in Ordnung bringen. Ich werde anfangen, meine Familie mehr zu lieben.» – «Wenn ich erst genug Geld verdiene, dann werde ich wirklich anfangen, mehr Zeit mit meinen Kindern zu verbringen.» – «Eines Tages, wenn mein Terminkalender nicht mehr so voll ist, werde ich mich in der Gemeinde engagieren.» – «Wenn ich mehr Zeit habe, werde ich mich verstärkt auf geistliche Dinge konzentrieren.»

Eines Tages. Irgendwann. Wenn. Falls. Und dann ist es vorbei. Wann wachen wir endlich auf und machen uns klar, dass *dies das Leben ist?*

Das hier ist Ihr Leben, hier und jetzt. Wo immer Sie diese Seite lesen und auf sich wirken lassen, was immer Sie empfinden, was immer Sie gerade durchmachen, *eines Tages ist genau jetzt!* Wir werden immer in Versuchung sein, uns in das «Eines Tages»-Syndrom zu flüchten, aber durch diese Denkweise berauben wir uns selbst. Eines Tages, wenn das passiert, worauf immer wir warten, ja, dann werden wir anfangen zu leben. Wenn alles sich eines Tages beruhigt hat, ja, dann können wir das Leben genießen. *Aber die Dinge werden sich nicht beruhigen.* Sobald wir erreicht haben, was wir zu wollen glauben – mehr Geld, einen weniger vollen Terminkalender, den richtigen Job –, werden wir bald merken, dass uns das nicht ausfüllt, und uns auf die Suche nach dem nächsten großen Wurf machen.

Gott hat uns nicht dazu geschaffen, dass wir herumstehen und das Leben an uns vorüberziehen sehen, während wir uns fragen, warum wir nicht mehr Erfüllung finden. Gott hat uns erschaffen, damit wir im Glauben Risiken eingehen und die Riesen besiegen, die uns mit Furcht lähmen wollen.

Wir sollen sein wie jener heranwachsende Junge, der vortrat, um den Riesen Goliath zum tödlichen Zweikampf herauszufordern. Trotz all der Tausende von Männern im Heer der Israeliten war David der Einzige, der den Mut hatte, sich dem Riesen zu stellen. Eigentlich hätte König Saul derjenige sein müssen, der gegen den gewaltigen Philister kämpfte, doch der hatte schon lange aufgehört, Gott mit bedingungsloser Hingabe zu folgen, und ging nun auf Nummer Sicher. Saul sagte zu David: «Das ist unmöglich! Wie soll ein junger Mann wie du den Zweikampf mit diesem Philister gewinnen? Du bist ja fast noch ein Kind, er aber ist ein erfahrener Soldat, der von Jugend auf gelernt hat, mit Waffen umzugehen» (1. Samuel 17,33).

Wenn Sie einen Moment darüber nachdenken, merken Sie, dass Saul mit seiner Einschätzung durchaus richtig lag. Was David da vorhatte, war einfach absurd! Wenn Sie dabei gewesen wären, hätten Sie bestimmt dasselbe gesagt: «David, mach dich nicht lächerlich. Sei doch vernünftig. Der Kerl wird dich in Stücke reißen.» Saul und das Heer der Israeliten handelten nach Maßgabe der Vernunft. David handelte nach Maßgabe des Glaubens. Wenn man nach Maßgabe der Vernunft handelt, sieht man nur, wie groß die Riesen sind, denen man gegenübersteht. Wenn man aber im Glauben handelt, sieht man nur, wie klein die Riesen im Vergleich zu Gott sind.

Das Einzige, was David von den Tausenden anderen unterschied, die an jenem Tag dabei waren, war sein lächerlicher Glaube. Lassen Sie mich in aller Bescheidenheit sagen, dass Sie die Riesen, die zwischen Ihnen und jenem Leben stehen, für das Sie geschaffen wurden, nur durch einen «lächerlichen Glauben» erschlagen können.

Saul und das Heer Israels betrachteten das Leben aus der Bodenperspektive. Wenn man sich das Leben aus dieser Sicht anschaut, füllen die Riesen die ganze Leinwand aus. David dagegen schaute sich das Leben aus der Gottesperspektive an. Wenn Sie das Leben aus Gottes Perspektive sehen, werden Riesen auf einmal ganz klein. Sobald ich das Leben von göttlicher Warte her betrachte, fange ich an zu verstehen, dass das Leben im Glauben, das alle anderen lächerlich nennen, die einzig vernünftige Lebensweise ist.

Die Welt sagt: «Mach dich nicht lächerlich; sei vernünftig. Fall nicht auf. Geh keine Risiken ein; geh auf Nummer Sicher und mach dir Sicherheit und Bequemlichkeit zu den Hauptzielen deines Lebens.» Gott dagegen ruft uns zu einem Leben im Glauben auf, in dem wir jeden Augenblick voll für ihn ausleben. Gott hat uns nicht geschaffen, damit wir auf den «Babykarussells» dahingondeln, wie wir sie damals im Spring Lake genannt haben – jenen harmlosen kleinen Fahrgeschäften, bei denen einem kaum der Puls anstieg, weil sie so langsam waren. Nein, er hat uns ein überfließendes Leben versprochen, wenn wir zu dem großen Abenteuer in See stechen, für das er uns geschaffen hat. Ein solches Leben in «lächerlichem Glauben» ist kein Stück weniger aufregend als eine Fahrt im Big Dipper!

«Jeder Tag zählt»-Moment

Tun Sie zurzeit in Ihrem Leben irgendetwas, das Glauben erfordert? Wenn nicht, warum nicht? Betrachten Sie das Leben aus der Gottesperspektive oder aus einer Bodenperspektive?

Gott hat für Sie mit klaren Richtlinien die Schienen verlegt, und er verspricht, der beste Techniker von allen zu sein. Er möchte, dass Sie an Bord gehen und sich von ihm an Orte bringen lassen, von denen Sie sich nie hätten träumen lassen, dass Sie dorthin gelangen könnten. Manchmal rast er mit halsbrecherischer Geschwindigkeit dahin, so dass Ihnen der Atem wegbleibt und Sie sich mit aller Kraft festhalten müssen. Sie fühlen sich total überschwänglich und ausgefüllt und verrückt vor Angst – alles gleichzeitig. *Das* ist Leben.

Leben ist unberechenbar; man weiß nie, was als Nächstes kommt. Manchmal geht es um scharfe Kurven, so dass Sie denken, gleich heben die Räder ab. Doch Gott ist ein unübertrefflicher Fahrer. Er weiß genau, wohin er will, und er hat alles bestens in der Hand, wenn Sie die Angst überkommt. Manchmal fahren Sie durch dunkle Tunnelstrecken, in denen Sie kaum die Hand vor Augen sehen können; aber gerade dann spüren Sie seine starke Hand auf der Schulter. Bald schon rollen Sie jedoch wieder in die Station ein, und die Fahrt ist zu Ende. Es kommt einem so vor, als hätte die Lebensfahrt gerade erst angefangen, da ist sie auch schon vorbei! Doch wenn Sie sich dafür entschieden haben, Jesus nachzufolgen, geht die Fahrt weiter. Gott nimmt Sie mit sich in die Ewigkeit im Himmel.

Vielleicht erscheint Ihnen das alles weit weg von dem Punkt, an dem Sie gerade stehen. Durch Ihre Lebensumstände kommt es Ihnen vielleicht so vor, als wären Sie bereits aus den Schienen der Achterbahn geflogen und auf den Asphaltboden gekracht. Wie schwierig und beängstigend Ihr Leben im Moment auch sein mag, Gott ist immer noch da. Er nimmt mehr Anteil an Ihnen, als Sie je verstehen oder sich auch nur vorstellen können. Wenn Sie wüssten, dass Sie nur noch einen Monat zu leben hätten, würden Sie dann nicht lieber das harmlose Karussell hinter sich lassen und dafür mit der Achterbahn fahren, die Ihr Herz zum Hüpfen bringt? Würden Sie nicht lieber die Fahrt mitmachen, bei der Sie Erfüllung finden – mit Freude, mit Furcht, mit einer inneren Beteiligung, die Sie jeden Moment auskosten lässt? Wenn Sie wüssten, dass Ihnen nur noch ein paar Wochen blieben, bis dieses Leben zu Ende geht, dann würden Sie wohl kaum im «Eines Tages»-Syndrom stecken bleiben. Heute möchte ich Sie herausfordern, Ihren Ängsten mit «lächerlichem Glauben» ins Gesicht zu sehen und die Fahrt ihres Lebens zu erleben!

Damit es fürs Leben hält

1. Wenn Sie die Gewissheit hätten, dass Ihr Leben, wie Sie es kennen, in ein paar Wochen zu Ende wäre, was würden Sie am meisten bedauern? Warum?

2. In welchem Bereich Ihres Lebens leiden Sie am «Eines Tages»-Syndrom? Treffen Sie heute die Entscheidung, nie wieder die Formulierung «Eines Tages, wenn die Lage sich beruhigt hat» zu verwenden. Machen Sie sich klar, dass heute Ihr «Eines Tages» ist!

3. Welches Symbol oder welche Metapher würden Sie statt einer Achterbahn verwenden, um zu beschreiben, wie Ihr Leben aussähe, wenn Sie es voll auskosten würden? Lassen Sie sich etwas einfallen, das so einzigartig ist wie Sie selbst. Finden Sie ein Bild für dieses Symbol; stellen Sie es irgendwo auf, wo Sie es jeden Tag sehen, und benutzen Sie es als Anstoß zu einem Leben ohne Reue.

Tag 3

Die Quadratur der Zeit

Vom Umgang mit dem wichtigsten Gut

Ich will nicht am Ende meines Lebens ankommen und feststellen, dass ich nur seine Länge durchlebt habe. Ich möchte auch seine Breite durchlebt haben.
Diane Ackerman

Passen Sie gut auf Ihre freien Momente auf. Sie sind wie ungeschliffene Diamanten. Werfen Sie sie weg, und Sie werden nie erfahren, wie wertvoll sie sind. Verfeinern Sie sie, und sie werden zu den leuchtendsten Edelsteinen in einem nützlichen Leben werden.
Ralph Waldo Emerson

Ich hörte einmal von einem Mann, der zum Arzt ging, um sich die Ergebnisse seines jährlichen Routinechecks abzuholen. Sein Arzt empfing ihn und sagte: «Es tut mir leid, Bob. Ich habe schlechte Nachrichten für Sie. Die Tests zeigen, dass Sie eine tödliche Krankheit haben. Sie haben nur noch sechs Monate zu leben.» Bob ließ die Neuigkeit auf sich wirken und fragte dann: «Gibt es irgendetwas, das ich tun kann, irgendwelche experimentellen Medikamente oder Therapien? Es muss doch etwas geben, das ich versuchen kann.» Nach kurzem Überlegen antwortete der Arzt: «Eines könnten Sie tun. Sie können aufs Land ziehen und eine Schweinefarm kaufen und Schweine züchten. Dann können Sie sich eine Witwe mit vierzehn oder fünfzehn Kindern suchen, sie heiraten und die ganze Familie zu sich auf die Schweinefarm holen.» Verdutzt fragte Bob: «Und das wird mir helfen, länger zu leben?» Der Arzt erwiderte: «Nein, aber das wird Ihnen wie die längsten sechs Monate Ihres Lebens vorkommen!»

Ein solcher abgedroschener Witz entlockt Ihnen vielleicht nur ein Stöhnen, aber ich finde, er illustriert ein wichtiges Prinzip für unsere Beziehung zur Zeit. Manchen von Ihnen sind die letzten sechs Monate wie die längsten sechs Monate Ihres Lebens vorgekommen, weil Sie keine Energie und keine Leidenschaft fürs Leben haben. Vielleicht haben Sie das Gefühl, nur noch lustlos und unzufrieden ein Programm abzuspulen, und fragen sich, ob das denn alles ist, was das Leben zu bieten hat.

Die meisten von uns haben schon Perioden erlebt, in denen die Zeit nur so dahinzukriechen schien, während wir die Uhr beobachteten und uns danach sehnten, die Sekunden möchten doch schneller vergehen. Auf der anderen Seite erinnern Sie sich bestimmt auch an Zeiten, in denen die Stunden dahinzufliegen schienen. Denken Sie an die Momente, in denen Sie alles Zeitgefühl verloren und völlig im Augenblick aufgingen, ganz und gar eintauchten in das, was Sie gerade taten, oder das Zusammensein mit den Menschen in Ihrem Umfeld genossen. Was macht den Unterschied aus? Warum kommen uns manche Tage so viel bedeutsamer vor als andere? Wie können wir uns voll auf die Gegenwart einlassen, ohne uns von der Vergangenheit gefangen nehmen oder von der Zukunft lähmen zu lassen?

Um diese Fragen zu beantworten, denken Sie einmal darüber nach, wie Sie die Zeit anders betrachten würden, wenn Sie wüssten, dass Ihr letzter Tag nur noch ein Kalenderblatt weit entfernt wäre. Wenn Sie wüssten, dass Sie nur noch einen Monat zu leben hätten, würden gewiss jene verbleibenden Minuten, Stunden und Tage zu Ihrem kostbarsten Gut werden. Wie ein Milliardär, der plötzlich feststellt, dass ihm nur noch hundert Euro übrig geblieben sind, würden Sie sofort aufhören, Ihre Zeit als etwas Selbstverständliches hinzunehmen, und nun jede Minute ganz bewusst verbringen. Sie würden sich wünschen, dass jede davon angefüllt ist mit Genuss, Bedeutsamkeit und dem Dasein für andere.

Die Quadratur der Zeit

Wenn ihre Tage gezählt wären, würden die meisten Leute ihre Zeit sorgfältig und bewusst nutzen. Ich bin jedenfalls noch niemandem begegnet, der wusste, dass seine Tage gezählt waren, und unbedingt noch ein paar verpasste Fernsehserienfolgen in der Wiederholung anschauen oder vielleicht noch ein bisschen mehr Zeit damit verbringen wollte, seine Festplatte neu zu formatieren. Nicht, dass das verwerfliche Beschäftigungen wären. Haushaltsdinge und Alltagsaufgaben gehören nun einmal zum Leben. Aber wenn wir wüssten, dass uns nur noch ein Monat bliebe, würden die meisten von uns, vermute ich, kristallklar vor Augen haben, welche Prioritäten wir für die Verwendung unserer Zeit setzen wollen. Natürlich müssen die Alltagspflichten weiterhin täglich erfüllt werden, aber selbst diese können mit größeren Zielen verbunden werden – mit der Kommunikation mit unserem Ehepartner, der Unterweisung unserer Kinder oder der Pflege unserer Beziehung zu Gott. So kann das Alltägliche zum Erhabenen werden, wenn wir jede Stunde nutzen, um die Verbindung zueinander zu suchen.

Natürlich haben unsere Prioritäten einen erheblichen Einfluss darauf, wie wir die Zeit wahrnehmen und wie wir sie nutzen. Uns allen steht jeden Tag dieselbe Zahl von Minuten zur Verfügung. Weder Sie noch ich können auch nur das Geringste tun, um die Länge eines Tages auf fünfundzwanzig Stunden auszudehnen, geschweige denn auf die dreißig oder vierzig Stunden, die wir vielleicht brauchen würden, um unseren Rückstand aufzuholen. Unter dem Strich müssen wir alle uns mit vierundzwanzig Stunden zufriedengeben. Wie Sie jedoch diese Stunden investieren, das kann den Unterschied ausmachen, ob Sie sich zufrieden fühlen, weil Sie wissen, dass Sie genau das tun, wofür sie geschaffen wurden, oder ob Sie Reue verspüren. Wenn Sie ohne Reue leben wollen, müssen Sie vielleicht einmal Inventur in Ihrem Leben halten und prüfen, wie Sie bisher Ihre Zeit verbracht haben.

Noch besser, machen Sie eine Kosten-Nutzen-Analyse Ihrer Zeit, um herauszufinden, ob die Art, wie Sie Ihre Zeit nutzen, die Ergebnisse bringt, die Sie sich wünschen. Jack Groppel, der etliche Profisportler, Prominente und Unternehmer als Spitzenleistungscoach betreut, sagt, Zeitmanagement sei eigentlich Energiemanagement. Dem kann ich nur zustimmen. Sie können erleben, wie sich Ihre Zeit vervielfacht, indem Sie wirksam steuern, wie Sie jeden Tag Ihre Energie verwenden. Wenn wir unsere Zeit als ein kostbares Geschenk schätzen, mit dem wir sorgsam umgehen wollen, dann werden wir viel eher alles daransetzen, dass jeder Tag zählt.

Fast kommt es mir so vor wie ein physikalisches Naturgesetz. Wenn wir unsere Energie und unser Engagement steigern, vervielfachen wir unsere Zeit. Sie können achtzehn Stunden am Tag arbeiten und trotzdem ineffektiv sein. Wahrscheinlich ist es im Ganzen sogar von Nachteil, denn Sie verlieren dabei Ihre Kreativität und Ihre Gesundheit und brennen schließlich aus. Die meisten von uns würden zustimmen, dass Workaholics schlechte Energiemanager sind. In vieler Hinsicht läuft alles auf den Gegensatz zwischen Lebensquantität (wie lange Sie leben) und Lebensqualität (wie Sie leben) hinaus. Ich spreche nicht davon, wie Sie Ihrem Leben Jahre hinzufügen können, sondern wie Sie Ihren Jahren Leben hinzufügen können.

«JEDER TAG ZÄHLT»-MOMENT

Was nimmt bei Ihnen jeden Tag die meiste Zeit ein? Antworten Sie so konkret wie möglich. Viele von uns würden vielleicht sagen, dass die Arbeit jeden Tag die meisten unserer Stunden aufzehrt, aber schlüsseln Sie das genauer auf. Was genau nimmt Sie bei der Arbeit in Anspruch? Wie bedeutsam ist es? Wie befriedigend ist es? Wie viel von jedem Tag verbringen Sie damit, nur das zu tun, was Sie am besten können?

Der Test der Zeit

Viele von uns, und ich bin da keine Ausnahme, vergeuden viel von ihrer Zeit. Wie oft hören und sagen wir das b-Wort? *Wir sind wirklich sehr be-schäftigt.* Wissen Sie noch, wann Sie das letzte Mal eine Freundin gefragt haben, wie es ihr geht, und sie sagte: «Großartig. Alles läuft richtig langsam. Ich habe reichlich Zeit, um alles zu erledigen und Gemeinschaft mit meiner Familie und meinen Freunden zu genießen»? Wir alle rackern uns ab. Wir sind voller guter Absichten und haben auch manche Gewohnheiten und Zeitmanagement-Techniken gelernt, die eine gewisse Verbesserung bringen, aber sie lassen uns wenig Raum für Beziehungen. Wir können zwar auf die Erfolgswelle aufspringen, aber je schneller sie sich bewegt, desto weniger wissen wir, wie wir sie anhalten können.

Zeit, die man einmal verbraucht hat, kann man sich nicht wieder zurückholen. Ist eine Stunde, eine Minute oder ein Moment einmal vorbei, so sind sie für immer dahin. Retten können wir allerdings die Zeit, die uns noch bleibt. Wir können über den Zweck, zu dem Gott uns in diese Welt gestellt hat, und über das Ewigkeitsvermächtnis nachdenken, das wir hinterlassen möchten, und davon ab jetzt unsere Zeitplanung leiten lassen. Wie können wir uns neu ausrichten? Die einzige Möglichkeit, wie Sie und ich das Beste aus der uns verbliebenen Zeit machen können, ist, jeden Tag so zu verbringen, dass wir ein lohnendes Vermächtnis auf dieser Erde hinterlassen. In seinem Brief an die Gemeinde in Korinth schrieb Paulus: «Als Gottes Mitarbeiter bitten wir euch: Lasst die Gnade, die Gott euch geschenkt hat, in eurem Leben nicht ohne Auswirkung bleiben» (2. Korinther 6,1). Damit wollte er wohl sagen: «Vergeudet nicht eure Zeit, denn Zeit ist euer Leben.» Wenn Sie Ihre Zeit vergeuden, vergeuden Sie Ihr Leben. Und wenn wir unsere Zeit so nutzen wollen, dass wir bleibende Spuren auf dieser Erde hinterlassen, dann müssen wir den Effektivitätstest bestehen.

Richard Koch, der Verfasser des Bestsellers *Das 80/20-Prinzip*, hat etliche Unternehmen und erfolgreiche Einzelpersonen unter die Lupe genommen und ist dabei zu folgendem Schluss gekommen: Die meisten Unternehmen erbringen achtzig Prozent ihrer Resultate mit zwanzig Prozent ihrer Aktivitäten. Zwanzig Prozent ihrer Aktivitäten erbringen achtzig Prozent ihres Gewinns. Und dasselbe, so sagt er, gilt auch für den Einzelnen. Das heißt, zwanzig Prozent von dem, was Sie in Ihrem Leben tun, bringt achtzig Prozent Ihrer Resultate hervor. Zwanzig Prozent von dem, was Sie in Ihrem Leben tun, bringt achtzig Prozent Ihrer Zufriedenheit hervor. Zwanzig Prozent der Leute, mit denen Sie zusammen sind, bringen achtzig Prozent der Freude in Ihren Beziehungen hervor.

Kurz, zwanzig Prozent all dessen, was Sie tun, bewirken die meisten Resultate in Ihrem Leben, und achtzig Prozent dessen, was sie tun, ist ziemliche Zeitverschwendung. Zum Beispiel sehen viele Leute zu viel fern. Neue Untersuchungen zeigen sogar, dass mehr als zwanzig Stunden Fernsehen pro Woche zu einer leichten Depression führen können. Das ist also nicht sehr produktiv, und es macht Sie nicht sehr zufrieden; somit ist es vergeudete Zeit. Wenn Sie mehr Zeit für die Bereiche verwenden, die Ihnen am meisten bringen, und weniger Zeit für ineffektive Beschäftigungen, werden Sie mehr erreichen. Sie schaffen mehr, indem Sie weniger tun!

«Jeder Tag zählt»-Moment

Stimmen Sie dem 80/20-Prinzip im Allgemeinen zu? Scheint es Ihnen zu Ihrem Leben und Ihrem Umgang mit der Zeit zu passen? Welche Aktivitäten in Ihrem Leben würden Sie als Zeitverschwendung bezeichnen? Was hält Sie davon ab, diese Zeit auf sinnvollere Weise zu verbringen?

Ewige Uhren

Eine der Herausforderungen für die meisten von uns ist das, was ich das Produktivitätsparadoxon nenne. Wir sind in dem Glauben erzogen, dass wir etwas vorzuweisen haben müssen, damit unsere Zeit lohnend ist. Wir produzieren etwas – noch einen Bericht, einen neuen Text, ein besseres System, ein verbessertes Produkt. Viele Leute, die ich kenne, fühlen sich unter einem richtigen Produktivitätsdruck – selbst im Urlaub und in ihrer freien Zeit! Sie können es nicht genießen, sich einfach nur am Pool zu entspannen oder spazieren zu gehen oder auszuschlafen, weil sie ja dann nichts vorzuweisen haben.

Fakt ist jedoch, dass wir Auszeiten brauchen, um uns auszuruhen und anzubeten, um vor Gott still zu werden, über unser Leben nachzudenken und auf seine Stimme zu hören. Das Paradoxon besteht darin, dass wir möglicherweise für diese wahrhaft produktiven Momente nichts vorzuweisen haben. Es liegt eine große Freiheit darin, zu lernen, aus einer Ewigkeitsperspektive heraus zu handeln und nicht nur nach der Armbanduhr. Regelmäßige Ruhe- und Erholungszeiten, ein regelmäßiger Sabbat, sind unabdingbar für unseren Kalender. Wir müssen uns auf ein größeres Zeitmaß einstellen, als wir es mit Uhren und Kalendern erfassen können.

Wenn Sie wüssten, dass Sie nur noch einen Monat zu leben hätten, würden Sie sich dann nicht mehr Zeit zu einem ausgiebigen Essen mit Ihrer Familie oder Freunden nehmen wollen? Oder dazu, den kräftigen Duft einer Tasse Kaffee oder Tee zu inhalieren, während Sie durch Ihr Küchenfenster die Sonne aufgehen sehen? Oder um Ihren Sohn bei seinem Basketballspiel anzufeuern? Ein gutes Buch oder ein Gedicht oder einen Abschnitt aus der Bibel zu lesen? Im Kiefernwald spazieren zu gehen und dem Vogelgezwitscher zu lauschen?

Keine dieser Tätigkeiten wird ein Produkt hervorbringen oder es Ihnen ermöglichen, auf einen Erfolg zu verweisen. Aber sie sind wesentlich für Ihr Wohlergehen. Ich würde behaupten, dass Ihre kostbarsten Erinnerungen meist die an spontane Momente sind, in denen Ihre Aufmerksamkeit ganz in der Gegenwart war. Wir sind für mehr geschaffen als nur für die Arbeit. Unser Wert ist unendlich viel größer als das, was wir tun.

Kurz, wir sind so geschaffen, dass wir Ruhe brauchen und uns nach Schönheit sehnen. Selbst unser Schöpfer ruhte aus und hielt einen Sabbat. Keiner von uns kann sich anmaßen, produktiver als Gott zu sein. Doch wir handeln oft so, als könnten wir es uns nicht leisten aufzuhören, eine Pause einzulegen, still zu werden und unsere Seele baumeln zu lassen. Wenn wir unsere Zeit so managen wollen, dass das Meiste dabei herauskommt, müssen wir bereit sein, nach einer ewigen Uhr zu leben und sowohl auf Gottes Impulse in unserem Leben als auch auf unsere Körper und Herzen zu lauschen.

Wenn Sie dem «Eines Tages»-Syndrom, von dem wir im letzten Kapitel gesprochen haben, ein Ende machen wollen, müssen Sie bereit sein, dieses «Eines Tages» *heute* wahr werden zu lassen, indem Sie darauf hören und sich darauf einstellen, wie Sie gemacht sind. Machen Sie das Beste aus Ihrer Zeit, indem Sie Ihre Energie auf die Bereiche lenken, die Ihre beständigen Prioritäten sind. Denken Sie immer an das Vermächtnis, das Sie hinterlassen möchten – bei der Arbeit, die Sie tun, durch die Beziehungen, die Sie pflegen, und durch die Art, wie Sie jeden Tag verbringen. Wir sind nicht dazu geschaffen, Sklaven der Zeit zu sein. Wir wurden geschaffen, um in dem Leben, das uns gegeben ist, aktiv und präsent zu sein. Machen Sie das Beste aus Ihrer Zeit, indem Sie sie für ein Vermächtnis einsetzen, das noch lange Bestand haben wird, wenn Ihre Zeit auf der Erde längst zu Ende gegangen ist. Tun Sie es heute!

Damit es fürs Leben hält

1. Führen Sie diese Woche ein Zeittagebuch und notieren Sie sich, wie Sie jeden Tag verbringen. Versuchen Sie Ihre Produktivität (das, was Sie erreichen) im Vergleich zu Ihrer Zufriedenheit (wie Sie jeden Tag erleben) zu bewerten. Wie würden Sie die Kosten-Nutzen-Relation Ihres Umgangs mit der Zeit einschätzen?

2. Was war für Sie in der vergangenen Woche der größte Zeitfresser? Was haben Sie davon gehabt? Hat es Sie zerstreut, Sie unterhalten, Ihnen ermöglicht, jemandem aus dem Weg zu gehen? Gibt es eine Möglichkeit, Ihre Zeit anders zu nutzen und so eine größere, sinnvollere Wirkung zu erzielen? Vielleicht sollten Sie weniger fernsehen und dafür mehr lesen, oder vielleicht einmal spazieren gehen oder einen anderen Sport treiben, statt im Internet zu surfen. Stellen Sie eine kurze Liste von alternativen Aktivitäten auf, auf die Sie das nächste Mal zurückgreifen können, wenn Sie in Versuchung sind, aus lauter Gewohnheit Zeit zu verschwenden.

3. Wie würden Sie Ihre gegenwärtige Lebensphase beschreiben? Fühlen Sie sich wie begraben unter einer frostharten Steppe, wie im emotionalen Winterschlaf? Oder eher wie im Frühling, mit lauter Anzeichen neuen Lebens vor Augen? Was bedeutet es für Sie, Ihre gegenwärtige Lebensphase anzunehmen und zu würdigen?

Tag 4

Die Energiewelle

Zapf die größte Quelle an

Sie haben keine Seele. Sie sind eine Seele.
Sie haben einen Körper.
C. S. Lewis

Du hast uns für dich bereitet, und unsere Herzen
sind ruhelos, bis sie Ruhe finden in dir.
Augustinus

Während der vielen Stürme und Orkane entlang der Golfküste erleben wir oft Spannungsspitzen im Stromnetz, so dass wir uns fragen, ob wir bald die Kerzen und Taschenlampen hervorkramen müssen. Die Lampen flackern, ein Seufzen geht durch alle elektrischen Geräte, und alle im Haus halten die Luft an und warten ab, was als Nächstes passiert. Gelegentlich sitzen wir für Minuten, Stunden oder sogar Tage im Dunkeln, wenn die Generatoren und Stromleitungen zusammenbrechen.

In solchen Momenten, wenn wir uns alle in der Küche zusammenfinden, Kerzen anzünden und nach frischen Batterien suchen, wird uns plötzlich klar, wie abhängig wir von Energie sind. Auch um das Leben zu führen, für das wir geschaffen sind, sind wir ganz und gar von Energie abhängig. Wir brauchen die Energie zur Veränderung. Das Problem ist nur, dass wir oft glauben, wir könnten die nötigen Veränderungen mit ein bisschen Willenskraft bewerkstelligen, und nicht einsehen, wie abhängig wir von Gottes Kraft sind.

Menschen, die wissen, dass ihr Leben bald vorbei sein wird, empfinden oft einen verzweifelten Drang, sich zu verändern. Aber dieser verzweifelte Drang zur Veränderung reicht nicht aus. Um die Veränderungen durchzuziehen, brauchen wir die Verbindung zu einer Energiequelle außerhalb unserer selbst –

einer Energiequelle, die niemals schwankt, flackert oder uns im Dunkeln sitzen lässt. Wir müssen von der Willenskraft zu der echten Kraft überwechseln, die uns durch die Verbindung mit unserem Schöpfer zuteilwird. Wenn Sie am Ende Ihrer eigenen Möglichkeiten angekommen und erschöpft von dem Bemühen sind, Ihr Leben in den Griff zu bekommen, bietet Jesus Ihnen die Einladung Ihres Lebens: «Kommt alle her zu mir, die ihr euch abmüht und unter eurer Last leidet! Ich werde euch Ruhe geben. Lasst euch von mir in den Dienst nehmen, und lernt von mir! Ich meine es gut mit euch und sehe auf niemanden herab. Bei mir findet ihr Ruhe für euer Leben» (Matthäus 11,28–29).

«Jeder Tag zählt»-Moment

In welchem Bereich Ihres Lebens kämpfen Sie am meisten um Veränderung? Geht es darum, körperlich fit zu werden oder Gewicht zu verlieren? Eine schlechte Gewohnheit abzulegen? Ist es ein Beziehungsproblem? Versuchen Sie, sich durch Willenskraft zu ändern oder durch die Kraft Gottes? Welche Worte oder Formulierungen in Matthäus 11,28–29 sprechen Sie besonders an? Warum?

Geistliche Energie

Unser Leben hat viele Facetten, aber unsere geistliche Energie ist wichtiger als die anderen, weil alles andere davon abhängt. Wir sind als geistliche Wesen geschaffen, und um geistliche Energie zu entwickeln, müssen wir eine gesunde Verbindung zu unserem Schöpfer pflegen. Die Bibel unterstreicht immer wieder, dass die Menschen nach dem Bild Gottes erschaffen sind und dass wir eine ewige Komponente in uns haben, unseren Geist. Der wichtigste Teil unseres Lebens ist diese geistliche Dimension, unsere Seele.

Die meisten von uns legen viel Wert auf körperliche Gesundheit, und das ist auch wichtig, aber viele Leute vernachlässigen dabei vollkommen ihre geistliche Gesundheit, weil sie sie gar nicht wahrnehmen. Manche Leute reden von geistlichem Wachstum und davon, wie sie es in ihrem Leben anregen können, aber um die Kraft zur Veränderung zu gewinnen, müssen wir uns nicht um geistliches Wachstum bemühen, sondern um geistliche Gesundheit. Gesunde Dinge wachsen von allein; deshalb brauchen Sie sich während dieser Dreißig-Tage-Herausforderung nicht auf geistliches Wachstum zu konzentrieren. Richten Sie Ihr Augenmerk stattdessen auf geistliche Gesundheit. Wenn Ihnen nur noch ein Monat bliebe, bis ihr physischer Leib zusammenbricht, würden Sie dann nicht wollen, dass der Teil von Ihnen, der für immer leben wird, so gesund wie möglich ist?

Der Schlüssel zu geistlicher Gesundheit besteht darin, eine starke Beziehung zu Ihrem Schöpfer zu pflegen. Wenn Sie mit Ihrem Schöpfer verbunden sind, werden Sie wachsen, wie Sie noch nie gewachsen sind, und Ihnen wird echte Energie zuteil, um dauerhafte Veränderungen vorzunehmen.

Fruchtbares Leben

Wie werden wir geistlich gesund? Jesus sagt es uns:

> Ich bin der wahre Weinstock, und mein Vater ist der Weingärtner. Alle Reben am Weinstock, die keine Trauben tragen, schneidet er ab. Aber die Frucht tragenden Reben beschneidet er sorgfältig, damit sie noch mehr Frucht bringen. Ihr seid schon gute Reben, weil ihr meine Botschaft gehört habt. Bleibt fest mit mir verbunden, und ich werde ebenso mit euch verbunden bleiben! Denn so wie eine Rebe nur am Weinstock Früchte tragen kann, so werdet auch ihr nur Frucht bringen, wenn ihr mit mir verbunden bleibt. Ich bin der Weinstock, und ihr seid die Reben. Wer bei mir bleibt, so wie ich bei ihm bleibe, der trägt viel Frucht. Denn ohne mich könnt ihr nichts ausrichten (Johannes 15,1–5).

Zur Zeit Christi verstand jeder, was nötig war, um die bestmögliche Weinernte zu erzielen. Weinberge gab es überall, so dass Jesu ursprüngliche Zuhörerschaft genau wusste, was er da beschrieb. Uns hingegen fällt das vielleicht nicht so leicht; also lassen Sie uns genauer hinschauen.

Erstens sagt Jesus: «Ich bin der wahre Weinstock.» Auf einem Weinberg ist der Weinstock die Energiequelle, die Versorgungsleitung, die Nährstoffe heranliefert und die Weinbeeren hervorbringt. Nach dem Weinstock beschreibt Jesus die Reben – nämlich uns. Wenn Sie mit dem wahren Weinstock verbunden sind, dann sind Sie eine Rebe. Und wie unangenehm uns das auch sein mag, Reben allein können keine Früchte hervorbringen. Wir sind dazu geschaffen, mit einer größeren Energiequelle verbunden zu sein. Die Rebe trägt die Frucht, aber ohne den Weinstock könnte sie sie nicht hervorbringen. Achten Sie darauf, wie Jesus zu den Reben sagt: «Bleibt fest mit mir verbunden.» Lasst die Verbindung nicht abreißen. Wenn Sie geistliche Gesundheit wollen, müssen Sie mit Christus, dem Weinstock, verbunden bleiben. Das ist unsere Aufgabe. Das ist alles, was wir tun müssen! Wenn Sie Ihren Stress reduzieren wollen, für diesen Monat und darüber hinaus, dann machen Sie sich klar, dass Ihre Rolle im Leben darin besteht, mit dem Weinstock verbunden zu bleiben.

Manchmal vergesse ich meine Rolle und versuche, selbst der Weinstock zu sein. Ich hecke einen Plan und einen Zeitrahmen dafür aus, Ziele und eine Prioritätenliste. Dann versuche ich meinen Plan umzusetzen und alles so geschehen zu lassen, wie ich es in meinem Zeitplan vorgesehen habe. Am Ende bin ich so gestresst, dass ich alle meine Energie verliere. Ich bin frustriert und erschöpft und habe trotz all meiner Bemühungen nichts vorzuweisen. Alles nur, weil ich vergessen habe, dass die Rebe allein kein Leben hervorbringen kann; sie kann nur Leben aus dem Weinstock beziehen.

So merkwürdig es klingen mag, es ist nicht Ihre Sache, die Ergebnisse zu produzieren. Sie sind nicht dafür verantwortlich, Frucht hervorzubringen; das ist Jesu Aufgabe. Sie müssen nicht schwitzen und sich anstrengen, härter arbeiten oder sich selbst disziplinieren, um durch schiere Willenskraft ein geistlicherer Mensch zu werden. Das ist eine unglaublich befreiende Wahrheit!

Beständiges Beschneiden

Jeder Gärtner oder Winzer weiß, dass das Beschneiden der Schlüssel ist, um die besten Früchte zu produzieren. Ich habe ein bisschen recherchiert und herausgefunden, dass auf den meisten heutigen Weinbergen die Chefgärtner die Beschneider zwei oder drei Jahre lang ausbilden, bevor sie sie an die Reben lassen, denn die Beschneider können eine ganze Ernte zunichtemachen, wenn sie nicht wissen, was sie tun.

Unser himmlischer Vater, der Meistergärtner, kennt sich mit dem Beschneiden bestens aus. Er weiß, wann er schneiden muss, wo er schneiden muss und wie viel er schneiden muss, um das Beste aus unserem Leben herauszuholen. Oft bitten wir ihn, uns zu segnen und unser Leben fruchtbarer zu machen – unsere Familien, unsere Geschäfte, unsere Finanzen. Aber den Beschneidungsprozess, den wir erdulden müssen, damit unsere Gebete beantwortet werden können, lassen wir uns nur selten gefallen. Gott beschneidet Bereiche unseres Lebens, damit wir mehr und bessere Früchte tragen können.

Ich schätze, manche von Ihnen haben nicht das Gefühl, in der gegenwärtigen Phase Ihres Lebens besonders gesegnet zu sein. Höchstwahrscheinlich liegt das daran, dass Sie mitten im Beschneidungsprozess stehen. Wie sich das auch anfühlen mag, es ist eine gute Nachricht. Der Beschneidungsprozess ist immer schmerzhaft, aber er ist auch immer produktiv. Sie haben einen himmlischen Vater, der weiß, was er tut. Er ist ein Experte. Er beschneidet Sie gerade jetzt, damit Sie mehr Früchte tragen können. Er möchte, dass Sie den höchsten Zweck erfüllen, zu dem er Sie erschaffen hat, nämlich so fruchtbar wie möglich zu sein.

Das Einzige, was wir dazu tun müssen, ist, die Rebe zu sein und mit dem Weinstock verbunden zu bleiben. Wenn wir mit dem Weinstock verbunden sind, werden wir geistlich gesund und von seiner Energie erfüllt sein. Indem wir uns auf ihn verlassen, reduziert sich unser Stress, und wir werden frei, uns ganz und gar auf das Leben einzulassen. Wenn wir das vergessen und anfangen zu denken, wir wären der Weinstock und nicht die Rebe, gehen wir im Stress unter, denn das ist eine Rolle, die zu spielen wir überhaupt nicht geschaffen sind.

Die Frage ist also, wie können wir mit dem Weinstock verbunden bleiben? Das ist alles, was Sie diesen Monat zu tun haben! Sie brauchen nicht genug Willenskraft zusammenzuraffen, um mit dem Rauchen aufzuhören; Sie brauchen nicht die Zähne zusammenzubeißen und sich zu zwingen, diese Diät durchzuziehen; und Sie brauchen keine Wege zu finden, um Ihre zerbrochenen Beziehungen wieder in Ordnung zu bringen. Alles, was Sie tun müssen, ist, sich mit dem Weinstock zu verbinden, mit der Energiequelle, und er wird Ihnen nicht Willenskraft geben, sondern echte Kraft. Er wird Ihnen die Kraft geben, um alles zu tun, was Sie tun müssen. Wir werden geistlich wachsen wie nie zuvor, solange wir mit dem Weinstock verbunden bleiben.

«Jeder Tag zählt»-Moment

In welcher Hinsicht haben Sie schon erlebt, wie Gott Bereiche Ihres Lebens beschnitten hat? Wie sind Sie mit dieser Beschneidung umgegangen? (Seien Sie ehrlich – wir alle jammern manchmal!) Was waren die Folgen seiner Schnitte in Ihr Leben? Wo warten Sie noch darauf, die Ergebnisse zu sehen?

Ständige Verbindung

Wie halten wir unsere Verbindung zu der größten Energiequelle aufrecht? So wie die Reben Nährstoffe, Wasser und Sonne brauchen, um dicke, saftige Weinbeeren hervorzubringen, brauchen auch wir zwei Verbindungselemente, um gesund zu bleiben, zu wachsen und die besten Früchte hervorzubringen. Das Erste ist die ständige *Kommunikation.* Heutzutage sind viele Leute mit Hilfe ihrer High-Tech-Kommunikationsgeräte ständig mit ihren Büros verbunden. Doch was wir viel nötiger haben, ist die ständige Verbindung zu Gott.

Diese Verbindung halten wir aufrecht durch das Gesprächsgebet. Wenn Sie morgens aufwachen, ist es wesentlich, dass Sie Ihren Tag gleich damit beginnen, dass Sie einfach mit Gott reden. Vielleicht schauen Sie voraus und denken an Ihre Sorgen und Erwartungen für den Tag. Vielleicht sind Sie einfach nur dankbar dafür, wieder einmal vierundzwanzig Stunden geschenkt zu bekommen, und fragen sich, wie er wohl möchte, dass Sie sie verbringen. Wie Hudson Taylor sagte, gibt man ja auch nicht erst ein Konzert und stimmt dann hinterher seine Instrumente. Beginnen Sie den Tag mit Gott!

Und dann führen Sie das Gespräch während des übrigen Tages fort. Dazu müssen Sie keinen formellen Ton anschlagen oder alles andere stehen und liegen lassen. Sie müssen auch nicht laut mit ihm reden, denn Gott kennt Ihre Gedanken, bevor Sie sie auch nur aussprechen. Sagen Sie ihm einfach ehrlich, was Sie auf dem Herzen haben. Reden Sie mit Gott den ganzen Tag hindurch über die Probleme, mit denen Sie konfrontiert werden, die Entscheidungen, die anstehen, und die Überraschungen, für die Sie dankbar sind. Wenn Sie wütend und gestresst sind, reden Sie mit Gott darüber. Laden Sie alles bei ihm ab. Er kann es verkraften. So können Sie den ganzen Tag über im Gesprächsgebet mit Gott bleiben, um die Verbindung zu ihm zu halten.

Das zweite Element für eine gesunde geistliche Verbindung ist das ständige *Bekenntnis*. Das bedeutet nicht, dass Sie Ihren Pastor, Priester oder Pfarrer aufsuchen und ihm von Ihren neuesten Schandtaten berichten müssen. Es hat auch nichts damit zu tun, sich selbst herunterzumachen und für eine bestimmte Zeit mit einem schlechten Gewissen herumzulaufen. Nein, es ist lediglich eine weitere Dimension Ihres fortdauernden Gesprächs mit Gott während des ganzen Tages. Wenn Ihnen etwas bewusst wird, das Sie nicht hätten sagen oder tun sollen, oder etwas, das Sie nicht getan haben, wovon Sie aber glauben, dass Sie es hätten tun sollen, dann bekennen Sie es einfach und machen Sie weiter.

Wir sind alle Werdende. Wir scheitern und geben in schwachen Momenten Versuchungen nach, aber damit müssen wir uns nicht endlos aufhalten und uns vor allem nicht davon herunterziehen lassen. Wenn wir unser Versagen eingestehen und Gott um seine Gnade und Vergebung bitten, dann tut er nichts lieber, als unsere Herzen zu reinigen und unsere Beziehung zu ihm wiederherzustellen. Es ist ein täglicher Prozess, der sich von Augenblick zu Augenblick vollzieht. Wenn Sie Mist bauen, wenn Sie einen Fehler machen, wenn Sie sündigen, dann bekennen Sie sich einfach dazu und erzählen Sie ihm davon. Bekenntnis bedeutet, dass Sie die Verantwortung für Ihr Versagen übernehmen und es Gott gegenüber eingestehen, statt Ausflüchte zu suchen oder sich mit anderen zu vergleichen, von denen Sie meinen, sie machten es noch schlechter. Im Grunde rufen Sie sich damit in Erinnerung, dass Sie es nicht allein schaffen, dass Sie Gott brauchen und vor allem möchten, dass er weiterhin an Ihrem Leben arbeitet, um Sie mit der Kraft und Energie zu versorgen, die Sie brauchen, um zu gedeihen. Bekenntnis heißt, mit Gott darin übereinzustimmen, dass wir etwas falsch gemacht haben. Und Buße heißt, dass wir beschließen, es auf Gottes Art zu machen.

Durch Kommunikation und Bekenntnis halten wir die Verbindung zu der größten Energiequelle, zum Weinstock, aufrecht. Das ist der Schlüssel, um von der Willenskraft zur echten Kraft überzugehen. Vorsätze und Selbstverpflichtungen bringen überhaupt nichts, wenn wir uns auf unsere eigene Willenskraft stützen. Vielleicht können Sie sie eine Weile lang auf hohem Level halten, aber irgendwann wird Ihre eigene Kraft nicht mehr ausreichen. Sie gehen von der Willenskraft zu Gottes Kraft über, indem Sie einfach die Verbindung halten.

Damit es fürs Leben hält

1. Was sind gegenwärtig die Hindernisse für geistliche Gesundheit in Ihrem Leben? Anders gesagt, was hält Sie davon ab, sich mit Gott als Ihrer wichtigsten Quelle des geistlichen Lebens zu verbinden?

2. Schreiben Sie einen Brief an Gott und schildern Sie ihm so ehrlich wie möglich Ihre gegenwärtigen Enttäuschungen und Frustrationen. Denken Sie darüber nach, inwiefern es sein könnte, dass diese Probleme oder Nöte Sie auf fruchtbarere Zeiten vorbereiten.

3. Wie kommen Sie mit den Bereichen Kommunikation und Bekenntnis zurecht? Was würden Sie hier anders praktizieren, wenn Sie wüssten, dass Sie nur noch einen Monat zu leben hätten?

Tag 5

Die Sauerstoffmaske

Erst einmal durchatmen

Dies ist dein Leben. Bist du der, der du sein willst?
Switchfoot

Falls es zu einem Luftdruckabfall in unserer Kabine kommen sollte, wird aus dem Fach über Ihnen eine Sauerstoffmaske herabgelassen. Bitte legen Sie zuerst *selbst* die Sauerstoffmaske an, bevor Sie kleinen Kindern oder anderen helfen, die Unterstützung benötigen.
Sicherheitsanweisung im Flugzeug

Je nachdem, wie oft Sie mit dem Flugzeug unterwegs sind, kennen Sie diese Übung vielleicht schon auswendig. Sie gehört zum Monolog jeder Flugbegleiterin, mit der sie zu Beginn eines Fluges die Sicherheitsmaßnahmen erläutert. Der Gedanke hinter einer solchen Anweisung liegt auf der Hand: Sie können niemandem helfen, wenn Sie selbst durch Sauerstoffmangel bewusstlos sind.

Doch zugleich enthalten diese Worte eine eindrückliche geistliche Wahrheit. Wenn Sie das Beste aus Ihrer Zeit auf der Erde machen und ein Leben ohne Reue führen wollen, dann müssen Sie sich voll auf die Menschen in Ihrem Umfeld einlassen. Sie wollen ja, dass die Menschen, die Sie lieben, auch wissen, wie viel sie Ihnen bedeuten. Sie möchten eine heilende Kraft im Leben der Menschen sein, die Sie berühren, und ein Vermächtnis von ewiger Wirkung hinterlassen. Aber diese Ziele eines authentischen Lebens können Sie nur erreichen, wenn Sie sich zuerst Zeit nehmen und sich auf sich selbst konzentrieren. Wenn Sie nicht geistlich, körperlich, emotional und in Ihren Beziehungen gesund sind, wie können Sie dann aus sich herausgehen und sich in andere investieren?

Diese Wahrheit ist nichts Neues – unzählige Selbsthilfebücher, Gruppenmaterialien und inspirierende Predigten enthalten diese Botschaft. Und vielleicht geht es Ihnen so wie mir, dass Ihnen das schon immer ein bisschen zu ichbezogen erschien, wie einer von vielen Vorwänden unserer Ich-zuerst-Gesellschaft, um uns selbst zu kreisen. Wie alles, was bis ins Extrem getrieben wird, kann das Kümmern um uns selbst zu einer Ausrede werden, um nie über uns selbst und unsere Bedürfnisse hinauszuwachsen. Aber darum geht es nicht, wenn es heißt, dass wir zuerst selbst die Sauerstoffmaske anlegen sollen.

Tatsache ist: Uns selbst zu lieben ist ein biblisches Gebot. Jesus selbst sprach davon, als er die größten Gebote nannte. «Jesus antwortete ihm: ‹Du sollst den Herrn, deinen Gott, lieben von ganzem Herzen, mit ganzer Hingabe und mit deinem ganzen Verstand!› Das ist das erste und wichtigste Gebot. Ebenso wichtig ist aber das zweite: ‹Liebe deinen Mitmenschen wie dich selbst!›» (Matthäus 22,37–39). Dass wir zuerst Gott und dann unseren Mitmenschen lieben sollen, haben die meisten von uns begriffen, aber wir übersehen den letzten Teil dieser Aussage: Wir sollen unseren Mitmenschen so lieben *wie uns selbst*. Jesus sagt damit: Bevor wir wirklich andere lieben und etwas Positives in ihrem Leben bewirken können, müssen wir zuerst uns selbst lieben.

Sicherlich lässt sich diese Botschaft missbrauchen, um die eigene Selbstsucht zu rechtfertigen. Aber in Wirklichkeit ist das Gegenteil gemeint. Sie müssen sich zuerst Zeit nehmen, um selbst gesund zu werden, damit Sie Einfluss auf Ihre Umwelt nehmen können. Solange Sie sich selbst nicht lieben lernen, können Sie nie wirklich lernen, andere so zu lieben und sich ihnen zuzuwenden, wie Gott es von Ihnen möchte. Was Sie selbst noch nicht gelernt haben, können Sie niemandem beibringen.

Gott möchte, dass wir geistlich, körperlich, emotional und in unseren Beziehungen Energie entwickeln. Die geistliche Verbindung haben wir in unserem letzten Kapitel betrachtet. Unsere geistliche Verbindung mit Gott ist wie ein unbegrenztes Sauerstoffreservoir. Einen gesunden Körper, gesunde Emotionen und gesunde Beziehungen bekommen wir dadurch, dass wir die Sauerstoffmaske aufsetzen, damit wir anderen helfen können.

Schauen wir uns nun die anderen drei Bereiche an und überlegen wir uns, was es heißt, «zuerst einmal zu atmen», indem Sie für Ihren Körper, Ihre Emotionen und Ihre Beziehungen sorgen.

Tun Sie Ihrem Körper etwas Gutes

Wenn Sie wüssten, dass Sie nur noch einen Monat zu leben hätten, wie würden Sie dann Ihren Körper behandeln? Würden Sie aufhören, sich zum Sport zu zwingen? Dafür lieber im Schnellimbiss eine Extra-Portion Pommes bestellen? Sich jeden Tag eine Schüssel Eiscreme gönnen? Wenn Ihrem physischen Körper nur noch dreißig Tage blieben, wären Sie vielleicht in Versuchung, ihn zu vernachlässigen und nur noch das zu tun, was sich gut anfühlt und besser schmeckt. Doch der Umgang mit Ihrem Körper ist ein Bereich, in dem die Wirklichkeit des Dreißig-Tage-Lebensstils weit über diese wenigen Wochen hinausgeht.

Ob Sie nun noch dreißig Tage oder dreißig Jahre haben, klar sollte sein, dass die Art und Weise, wie Sie Ihren Körper behandeln, sich direkt und nachhaltig auf Ihre Lebensqualität auswirkt. Keinen Sport mehr treiben, mehr Süßigkeiten essen und abends lange ausgehen mag ein paar Tage lang Spaß machen, aber wir kennen alle diese Hänger, bei denen uns die Energie wegsackt, weil wir uns selbst vernachlässigt haben. Unsere Körper brauchen Schlaf, Bewegung, frische Luft, Wasser und gute Ernährung. Wenn Sie möchten, dass Sie sich länger wohlfühlen, als die Eiscreme zum Schmelzen braucht, dann müssen Sie Ihre körperliche Energie steigern. Und um das zu tun, sollten Sie sich als Erstes darauf konzentrieren, eine gesunde Auffassung von Ihrem Körper zu entwickeln.

Wie bekommen Sie eine gesunde Körperauffassung? Um das zu beantworten, müssen wir uns noch einmal der wichtigsten Quelle für unseren Sauerstoff zuwenden – unserer geistlichen Verbindung mit unserem Schöpfer. Wenn Sie nicht mit Gottes Sauerstoffmaske verbunden sind, werden Sie Mühe mit Ihrem körperlichen Selbstbild haben, denn Ihre Atemluft wird voll von den Lügen sein, die Ihnen die Gesellschaft darüber vorgaukelt, was akzeptabel ist und was nicht. Es liegt in der menschlichen Natur, sich umzuschauen und sich mit anderen zu vergleichen, doch die heutige Kultur wimmelt geradezu von Mediendarstellungen und Werbung, in denen es nur ewige Jugend, unendliche Schönheit und schlanke, airbrushperfektionierte Körper gibt.

Der Feind unseres Erfolgs sieht es lieber, wenn wir das Kohlenmonoxid einatmen, das er uns einfiltriert; zum Beispiel Botschaften wie «Du kannst nicht dünn genug sein», «Du musst um jeden Preis jünger aussehen», «Auf dein Aussehen kommt es an» und so weiter. Wenn wir auf diese Botschaften hereinfallen, vergiften wir uns selbst mit falschen Leitbildern über die wahre Gesundheit unserer physischen Körper. Um physisch gesund zu sein, müssen wir geistlich gesund sein und auf das hören, was Gott über unsere Körper sagt. In einem Brief an die Gemeinde in Korinth schrieb Paulus: «Oder habt ihr etwa vergessen, dass euer Körper ein Tempel des Heiligen Geistes ist, der in euch wohnt und den euch Gott gegeben hat? Ihr gehört also nicht mehr euch selbst» (1. Korinther 6,19).

Was die Vorstellung angeht, die sich Leute von ihrem Körper machen, beobachte ich oft zwei Extreme. Das erste Extrem sind die Leute, die den Tempel (also den Körper) anbeten. Sie beten nicht den an, der *im* Tempel ist, sondern den Tempel selbst. Das sind diejenigen, die sich unzählige Stunden abquälen, um besser auszusehen. Jede Woche trainieren sie gewissenhaft im Fitness-Center und geben jede Menge Geld aus, um ihr Aussehen zu verbessern. Aber hier ist der Knackpunkt: Wenn Sie den Tempel anbeten, Ihren Körper – also etwas, das sich auf jeden Fall verändern wird –, dann werden Sie sich immer unsicher fühlen.

Das andere Extrem ist ebenso schädlich: Leute, die den Tempel verwüsten. Sie vernachlässigen ihre Körper völlig, und ihr allgemeiner Gesundheitszustand ist ihnen vollkommen egal. Ob sie nun Sport meiden, zu viel essen, rauchen oder anderen schädlichen Gewohnheiten frönen, die Vernachlässigung des körperlichen Wohlergehens summiert sich. Dadurch verringert sich sowohl die Quantität als auch die Qualität des Lebens.

Wenn Sie wüssten, dass Gott heute Abend zu Ihnen zum Abendessen kommt, würden Sie dann nicht gern aufräumen, saubermachen und sich auf seinen Besuch vorbereiten? Machen Sie sich klar, dass Gott schon längst in Ihrem Haus wohnt. Er wohnt in Ihnen. Ihr Körper ist der Tempel Gottes, und darum ist es so wichtig, dass Sie sich gut um sich kümmern und Ihre physische Energie pflegen.

Wenn Sie am Weinstock bleiben – damit sind wir wieder bei Ihrer geistlichen Gesundheit –, dann gehen Sie von der persönlichen Willenskraft über zur Kraft Gottes. Dann gibt er Ihnen die Energie zum Sporttreiben. Er gibt Ihnen die echte Kraft, um Ihre Diät durchzuhalten. Nicht, dass Sie zu einem vegetarischen Triathleten werden sollten, der während jeder Mahlzeit unentwegt betet; aber Sie werden nicht in die Falle tappen, Ihren Körper entweder anzubeten oder zu vernachlässigen. Sie werden ihn als Gottes Schöpfung wahrnehmen, die sowohl Ihre Seele als auch seinen Geist beherbergt, und deshalb werden Sie Ihrer physischen Gesundheit hohe Priorität einräumen.

«Jeder Tag zählt»-Moment

Was ist für Sie die größte Herausforderung im körperlichen Bereich? Das Gewicht? Ihre körperliche Selbstwahrnehmung? Eine Verletzung oder eine Krankheit? Was würde es für Sie bedeuten, sich besser um Ihren Tempel zu kümmern? Welchen Schritt können Sie heute tun, um gesünder zu werden?

Wie fühlen Sie sich?

Der nächste entscheidende Bereich, in dem wir erst einmal durchatmen müssen, ist unser Gefühlsleben. Unzählige Menschen machen sich völlig abhängig davon, wie sie sich fühlen. Sie arbeiten hart, wenn sie sich danach fühlen. Sie gehen in die Kirche, wenn sie sich danach fühlen. Sie verhalten sich liebevoll gegenüber ihrer Frau oder ihrem Mann, wenn sie sich danach fühlen. Sie strengen sich an, bessere Eltern zu sein, sobald sie zufriedener mit sich selbst sein wollen – aber leider nicht, wenn ihre Kinder liebevolle Zuwendung brauchen.

Reifen und Erwachsenwerden besteht zu einem erheblichen Teil darin, dass wir lernen, unsere Gefühle anzuerkennen und zu erleben, ohne uns von ihnen steuern zu lassen. Gewiss ist es nicht so, als könnten wir einen Schalter umlegen und unsere Angst ausknipsen oder auf einen Knopf drücken, um glücklich zu sein. Wir sind vielleicht nicht in der Lage, unsere Gefühle zu steuern, aber wir können auf jeden Fall steuern, was wir mit diesen Gefühlen machen – wie sie unsere Gedanken und unser Verhalten beeinflussen. Da unsere Gefühle sich mit unserer Stimmung, den äußeren Umständen, unserer körperlichen Gesundheit und anderen Faktoren verändern, ist es wesentlich, dass wir uns wieder an unsere wichtigste Quelle halten, unsere geistliche Verbindung zu Gott. Im Auf und Ab des Lebens dient uns Gottes Wahrheit als Ankerpunkt, egal, welche emotionalen Stürme wir auch gerade durchleben mögen. Im Neuen Testament heißt es: «Denn Gott hat uns keinen Geist der Furcht gegeben, sondern sein Geist erfüllt uns mit Kraft, Liebe und Besonnenheit» (2. Timotheus 1,7). Wenn ich durch beständiges Gespräch und beständiges Bekenntnis mit meinem Schöpfer in Verbindung bleibe, dann wird er mir die Kraft und die Besonnenheit geben, die ich brauche.

Wichtig ist, sich klarzumachen, dass ein gesundes Gefühlsleben nicht heißt, seine Gefühle zu unterdrücken und zu verstecken. Nein, wir sind als emotionale Wesen geschaffen. Wir müssen nur lernen, unsere Gefühle auszudrücken, ohne uns von ihnen steuern zu lassen. Vielen von uns ist direkt oder indirekt eingetrichtert worden, es sei falsch, schwach, feminin und gefährlich, unsere Gefühle zu zeigen. Besonders manche Christen glauben, sie dürften niemals wütend, niemals traurig, niemals allzu begeistert sein.

Es ist wichtig, dass wir in Bezug auf unsere Gefühle ehrlich werden. Ich sage nicht, dass Sie Ihre Gefühle unter Kontrolle halten sollen, indem Sie sie unterdrücken. Verleugnen und Unterdrücken werden in Ihrem Leben ebenso viel Chaos anrichten, wie wenn Sie immer danach handeln, wie Sie sich gerade fühlen. Ein befreundeter Seelsorger sagte mir, Leute, die ihre

Gefühle vergraben, versuchten im Grunde, einen Wasserball unter Wasser zu halten. Das schaffen sie vielleicht sogar für kurze Zeit, aber irgendwann wird es mächtig spritzen und der Wasserball wird an die Oberfläche kommen. Anderseits sollten Sie von Ihren Gefühlen nicht die Richtung Ihres ganzen Lebens bestimmen lassen. Fühlen Sie, was Sie fühlen, aber dann tun Sie, was Gott von Ihnen möchte.

Jesus erlebte die ganze Bandbreite der menschlichen Gefühle, so wie jeder von uns auch, doch er hat niemals gesündigt. Jesus wurde wütend. Jesus weinte. Jesus lachte. Offenkundig erlebte er alle Gefühle genau wie wir, doch er ließ nicht zu, dass sie seine Gedanken, sein Verhalten oder seinen Umgang mit anderen Menschen steuerten. Er ist unser bestes Vorbild dafür, wie man alles empfindet, was in uns aufsteigt, und sich doch dem unterordnet, was Gott von uns möchte.

Es liegt auf der Hand, dass Jesus es mit sehr schwierigen Gefühlen zu tun hatte, als sein qualvoller Tod näher rückte: Einsamkeit, Ungewissheit, Furcht und Sorge. Dennoch betete er darum, dass in seinem Leben der Wille seines Vaters geschehen möge.

«Jeder Tag zählt»-Moment

Wie gehen Sie meistens mit starken Gefühlen um? Neigen Sie eher zum Überkochen oder zum langsamen Köcheln? Denken Sie an das letzte Mal zurück, als ein Gefühl Sie überwältigte – Furcht, Freude, Enttäuschung, Begeisterung, Neid oder Zorn. Wie haben Sie dieses Gefühl ausgedrückt? Was hätten Sie im Rückblick gerne anders gemacht?

In Beziehungen eingebunden

Der ganze Grund, warum wir zuerst uns selbst die Sauerstoffmaske anlegen, ist, damit wir einatmen und gesund werden und dann anderen helfen können, Gottes Sauerstoff zu finden. Beziehungen bringen zwar von Natur aus ihre Herausforderungen mit sich, und auf viele davon werden wir in unserem nächsten Abschnitt eingehen, aber sie spiegeln auch einen der wichtigsten Aspekte dessen wider, wie wir geschaffen sind. So wie Gott uns als ewige Wesen in zeitlich begrenzten Körpern geschaffen hat, hat er uns auch dazu geschaffen, in einem Beziehungsnetz mit anderen zu leben. Wir sind nicht dazu da, selbstgenügsam und unabhängig zu sein, so dass wir uns isolieren und anderen Leuten aus dem Weg gehen könnten.

Wenn wir wüssten, dass uns nur noch ein paar Wochen zum Leben blieben, so würden wir sicher nicht allein sterben wollen. Wir würden wollen, dass die Menschen, die uns lieb sind, unser innerstes Selbst kennen und wissen, wie dankbar wir für sie sind. Wir würden ihnen die letzten Botschaften mitgeben wollen, die wir auf dem Herzen haben. Wir würden in unseren Beziehungen ein Vermächtnis beständiger Liebe und fortdauernden Glaubens hinterlassen wollen.

Ich hoffe sehr, dass jeder, der dieses Buch liest, noch viel länger als einen Monat – ja, noch viele gesunde, wunderbare Jahre! – zu leben hat. Aber egal, wie viele Kalenderseiten wir in unserem Leben umblättern, es muss uns immer klar sein, wie kurz das Leben ist. Wir bitten Gott, uns zu lehren, unsere Tage zu zählen, und uns verstehen zu helfen, dass die Zeit begrenzt ist, damit wir sie so verbringen können, wie er es möchte. Erst dann können wir den Zweck erfüllen, für den er uns geschaffen hat. Dadurch, dass wir unseren Sinn und Zweck als seine Geschöpfe erfüllen – in der Verbindung mit Gott, die uns am Leben erhält –, können wir körperlich, emotional und in unseren Beziehungen gesund werden. Zuerst selbst zu atmen hat nichts mit Selbstsucht zu tun. Es ist unerlässlich.

Damit es fürs Leben hält

1. Wie würden Sie Ihre Gesundheit in jedem dieser vier Bereiche – geistlich, körperlich, emotional, beziehungsmäßig – auf einer Skala von eins (katastrophal) bis zehn (fantastisch) einstufen? Wo liegt für Sie die größte Herausforderung, um Ihre Gesundheit in diesen Bereichen zu verbessern? Was können Sie tun, um diese Herausforderung in Angriff zu nehmen?

2. Nehmen Sie sich Zeit für ein Tagebuch über ein konkretes Ziel für jeden dieser vier Bereiche, auf das Sie für den Rest dieses Monats hinarbeiten können. Achten Sie darauf, dass die Ziele *praktisch* und *messbar* sind.

3. Verbringen Sie täglich fünfzehn bis dreißig Minuten damit, an Ihrer geistlichen, körperlichen, emotionalen und beziehungsmäßigen Gesundheit zu arbeiten.

Tag 6

Auf dem Klettergerüst

Große Dinge wagen

Sicherheit ist meistens ein Aberglaube.
Es gibt sie weder in der Natur, noch erleben sie die Menschenkinder im Ganzen. Auf die Dauer ist es nicht sicherer, der Gefahr aus dem Weg zu gehen, als sich ihr frontal zu stellen. Das Leben ist entweder ein tollkühnes Abenteuer oder gar nichts.
Helen Keller

Ein Schiff ist im Hafen sicher,
aber dazu sind Schiffe nicht da.
William Shedd

Als mein Sohn Josh vier oder fünf Jahre alt war, ging ich eines Tages mit ihm in den Park, und er rannte sofort zu seiner Lieblingsstelle hin. «Heb mich ans Klettergerüst», sagte er. Also hob ich ihn hoch, er packte das Gestänge, und ich ließ los. Seine kleinen Füße baumelten etwa anderthalb Meter über dem Boden, und er war stolz wie ein Spanier, als er sich da so ganz allein festhielt, und strahlte übers ganze Gesicht. Nach etwa einer Minute wurde er müde und sagte: «Okay, hol mich wieder runter.»

Ich sagte: «Josh, lass einfach los, ich fange dich auf.»

Er machte ein besorgtes Gesicht und erwiderte. «Nein, hol mich runter.»

Ich entgegnete: «Komm, Josh, wenn du einfach loslässt, fange ich dich auf.»

«Nein, hol mich runter.»

«Josh, ich habe dich lieb. Ich verspreche dir, ich fange dich auf.»

Wenn Sie das jetzt lesen, fragen Sie sich bestimmt, was ich denn für ein Vater bin! Andere merken aber vielleicht, dass ich die Gelegenheit nutzte, um Josh die Erfahrung machen zu lassen, dass er mir vertrauen konnte und ich für ihn da sein würde, wenn er einfach losließ. Doch der kleine Kerl hielt sich mit aller Kraft fest. Er klammerte sich an die Stange, bis ihm die Knöchel weiß wurden und er einfach nicht mehr konnte. Dann endlich ließ er los, und ich fing ihn auf.

Wieder strahlte er übers ganze Gesicht. Ich setzte ihn auf dem Boden ab, und er rannte weg in Richtung Schaukel. Er vergaß die Sache völlig. Mir jedoch kam es fast so vor, als ob Gott mir durch diese Szene etwas sagte: «Genauso ist es auch mit deiner Beziehung zu mir. Du hältst dich verzweifelt fest und versuchst alles aus eigener Kraft zu machen. Du kämpfst endlos, versuchst alles in der Hand zu behalten, alles genau richtig zu machen, es allen Leuten recht zu machen, jede Situation unter Kontrolle zu haben. Du hältst dich fest und denkst, es gäbe niemanden, der dich auffängt, also müsstest du dich am besten noch fester anklammern. Und während du da hängst und dir die Knöchel weiß werden, sage ich: ‹Lass doch einfach los, und ich fange dich auf. Lass einfach los. Ich verspreche dir, ich liebe dich, und ich fange dich auf.›»

So strenge ich mich unendlich an, damit alles so läuft, wie ich denke, dass es laufen sollte; dabei ist Gott die ganze Zeit da. Er sagt: «Ich habe dich mit eigenen Händen geschaffen. Ich habe dich zu einem Zweck geschaffen, und ich bin gestorben, um dich zurückzukaufen. Warum kannst du mir nicht vertrauen? Ich habe mein Leben für dich gegeben. Ich bin der Gott des Universums. Du kannst einfach loslassen, und ich fange dich auf.» Warum habe ich damit so sehr zu kämpfen? Jeden lieben Tag bin ich an den Punkt gekommen, wo ich erkennen musste, dass ich nicht alles in meinem Leben in der Hand habe, und musste loslassen und alles an Gott abgeben. Er fängt mich jedes Mal auf, und dann empfinde ich seinen Frieden und seine Kraft in den stressigen Momenten des Lebens.

«Jeder Tag zählt»-Moment

Woran klammern Sie sich im Moment, das Sie loslassen sollten, damit Sie in Ihrem Leben weiterkommen? Was hält Sie davon ab, darauf zu vertrauen, dass Gott Sie auffangen wird?

Talentshow

Der einzige Weg, um Größe zu wagen, ist es, Gott in allen Bereichen Ihres Lebens zu vertrauen. Es ist nicht nur anstrengend, sich so fest ans Klettergerüst zu klammern, sondern es hält uns auch davon ab, nach den viel größeren und erfüllenderen Träumen zu streben, die Gott für uns hat. Wenn wir uns an unsere eigenen Ziele und Methoden klammern, lassen wir uns Gelegenheiten entgehen, die uns ein Segen wären und uns stärker machen würden. Gott hat uns geschaffen, damit wir Risiken eingehen – nicht im Sinne eines halsbrecherischen Draufgängerstils, sondern so, dass wir uns aus unserer Komfortzone heraus- und über unsere eigenen Pläne hinauswagen. Er möchte, dass wir ihm zutrauen, unglaubliche Dinge zu bewerkstelligen, die wir allein nie schaffen könnten. Jesus erzählt sogar ein Gleichnis, das uns einen tiefen Einblick in die göttliche Investitionsstrategie gibt.

Er vergleicht das Reich Gottes mit einem Mann, der auf eine längere Reise geht und finanzielle Aufgaben an seine Bediensteten delegiert. «Dem einen gab er fünftausend Euro, einem anderen zweitausend und dem dritten tausend, jedem nach seinen Fähigkeiten. Danach reiste er ab. Sogleich machte sich der erste Untergebene ans Werk und verdoppelte die Investition seines Herrn. Der zweite machte es ebenso. Derjenige aber, der nur eintausend Euro bekommen hatte, hob ein Loch aus und vergrub das Geld seines Herrn sorgfältig.»

Nachdem er eine Weile unterwegs war, kehrt der Mann zurück und ruft jeden seiner drei Untergebenen zu sich zur Rechenschaft über ihre Guthaben. Die ersten beiden Treuhänder legen ihre erfolgreichen Investitionen offen, und ihr Chef freut sich sehr darüber und sagt zu jedem von ihnen: «Gute Arbeit!

Du hast deine Sache gut gemacht. Von jetzt an wirst du mein Partner sein.» Doch dann kommt der dritte Untergebene herein und sagt: «Herr, ich weiß, du legst hohe Maßstäbe an und hasst unbedachtes Verhalten; du verlangst nur das Beste und lässt keinen Irrtum durchgehen. Ich hatte Angst, dich zu enttäuschen, und deshalb habe ich ein gutes Versteck gesucht und dein Geld dort in Sicherheit gebracht. Hier hast du es wieder, unversehrt bis auf den letzten Cent.»

Darauf erwidert der Herr zornig: «Das ist eine schreckliche Art zu leben! Es ist kriminell, so auf Vorsicht bedacht zu sein! Wenn du wusstest, dass ich nur das Beste verlange, warum hast du dann weniger getan als das Mindeste? Zumindest hättest du doch die Summe auf der Bank einzahlen können; dann hätte ich wenigstens ein wenig Zinsen bekommen. Nehmt ihm die tausend Euro ab und gebt sie dem, der am meisten riskiert hat. Und schafft mir diesen Auf-Nummer-Sicher-Fanatiker aus den Augen, der nicht das kleinste Wagnis eingehen will. Werft ihn hinaus in die Dunkelheit!» (Matthäus 25,14–30 nach *The Message*).

Die Antwort des Herrn an den dritten Untergebenen hört sich vielleicht hart an. Dennoch bekräftigt diese Geschichte ironischerweise die Tatsache, dass Gott nicht auf eine Art und Weise gefürchtet werden will, die unsere Bereitschaft, Dinge zu riskieren und zu wachsen, hemmt. Der dritte Untergebene hat solche Angst davor, die Kletterstangen loszulassen, dass er sich krampfhaft festklammert. Er hat nicht genug Zutrauen zu dem Respekt und der Liebe seines Chefs, um daran zu glauben, dass sein Chef ihn auffangen wird, wenn er etwas riskiert und dabei verliert.

Wie oft gehen wir auf Nummer Sicher, geben uns mit dem Status quo zufrieden und rechtfertigen unsere konservative Haltung damit, dass wir uns einreden, das sei es, was Gott will. Doch im Leben praktisch jedes Menschen gibt es Raum zum Wachstum: «Wer dagegen falsch handelt, ohne es zu wissen, wird mit einer leichteren Strafe davonkommen. So wird von jedem, der viel bekommen hat, auch viel erwartet; denn wem viel anvertraut wurde, von dem verlangt man umso mehr» (Lukas 12,48).

«Jeder Tag zählt»-Moment

In welchen Bereichen würden Sie eher ein Risiko eingehen – im persönlichen, beruflichen, beziehungsmäßigen oder geistlichen Bereich? In welchen Bereichen neigen Sie dazu, auf Nummer Sicher zu gehen? Warum fällt es Ihnen in manchen Bereichen leichter, Risiken einzugehen, als in anderen?

Risikomanagement

Was treibt uns eigentlich dazu, uns an unsere eigenen Anstrengungen zu klammern, anstatt uns an die großen Dinge zu wagen, zu denen Gott uns führen will? Bei vielen von uns ist es der Verlust der Kontrolle. Wir meinen, wenn wir wirklich loslassen und uns von Gott auffangen und führen lassen, werden wir am Ende unser Leben zubringen wie eine Gefängnisstrafe und müssen irgendetwas tun, was uns zuwider ist. Doch das ist vollkommen falsch! Gott hat jeden von uns dazu geschaffen, einen ganz speziellen Zweck zu erfüllen, und er hat uns so einzigartig konstruiert, dass wir das auch erreichen können. Er hat uns die Ewigkeit in die Herzen gepflanzt und dazu den Samen großer Dinge, die nur durch unsere Bereitschaft zum Dienen wachsen können.

Wie sieht nun das Loslassen aus? Nach meiner Erfahrung gehören dazu oft Geduld und Ausschauhalten nach Gottes Hand, und zwar gerade an Orten, wo wir vielleicht gar nicht mit ihr rechnen. Gott hält sich nur selten an unsere Zeitpläne und tut die Dinge – aus unserer begrenzten menschlichen Perspektive gesehen – nur selten hübsch ordentlich der Reihe nach. Manchmal merken wir selbst gar nicht, wozu wir gemacht sind und was uns wirklich Energie und Freude verschafft, bis wir gegen unseren erbitterten Widerstand dazu gezwungen werden. Der Schriftsteller und theologische Denker C. S. Lewis sagte, wir seien viel zu oft wie Kinder, die sich damit zufriedengeben, in Schlammpfützen zu spielen, während der unendliche, herrliche Ozean nur ein paar Meter entfernt ist.

Unsere Furcht ist wahrscheinlich das andere große Hindernis, das uns dazu bringt, uns immer noch ans Klettergerüst zu klammern, wenn es schon längst Zeit ist, Neues zu wagen. Und Furcht kann uns gewiss lähmen; nur zu leicht lassen wir uns in eine ganz enge Sicht über unser Leben einklemmen. Es ist fast so, als könnten wir uns nicht vorstellen, wie wir überleben sollen, wenn wir nicht alles so bekommen, wie wir es wollen. Unsere Perspektive ist begrenzt und schließt keine Möglichkeiten ein, die von unserer eigenen Kraft her gesehen unwahrscheinlich oder gar unmöglich erscheinen.

Wir alle kennen Geschichten von Prominenten und erfolgreichen Geschäftsleuten, die am Anfang ihrer Laufbahn von Misserfolgen geplagt waren, nur um dann «zufällig» in neue Unternehmungen hineinzustolpern, die genau ihrer Natur entsprachen. Henry Ford war kein guter Geschäftsmann (er machte fünf Mal Bankrott), aber er war ein visionärer Ingenieur. Oprah Winfrey wurde als Fernsehreporterin gefeuert, bevor sie ihre heute so erfolgreiche Show und ihr weit verzweigtes Medienimperium startete. Wenn wir uns das Leben irgendeines Menschen anschauen, ob nun einer historischen Persönlichkeit oder eines Zeitgenossen, den wir als «erfolgreich» ansehen, würden wir merken, dass es darin nicht an Scheitern, Furcht oder Schmerz fehlt. Stattdessen würden wir als gemeinsame Nenner Beharrlichkeit und Zielstrebigkeit feststellen, die zusammenwirken, um diese erfolgreichen Leute zum Vorwärtsmarschieren zu motivieren und zu inspirieren. Sie haben ihre Ängste überwunden und Misserfolge nicht nur ausgehalten, sondern aus ihnen gelernt.

Die Bibel sagt uns, dass die vollkommene Liebe die Furcht vertreibt (1. Johannes 4,18). Sie sagt nichts davon, dass Vollkommenheit die Furcht vertreibt oder dass vollkommene Liebe uns den Erfolg garantiert, den wir uns vorstellen. Aber wenn wir Gottes Liebe kennen, die Fürsorge und Zuwendung eines liebenden Vaters, der möchte, dass wir ihm vertrauen, dann können wir loslassen. Seine Liebe ist so viel größer als unsere Ängste. Wenn eines meiner Kinder eine Mathe-Arbeit verhaut oder zu spät nach Hause kommt, höre ich deswegen nicht auf, es zu lieben. Und je nach den Umständen und den Gründen ihres Scheiterns kann sich daraus eine hervorragende Gelegenheit zur Unterweisung ergeben.

Genauso liebt es auch Gott, unsere Misserfolge umzumünzen, unsere Fehler – ob sie nun aus Rebellion oder aus besten Absichten geschehen sind – in Teile seines Plans und unserer letztendlichen Bestimmung zu verwandeln. Schauen Sie David und Batseba an – wir lesen von Ehebruch, Mord, Verleugnung, dann schließlich von Bekenntnis und Buße. Aber Gott schaffte es, einen unglaublich selbstsüchtigen, zerstörerischen Fehler in eine Quelle der Kraft und des Lebens zu verwandeln. Batseba war die Mutter Salomos, und sie gehört zur Linie Davids, von der Jesus abstammt. Sie wird sogar am Anfang des Matthäus-Evangeliums (1,6) im Stammbaum Christi erwähnt.

Tu es einfach

Eine der auffälligen Gemeinsamkeiten von Leuten, die ich kennen gelernt habe und von denen man sagen kann, dass sie dem Ende ihres Lebens nahe sind, ist die Art und Weise, wie sie sich ihren Ängsten stellten und Risiken eingingen. Wie oft dient es, wenn wir Dinge vor uns herschieben, nur dazu, unser Leben in sicherer, behaglicher Mittelmäßigkeit zu halten. Etwa der heikle Anruf bei einem Angehörigen oder einem nahestehenden Menschen, mit dem wir uns zerstritten haben. Oder das Gespräch mit unseren Kindern über die Dinge, die am meisten zählen. Oder um Vergebung bitten für etwas, das wir bereuen, getan oder unterlassen zu haben. Oder spontanes Handeln und Leben im Augenblick. Oder an einem sonnigen Frühlingsnachmittag ein Eis essen …

Wir verpassen so viele große und kleine Momente, wenn wir nicht bereit sind, aus dem Weg des geringsten Widerstandes auszubrechen und Größeres zu versuchen. Doch wenn wir wüssten, dass unsere Tage gezählt sind, und uns plötzlich unsere Prioritäten leuchtend klar vor Augen stünden, dann würde es uns viel leichter fallen, Gottes Ruf zu hören und den Sprung zu wagen. Wir würden uns keine Gedanken mehr darum machen, was andere von uns halten oder was sie sagen würden. Wir würden uns keine Sorgen machen, wir könnten scheitern oder Zeit verlieren, denn uns wäre klar, dass keins von beiden so schlimm ist wie die Reue über Verpasstes.

Wenn Sie erschöpft davon sind, sich so krampfhaft festzuhalten, und es Ihnen vorkommt, als entglitte das Leben Ihren Fingern, dann lassen Sie die Kletterstange los und spüren Sie, wie die starken Arme eines liebenden Gottes Sie auffangen. Im Gnadengriff Ihres himmlischen Vaters werden Sie die Geborgenheit und den Frieden erfahren, nach denen Sie sich immer gesehnt haben.

Damit es fürs Leben hält

1. Machen Sie sich eine Liste der Dinge, Ressourcen, Gaben und Möglichkeiten, die Ihnen gegenwärtig anvertraut sind. Schreiben Sie bei jedem Punkt auf, wie Sie dazu gekommen sind (zum Beispiel, dass es Ihnen in die Wiege gelegt wurde, dass jemand es Ihnen geschenkt hat oder dass Sie es sich erarbeitet haben), und vermerken Sie dann, wie hoch Ihr Anteil an eigener Anstrengung war. Schließlich notieren Sie, wie Gott Ihrer Meinung nach möchte, dass Sie jeden Punkt auf Ihrer Liste investieren, und wie Sie diese Investition in Angriff nehmen können.

2. Wann waren Sie von Gott enttäuscht? In welchen Situationen war er nicht so für Sie da, wie Sie es sich wünschten? Wie hat sich das auf Ihre Beziehung zu ihm ausgewirkt? Wie können Sie sich im Vertrauen zu ihm als Ihrem liebenden Vater üben, selbst wenn Sie enttäuscht sind? Nehmen Sie sich heute im Gebet Zeit, über Ihre Enttäuschung zu sprechen und ihn um Hilfe zu bitten, damit Sie ihm wieder voll und ganz vertrauen können.

3. Schreiben Sie sich ein Risiko auf, von dem Sie glauben, dass Gott Sie zurzeit aufruft, es zu wagen. Schildern Sie Ihre Ängste davor, dieses Risiko einzugehen. Beschreiben Sie, was im schlimmsten Fall passieren kann, wenn Sie sich auf dieses Risiko einlassen und scheitern. Bitten Sie Gott um Hilfe, wenn Sie die Bereitschaft aufbringen wollen, sich Ihren Ängsten zu stellen, damit Sie tun können, was er will.

Tag 7

Träume am Stiel

Tau deine eingefrorenen Träume auf

Am wahrsten ist unser Leben dann,
wenn wir in unseren Träumen wach sind.
Henry David Thoreau

Es gibt Leute, die stecken ihre Träume in eine kleine Schachtel und sagen: «Ja, ich habe Träume, natürlich habe ich Träume.» Dann stellen sie die Schachtel weg und holen sie ab und zu hervor, um hineinzuschauen und zu sagen, jawoll, sie sind noch da.
Erma Bombeck

Unsere Träume können genauso süß und köstlich sein wie ein Split-Eis. Erinnern Sie sich noch? Vanilleeis am Stiel in einer Hülle aus Orangensorbet – als Kind war ich versessen darauf! Die Erfüllung unserer Träume fühlt sich manchmal so an, als jagten wir an einem sengend heißen Tag in unserer Nachbarschaft dem Eiswagen hinterher, kauften uns ein Split und ergötzten uns an dem kühlen, sahnigen Genuss. Ein Traum ist etwas, das nach uns ruft; etwas, das unmöglich oder verrückt erscheinen mag, das aber süßer und köstlicher schmeckt, als wir es uns je hätten vorstellen können.

Bei den meisten von uns jedoch klappt das Erfüllen unserer Träume nur selten ohne weiteres. Am Ende stehen wir dann da und kommen uns vor, als wäre unser Split zu schnell geschmolzen, vom Stiel abgefallen und – *platsch* – auf dem Bürgersteig gelandet. Oder vielleicht wäre es treffender zu sagen, dass wir unsere Träume nicht verloren haben. Sie sind nur ganz tief hinten in unseren Eisschränken verstaut, wo sie mit der Zeit mürbe werden, Gefrierbrand bekommen und ihre Süße durch Eiskristalle ausgelaugt wird.

Es dauert nicht lange, bis die Schneestürme des Lebens unsere Träume einfrieren lassen. Das Leben findet jeden Tag Mittel und Wege, um die Träume unserer Jugend zu zermürben und uns die Hoffnung zu nehmen, sie je verwirklicht zu sehen. Wir frösteln in der bitteren Kälte der Enttäuschung, der Verzögerungen und der Aufschübe. Statt große Träume zu haben und zu glauben, dass Gott durch uns große Dinge tun kann, schalten wir in den Survivalmodus und legen unsere Träume auf Eis.

Gott hat uns aus einem bestimmten Grund hierher gestellt und uns Träume eingepflanzt, damit wir unseren Teil tun können, um sie zu verwirklichen. Ob wir nun noch dreißig Tage oder dreißig Jahre haben, wir wollen dieses Erdenleben zurücklassen, ohne etwas zu bereuen. Jedes «Wenn doch nur» und «Was wäre, wenn» wird uns verfolgen, es sei denn, wir wissen, wir haben uns dafür verausgabt, unsere einzigartigen Träume lebendig werden zu lassen.

Viele Leute jedoch haben nicht einmal eine Ahnung, welcher Art ihre Träume sind und was sie im Leben überhaupt erreichen wollen. Geht es Ihnen manchmal auch so? Vielleicht wenn Ihr Job Ihnen nur noch lästig ist und Sie sich fragen, ob Sie vielleicht völlig an Ihrer Berufung vorbeileben. Vielleicht wenn eine Beziehung auseinanderbricht oder wenn die Umstände Sie fragen lassen, ob Sie überhaupt am richtigen Platz sind. Vielleicht wenn Sie sich einfach nur langweilen und einen immer gleichen Routinetag nach dem anderen abspulen. In solchen Momenten vergessen wir oft, was unsere wahren Wünsche und Träume sind, denn sie gehen in einer Schmerzenslawine unter.

Ich glaube, Gott möchte jenen eingefrorenen Traum auftauen, den er Ihnen ins Herz gelegt hat. Er möchte Sie aus einem eintönigen Dasein befreien und Ihren Traum wieder zum Leben erwecken! Der Psalmist schrieb: «Schmecket und sehet, wie freundlich der Herr ist» (Psalm 34,9; Luther). Ich finde, es gibt nichts Wohlschmeckenderes und Befriedigenderes, als den Traum, den Gott einem ins Herz gepflanzt hat, zu entdecken und ihm nachzujagen.

«Jeder Tag zählt»-Moment

Wie nahe fühlen Sie sich im Moment Ihren Träumen? Spiegelt sich in Ihrem Alltag wider, dass Sie Ihre Träume aktiv verfolgen? Was hält Sie davon ab, das zu tun?

Träume schwimmen

Träume gibt es in mehr Variationen als Eissorten. Doch dass wir etwas wollen und wünschen und uns danach sehnen, es zu erreichen, heißt noch nicht, dass dies der Traum ist, den Gott uns ins Herz gepflanzt hat. Woher können Sie also wissen, ob ein Traum wirklich von Gott kommt oder nur eine Idee ist, die Ihnen selbst eingefallen ist? Erstens wird Gottes Traum niemals seinem Wort widersprechen, denn sein Wille widerspricht niemals seinem Wort. Wenn der Wunsch, den Sie haben, Gottes Wort widerspricht, dann ist es nicht sein Traum. Paulus verriet uns das Geheimnis, wie man herausfindet, ob ein Traum von Gott ist, als er schrieb: «Gott aber kann viel mehr tun, als wir jemals von ihm erbitten oder uns auch nur vorstellen können. So groß ist seine Kraft, die in uns wirkt» (Epheser 3,20). Gottes Traum wird an die Oberfläche aufsteigen, während alles andere dahinschmilzt. Genau wie das Eis in einer Bowle an die Oberfläche steigt, so tut es auch Gottes Traum für uns.

Dass sein Traum nach oben steigt, liegt erstens daran, dass er Glauben erfordert. Wenn ein Traum von Gott ist, wird er so gewaltig in Ihrem Leben sein, dass Sie ihn nicht selbst verwirklichen können. Was Sie selbst schaffen, dazu brauchen Sie keinen Glauben. Die Bibel sagt: «Denn Gott hat nur an den Menschen Gefallen, die ihm fest vertrauen. Ohne Glauben ist das unmöglich» (Hebräer 11,6). Wenn also ein Traum von Gott ist, steigt er an die Oberfläche, weil er so groß ist, dass Sie ihn selbst nicht bewältigen können. Er muss Gottes Kaliber haben.

Außerdem steigt Gottes Traum deshalb nach oben, weil er etwas im Leben anderer bewirkt. Es ist kein selbstsüchtiger

Traum. Wenn Sie davon träumen, haufenweise Geld zu verdienen, damit Sie sich frühzeitig zur Ruhe setzen und in Saus und Braus leben können und sich um keinen anderen Menschen mehr kümmern müssen, dann ist das eindeutig nicht Gottes Traum. Wenn Sie dagegen haufenweise Geld verdienen wollen, um viel zu spenden, seinem Reich zu dienen und sich frühzeitig zur Ruhe zu setzen, damit Sie dann eine neue Laufbahn antreten können, zu der er Sie beruft, dann könnte das durchaus von Gott kommen. Nur Sie selbst können wissen, was sein Traum für Ihr Leben ist. Gott hat uns als soziale Wesen geschaffen, genauso beziehungsorientiert wie er selbst, und er möchte, dass wir genauso wie er andere lieben und für sie da sind.

Ein weiterer Grund, warum Gottes Traum an die Oberfläche steigt, ist, dass er aus unserem Herzen kommt, aus dem innersten Kern unseres Wesens. Wann immer Gott Ihnen einen Traum gibt, legt er ihn Ihnen tief ins Herz. Das Wort, das im Neuen Testament für «Herz» verwendet wird, ist meistens *kardia*, ein griechisches Wort, das buchstäblich «Inneres, das innere Selbst» bedeutet – die Mitte des leiblichen und geistigen Lebens. In der Bibel wird das Wort «Herz» für Ihre innersten Motive, Ihre Liebe und Ihre Leidenschaften verwendet. Wenn also Gott Ihnen einen Traum gibt, dann setzt er ihn Ihnen ins Herz. Wenn Gott Ihnen eine Leidenschaft für etwas gibt, möchte er, dass Sie ihr nachjagen, weil sie in Ihr Wesen eingewirkt ist, nicht weil er darauf aus ist, Ihnen Ihr Leben zu entreißen. Er gibt Ihnen nicht eine Leidenschaft für einen Traum und beruft Sie dann, irgendeinen Lebensplan zu verwirklichen, der damit überhaupt nichts zu tun hat. Das liegt nicht in seinem Charakter, und es wäre auch keine gute Haushalterschaft. Gott vergeudet nie die Ressourcen, die er erschaffen hat.

«JEDER TAG ZÄHLT»-MOMENT

Wie unterscheiden Sie zwischen Ihren eigenen selbstsüchtigen Träumen und dem Traum, den Gott in Ihr Leben eingepflanzt hat? Wie hat Gott Ihnen seinen Traum für Ihr Leben offenbart und bekräftigt? Wie haben Sie bisher meistens darauf reagiert? Inwiefern würden Sie anders reagieren, wenn Sie nur noch einen Monat zu leben hätten?

Ein steiniger Weg

Auf der anderen Seite gibt es jemanden, der nichts anderes im Sinn hat, als Spielchen mit Ihnen zu spielen und Sie in die Irre zu führen. Dieser Feind fürchtet sich vor Ihrem Herzen, denn er weiß, was Gott durch ganz gewöhnliche Menschen wie Sie tun kann, um in der Welt Außergewöhnliches zu bewirken. Satan weiß, dass der Traum in Ihrem Herzen beginnt, und deshalb setzt er alles daran, Ihr Herz zu verwunden, es kampfunfähig zu machen und Ihren Traum von Gott mit seelenbetäubender Kälte einzufrieren. Unablässig bombardiert er Sie mit Botschaften, die sagen, das schaffen Sie nie, Sie werden nie etwas wirklich Bedeutendes zustande bringen. Er möchte, dass die Misserfolge unseres Lebens uns lähmen und uns aus der Jagd nach dem Traum ausscheiden lassen.

Kein Wunder, dass das Leben so hart ist. Gott, sagt die Bibel, hat einen Plan für unser Leben, einen fein verästelten, großartigen Plan. Aber Satan hat auch einen Plan für unser Leben. Nirgends tritt der Kontrast zwischen diesen entgegengesetzten Absichten klarer zutage als in diesem Abschnitt: «Der Dieb kommt, um zu stehlen, zu schlachten und zu vernichten. Ich aber bringe Leben – und dies im Überfluss» (Johannes 10,10). Gottes Absicht ist es, Ihnen einen Traum zu geben. Satans Absicht ist es, Ihnen den Traum zu stehlen. Und Sie müssen sich darüber im Klaren sein, wie unnachgiebig er ist.

Wenn er uns nicht davon abhalten kann, Gottes Träume für unser Leben zu verfolgen, dann ändert er seine Taktik und bringt uns dazu, an den Träumen zu zweifeln. Einer seiner stärksten Verbündeten ist unsere Ungeduld, zusammen mit der Furcht, der Sorge, der Angst, den Zukunftsspekulationen und der Frustration, die sie meistens mit sich bringt. Vielleicht verfolgen wir den Traum und setzen alles daran, ihn zu verwirklichen. Vielleicht tun wir unseren Teil und fragen uns, warum Gott nicht sofort reagiert. Aber Gott ist kein Verkaufsautomat, und sein Timing ist meistens anders, als wir es erwarten. Den Beispielen aus der Bibel und unseren eigenen heutigen Erfahrungen nach zu urteilen, werden wir eine Weile warten müssen, bevor der Traum Gestalt annimmt. Wir werden Umwege machen müssen, anstatt auf direktem Weg zu dem Punkt steuern zu können, an dem unsere Träume Wirklichkeit werden.

Während dieser Wartezeit fangen wir an, Fragen zu stellen, wie: «Wann wird es endlich so weit sein? Wird es *überhaupt* jemals so weit sein?» – «Wann, Herr, werde ich endlich heiraten?» – «Wann, Herr, werde ich endlich über diese Verletzung hinwegkommen?» – «Wann, Herr, werde ich endlich dieses Problem bewältigen?» – «Wann, Herr, werden wir ein Kind bekommen?» – «Wann, Herr?» Wenn Sie gerade im Wartezimmer des Lebens sitzen, sind Sie dort nicht allein.

Abraham bekam von Gott die Zusage, er werde der Vater eines großen Volkes sein. Er wurde neunundneunzig, bevor er ein Kind hatte! Mose wurde der Führer, der das jüdische Volk aus der Sklaverei in Ägypten, unter der es vierhundert Jahre lang gelitten hatte, herausführen sollte – doch zuerst ließ Gott ihn vierzig Jahre lang in der Wüste Schafe hüten. Selbst Jesus Christus, der Erlöser der Welt, wartete dreißig Jahre, bevor er sein Wirken auf der Erde begann.

Warum schickt Gott jeden durch das Wartezimmer des Lebens? Ich glaube, weil er möchte, dass wir lernen, uns auf ihn zu verlassen. Gott bereitet uns darauf vor, den Traum zu erfüllen, indem er uns lehrt, ihm zu vertrauen. Während wir warten, lernen wir, dass er direkt an unserer Seite ist und uns verheißt: «Ich lasse dich nicht im Stich, nie wende ich mich von dir ab» (Hebräer 13,5). Wir verstehen vielleicht im betreffenden Moment nicht, was Gott tut, aber wir können seinem Herzen stets vertrauen.

Wenn das Leben hart ist, wenn wir leiden und müde sind, müssen wir daran denken, was auf dem Spiel steht. Wann immer wir angeschlagen sind, stehen wir in der Versuchung, unsere Träume tief in unserem Herzen zu vergraben, wo sie zu Eis erstarren. All die Wunden aus unserer Vergangenheit halten uns leicht davon ab, zu glauben, dass Gott uns je gebrauchen könnte. Wir scheitern ja so oft. Wir sind ja solche Versager. Wir sind ja so schwach und müde. So sind wir drauf und dran, den Traum aufzugeben, weil wir fürchten, es sei sowieso schon zu spät.

Doch bei Gott ist es *nie* zu spät.

Die unglaubliche Ironie ist, dass Gott seine Freude daran hat, unsere Wunden zu heilen und sie in Stärken zu verwandeln, damit wir die Träume verwirklichen, die er für uns hat. Gott kann gerade die schmerzlichen Erinnerungen, die Sie am liebsten vergessen würden, nehmen und im Leben anderer Menschen damit Gutes bewirken. In der Bibel wurde Josef von seinen Brüdern in die Sklaverei verkauft – der Feind stahl ihm seinen Traum. Gott nutzte die Umstände, um Josef während einer Hungersnot in Ägypten zu Macht und Einfluss gelangen zu lassen – er erfüllte den Traum. Denken Sie immer daran: Was auch immer Sie durchmachen, kein Problem kann Gottes Traum für Ihr Leben zerstören!

Damit es fürs Leben hält

1. Holen Sie Ihren «Traumkasten» hervor. Was ist darin? Was sind *Ihre* eingefrorenen Träume? Mit anderen Worten, was würden Sie für Gott zu tun versuchen, wenn Sie wüssten, dass Sie nicht scheitern können?

2. Schildern Sie schriftlich einen Traum, den Sie haben und von dem Sie glauben, dass er von Gott kommt. Wie ist er in Ihrem Leben «an die Oberfläche gestiegen»? Inwiefern verlangt er Ihnen Glauben ab, damit er verwirklicht werden kann? Inwiefern dient er anderen?

3. Nehmen Sie sich Zeit fürs Gebet und bitten Sie Gott, Ihnen einen Schritt zu zeigen, den Sie heute tun können, um seinem Traum für Ihr Leben näher zu kommen.

Tag 8

Kickstart

Leben mit Vollgas

Frag nicht, was die Welt braucht. Frag, was dich lebendig werden lässt, und geh hin und tu es. Denn was die Welt braucht, sind lebendig gewordene Leute.
Howard Thurman

Es ist nie zu spät, um zu sein,
was du hättest sein können.
George Eliot

Fühlen Sie sich im Leben manchmal ohnmächtig? Viele Leute sagen mir, der Hauptgrund, warum sie nicht versuchen, sich zu ändern, ist, dass sie sich ohnmächtig gegenüber der vereinten Kraft aller Umstände ihres Lebens fühlen. Vielleicht haben Sie eine Gewohnheit, gegen die Sie sich machtlos fühlen. Oder vielleicht haben Sie ein Beziehungsproblem und haben schon alles versucht, um die Beziehung zu retten, aber sie bricht trotzdem auseinander. Oder vielleicht raubt Ihnen ein Problem an der Arbeitsstelle alle Kraft und Kreativität, und Sie sehen einfach keine Lösung. Mag sein, Ihr Terminkalender platzt aus allen Nähten, Ihr Posteingang läuft über und Sie fühlen sich total überfordert und ausgebrannt. Ihre emotionalen Batterien sind leer, und Ihre mentale Energie ist verpufft. Sie sind nicht allein; wir alle fühlen uns manchmal ohnmächtig.

Kürzlich besuchten meine Familie und ich eine Motocross-Strecke, und wir staunten alle über die Buckel und Kurven und Serpentinen, die sich vor uns durch die Hügellandschaft zogen. Als wir an der Reihe waren, wurden wir in die Bedienung unserer Motorräder eingewiesen – mit 250 Kubikzentimeter Hubraum hatten sie schon recht große, kraftvolle Motoren.

Dann kam mir der Gedanke: Was wäre, wenn ich nun mein Motorrad einfach durch den Motocross-Parcours *schieben* würde? Angenommen, ich würde gar nicht erst den Kickstarter betätigen, die Kraft des Motors überhaupt nicht nutzen, sondern das Motorrad einfach nur den Parcours entlang über die Hügel und durch die scharfen Kurven schieben. Das wäre doch verrückt, oder? Doch genauso gehen viele von uns das Leben an.

Es findet eine entscheidende Veränderung statt, wenn uns bewusst wird, dass uns die ganze Kraft Gottes zur Verfügung steht. Sein unbegrenzter Energievorrat liefert uns den Schub, den wir brauchen, um unser Leben anzutreiben. Wir haben Gottes Pferdestärken, die uns helfen, die unsere Ehen heilen, unsere Finanzen wieder in Ordnung bringen, unsere Familien retten, in unsere Arbeitssituation eingreifen und unser Leben auf neuen Boden stellen. Seine Kraft steht bereit, uns zu helfen, das Leben zu leben, für das er uns geschaffen hat; doch wie oft leben wir nur aus unserer eigenen Kraft. Wir versuchen die Berge zu erklimmen und die Probleme zu bewältigen, ohne dass wir genug Kraft hätten, die Strecke zu schaffen.

Menschen, die vor dem Ende ihres Lebens stehen, sind gezwungen, ihre Ohnmacht und ihre Begrenzungen zu erkennen. Je schwächer sie werden, desto mehr müssen sie sich darauf stützen, dass andere sich um sie kümmern. Und letzten Endes wissen sie, dass sie einen großen Teil ihres Lebens überhaupt nicht in der Hand haben. Ihnen bleibt am Ende nichts anderes übrig, als sich an Gott zu wenden. Das Ironische ist, dass sie gerade dann, wenn sie endlich aufhören zu kämpfen und sich auf seine Stärke verlassen, die wahre Kraft entdecken, um den Rest ihres Lebens voll auszuschöpfen.

Dieselbe grenzenlose Kraft steht Ihnen Tag für Tag zur Verfügung. Kommt es Ihnen so vor, als ob Sie bisher ein Motorrad über eine unwegsame Strecke geschoben hätten? Dabei müssten Sie mit einer kraftvollen Maschine nur den Kickstarter betätigen und Gottes Kraft für Ihr Leben anzapfen. Im Epheserbrief schreibt Paulus: «Ihr sollt erfahren, mit welch unermesslich großer Kraft Gott in uns, den Glaubenden, wirkt. Ist es doch dieselbe Kraft, mit der er Christus von den Toten auferweckte» (Epheser 1,19–20). Er wird Ihnen alle Kraft geben, die Sie für den Dreißig-Tage-Lebensstil brauchen.

«High-Side Crash»

Das Leben hat viel Ähnlichkeit mit Motocross. Schwierige Wendungen und scharfe Kurven. Scharfkantige Spalten und tiefe Furchen. Eine glatte Gerade, aber dann aufgepasst – wieder eine Haarnadelkurve. Im Motocross werden die Buckel und Hügel «Whoops» (auf Deutsch etwa: Hopplas) genannt. Ist das nicht klasse? Die verursachen nur die normalen Stöße und Kratzer, die Beulen und blauen Flecken, die einfach zum Spaß dazugehören. Und dann gibt es noch die Stürze.

Wenn ein Motocrossfahrer sich zu tief in die Kurve legt und stürzt, nennt man das einen «Low-Side Crash». Geht der Fahrer aber zu schnell in die Kurve und wird nach außen hinausgeschleudert, dann heißt das «High-Side Crash». So ein High-Side Crash ist meistens viel heftiger, wegen der Hebelwirkung und der gesteigerten Beschleunigungskraft. Solche Stürze können lebensbedrohlich sein und die Karriere eines Fahrers vorzeitig beenden.

Wir alle stürzen hin und wieder auf der Rennstrecke des Lebens. Die Frage ist nicht, *ob* wir scheitern, sondern *wann* wir scheitern. Das gehört einfach zum Leben dazu. Jeder, der schon einmal Erfolg hatte, ist auch schon viele Male gescheitert. Während er sich noch darum bemühte, ein elektrisches Licht zu erfinden, erklärte Thomas Alva Edison: «Ich bin nicht gescheitert. Ich habe nur zehntausend Wege gefunden, die nicht funktionieren.» Diese Beharrlichkeit, am Ball zu bleiben, brauchen auch wir. Die größte Kraft, die wir in unserem Leben brauchen, ist die Kraft, wieder neu anzufangen. Und wie fängt man nach einem Sturz wieder neu an? Wie kommt man aus der Startbox heraus und schafft einen Neuanfang im Leben, nachdem man gescheitert ist?

Mein Lieblingsbeispiel für einen Menschen, der sich nach einem High-Side Crash wieder aufrappelt, ist einer der Apostel Jesu, Simon Petrus. Sein Sturz hatte ihn wirklich völlig aus der Bahn gefegt! Doch Gott gab ihm die Kraft, wieder neu anzufangen. Petrus wurde ein großer Kämpfer für Christus, einer der größten aller Zeiten, und das Fundament der Gemeinde. Wenn wir Petrus' Unfallstelle rekonstruieren, treten drei Dinge zutage, die für uns ebenso relevant sind, wie sie es für ihn waren. Wenn das Leben uns durchschüttelt und wir stürzen und die Maschine Feuer fängt, ist es großartig zu wissen, dass Gott ein Gott der zweiten Chancen ist und dass er uns die Kraft zum Neuanfang geben will. Es ist nicht nur die Kraft für einen neuen Start; es ist auch die Kraft, wieder auf den Parcours zu kommen und schneller zu fahren als je zuvor.

«Jeder Tag zählt»-Moment

Wann haben Sie zum letzten Mal einen High-Side Crash erlebt? Wie sind Sie damit umgegangen? Wie hat er sich im Weiteren auf Ihr Leben ausgewirkt? Auf Ihre Beziehungen zu den Menschen, die Ihnen nahestehen? Auf Ihre Beziehung zu Gott?

Lernen aus Verlusten

Wenn Sie die Kraft zu einem Neuanfang finden wollen, müssen Sie aus Ihren Verlusten lernen. Der Schlüssel dazu, sich diese Lektion nicht nur bewusst zu machen, sondern sie auch anzunehmen und in die Tat umzusetzen, liegt darin, unser Scheitern demütig zuzugeben. Petrus war eines der ursprünglichen Mitglieder in der Rennmannschaft Christi. Es war sogar Jesus, der seinen Namen von Simon in Petrus umänderte, was so viel wie «der Fels» bedeutet. Und Jesus sagte: «Du wirst mein Mannschaftskapitän sein, mein Anker, mein Fundament. Ich werde die ganze Mannschaft um dich herum aufbauen. Du bist der Fels. Du bist ein Champion, Petrus» (vgl. Matthäus 16,18–19).

Petrus tat das, wozu wir alle neigen: Er fing an, sich zu viel zuzutrauen. In der Nacht, als Jesus die Mannschaft im Obergemach versammelte, der Nacht vor dem großen Rennen, warnte er sie in etwa so: «Dies wird das schwierigste Rennen eures Lebens. Eine so unwegsame Strecke habt ihr noch nie erlebt. Etwas Derartiges ist euch noch nie abverlangt worden. Die

Sprünge sind höher, die Kurven schärfer, und bevor es vorbei ist, wird jeder Einzelne von euch auf die Nase fallen.»

Doch Petrus sagte: «Ich nicht, Herr. Weißt du nicht mehr? Ich bin doch der Fels. Ich bin der Champion. Ich fall nicht auf die Nase. Auf mich kannst du dich verlassen. Ich werde mit dir durchs Ziel gehen. Mir ist egal, wie hoch ich springen muss. Mir ist egal, wie scharf die Kurven sind. Mir ist egal, in welchem Zustand die Strecke ist. Auf mich kannst du zählen. Ich werde bis zum Ende nicht von deiner Seite weichen» (vgl. Matthäus 26,31–33).

Aber was passierte dann? Kaum war er gestartet, lag Petrus schon mit der Nase im Dreck. Und es war ein High-Side Crash. Ein richtig heftiger. Er ließ seinen Freund nicht nur im Stich – Petrus bestritt sogar, ihn überhaupt zu kennen. Er bekam es mit der Angst zu tun, verlor die Nerven und verleugnete Jesus dreimal. Und es kam noch schlimmer. Denn auf der Tribüne gab es einen ganz besonderen Zuschauer: «Jesus wandte sich um und sah seinen Jünger an. Da fielen Petrus die Worte ein, die Jesus gesagt hatte: ‹Ehe der Hahn kräht, wirst du dreimal geleugnet haben, mich zu kennen.› Da ging Petrus hinaus und weinte voller Verzweiflung» (Lukas 22,61–62; vgl. Matthäus 26,75).

Jesus brauchte kein Wort zu Petrus zu sagen. Er schaute ihn nur an, und Petrus fiel sofort wieder ein, wie er erst ein paar Stunden zuvor mit seiner Loyalität angegeben hatte. Jesus schaute direkt in Petrus' Herz und sah dort die Reue, die Schuldgefühle, die Scham. Er verdammte seinen Freund nicht und schrie auch nicht: «Was habe ich dir gesagt?», wie ich es vielleicht tun würde. Er schaute ihn voller Barmherzigkeit an und sagte kein Wort.

Genau wie Petrus sitzen manche von Ihnen mitten in den Trümmern. Vielleicht sind Sie in Ihrer Ehe gestürzt, vielleicht mit Ihren Kindern oder auch Ihren Eltern, vielleicht in Ihrem Beruf oder vielleicht in emotionaler Hinsicht. Und Jesus braucht kein Wort zu Ihnen zu sagen. Er schaut nur voller Barmherzigkeit direkt in Ihr Herz. Er sieht die Schuldgefühle und die Reue und die Scham. Aber er sagt dennoch etwas zu Ihnen. Er sagt, dass aufgrund der Kraft seiner Liebe zu Ihnen das Scheitern niemals endgültig ist. Dank der Kraft des Kreuzes

– das höchste Opfer, aus dem die Macht über den Tod hervorgeht – können unsere Schwächen, unser Versagen und unsere Selbstsucht uns niemals am Boden halten. Scheitern ist niemals tödlich. Wir haben einen Gott der zweiten Chancen, und er möchte uns die Kraft geben, wieder neu anzufangen.

Ich muss meine Sünden zugeben, damit mir vergeben werden kann. Ich muss mein Versagen eingestehen, damit ich daraus lernen kann. «Wer seine Sünden vertuscht, hat kein Glück; wer sie aber bekennt und meidet, über den erbarmt sich der Herr» (Sprüche 28,13). Wenn wir zugeben, was wir falsch gemacht haben, bekommen wir eine neue Chance. Wenn wir die Verantwortung für unser Scheitern übernehmen und nicht anderen in die Schuhe schieben, vergibt uns Gott und gibt uns die Kraft zu einem Neubeginn.

Und noch etwas: Sie müssen Ihre Schuld auch loslassen. Lassen Sie los! Wenn ein Fahrer gestürzt ist, dann ist es wichtig, dass er sich so schnell wie möglich wieder auf seine Maschine setzt, um seine Furcht zu überwinden. So kommt man nach Motocross-Art wieder in den Sattel. Vielleicht haben Sie das Gefühl, dass Sie im Moment so weit von Gottes Rennstrecke für Ihr Leben entfernt sind, dass Sie nie wieder zurückkommen. Sie haben eine Menge Fehler gemacht, eine Menge selbstsüchtiger Entscheidungen getroffen. Sie haben eine Menge Leute enttäuscht. Für Sie sieht es so aus, als ob Ihr Rennen mit einem fürchterlichen Sturz geendet hätte.

Ich habe Neuigkeiten für Sie: Machen Sie sich auf ein überwältigendes Rennen gefasst. Gott sagt: «Ich habe immer noch ein Rennen für dich zu fahren!» Schauen Sie sich an, was der Engel sagte, nachdem Christus von den Toten auferstanden war: «Und nun geht zu seinen Jüngern und zu Petrus, und sagt ihnen, dass Jesus euch nach Galiläa vorausgehen wird» (Markus 16,7). Der Engel sagte: «Er lebt. Er ist nicht hier. Ihr müsst zu seinen Jüngern gehen und ihnen sagen, dass er lebt. Ach, und vergesst Petrus nicht. Denkt daran, dass Petrus immer noch dazugehört. Er ist immer noch einer von den Jüngern. Vergesst Petrus nicht.»

Jesus wusste, dass Petrus völlig gebrochen war und dachte, Gott könne nie wieder etwas mit ihm anfangen. Er glaubte, er hätte alles vollkommen vermasselt und das Rennen wäre für ihn gelaufen. Doch Christus wollte, dass er wusste: «Petrus, ich habe immer noch ein Rennen für dich zu fahren. Ich weiß, wie du dich fühlst, aber du gehörst immer noch dazu. Ich habe immer noch einen Plan für dein Leben. Ich werde dir die Kraft geben, wieder neu anzufangen und ein großer Champion für mich zu werden.» Dasselbe sagt Gott heute zu Ihnen: «Ich habe dich nicht vergessen. Ich habe ein großartiges Rennen für dich zu fahren. Steh auf und lass es uns anpacken!»

«JEDER TAG ZÄHLT»-MOMENT

Was war die schwerste Lektion, die Sie aus den Stürzen in Ihrem Leben gelernt haben? Inwieweit hat es Ihren Charakter gestärkt, diese Lektion zu lernen? Und inwiefern Ihren Glauben?

Die Kraft der Verleugnung

Nachdem er aus seinen Verlusten gelernt und seine Schuldgefühle losgelassen hatte, war der nächste Schritt für Petrus, sich der Kraft Gottes auszuliefern. Es ist fast so, als hätte Petrus gemerkt, dass er den falschen Kraftstoff verwendet hatte – einen Kraftstoff, der zu seinen Motorschäden und seinem spektakulären Sturz führte. Um wieder neu anzufangen, müssen wir uns wie Petrus der Kraft Gottes ausliefern. Doch sich ausliefern heißt, sich fügen – sich seiner Art, Dinge zu tun, unterordnen. Jesus erklärte es so: «Wer mir folgen will, der verleugne sich selbst und nehme sein Kreuz auf sich täglich und folge mir nach» (Lukas 9,23; Luther). Jesus fordert uns auf, uns selbst zu verleugnen, um Erfüllung zu finden. Ich muss mich entscheiden, meinen eigenen Weg aufzugeben und Gottes Plan und Absicht für mein Leben zu folgen, wenn ich wirklich Erfüllung finden und im Fadenkreuz der überfließenden Existenz leben will, die er mir versprochen hat.

Das ist genau das Gegenteil von dem, was uns die Welt um uns herum Tag für Tag vorbetet. Wir müssen die Mantras austauschen – Selbst*verleugnung* statt Selbst*verwirklichung*. Petrus verleugnete Christus und landete auf der Nase. Doch als er lernte, sich selbst zu verleugnen, wurde er zum Champion. Können Sie das nachvollziehen?

An jedem Tag meines Lebens komme ich an den Punkt, wo ich merke, dass ich es nicht schaffe. Ich komme an den Punkt, wo ich sage, ich möchte mich mit meinen Kindern beschäftigen, aber ich bin zu kaputt. Ich komme mir selbstsüchtig vor. Ich will ein besserer Ehepartner sein, aber ich habe nicht die Liebe, die ich dazu brauche. Ich will in meinem Beruf etwas bewirken, aber dazu fehlt mir die Energie. An jedem Tag meines Lebens komme ich an den Punkt, wo ich mich niederwerfe und sage: «Gott, ich schaffe es nicht. Ich gebe auf.» Und Gott sagt dann: *Endlich. Darauf habe ich nur gewartet. Jetzt kann ich eingreifen und dir meine Kraft und meine Stärke geben.*

Wenn wir uns Gott als der Quelle aller Kraft in unserem Leben hingeben, dann werden wir Folgen sehen, die wir aus eigener Kraft niemals zustande bringen könnten. Niemals. Wie sehr wir uns auch anstrengen mögen. Unser Versuch, uns zu ändern, wird immer wieder scheitern, wenn wir es nur für uns und von uns aus tun. Gott hält so viel mehr Ressourcen für uns bereit – unbegrenzten Kraftstoff auf einer unglaublichen Rennstrecke, die wir uns nicht einmal vorstellen können. Das ist der Plan, den Gott für Sie hat; das Rennen, das er für Sie abgesteckt hat. Sie sind dazu geschaffen, mit Vollgas zu fahren!

Damit es fürs Leben hält

1. Machen Sie sich eine Liste aller Dinge, die Sie davon abhalten, Ihr Leben völlig Gott anzuvertrauen: Enttäuschungen und Verletzungen der Vergangenheit, erlittene Verluste, Zweifel und so weiter. Wenn Sie fertig sind, fragen Sie sich, was passieren müsste, damit Sie das Zutrauen bekommen, dass Gott irgendwie jeden dieser Punkte benutzen kann, um sein Ziel für den Menschen, als den er Sie erschaffen hat, zu erreichen. Nehmen Sie sich eine Minute Zeit zum Gebet über jeden dieser Punkte und danken Sie für die Hilfe dabei, ihn loszulassen.

2. Was macht Ihnen am meisten Angst davor, Ihr Leben Gott völlig anzuvertrauen? Was ist die Grundlage dieser Angst? Führen Sie ein Tagebuch darüber, wie Sie mit dieser Angst umgehen würden, wenn Sie nur noch einen Monat zu leben hätten.

3. Wenn wir gescheitert sind und wieder auf die Bahn zu kommen versuchen, hilft es oft, darüber mit jemandem zu reden, dem wir vertrauen. Rufen Sie noch heute jemanden an, und nehmen Sie sich vor, sich bei einem Kaffee darüber auszutauschen, wo Sie auf Ihrer Glaubensstrecke momentan stehen.

Zweites Prinzip

Liebe bedingungslos

Tag 9

Das Herz aller Dinge

Beziehung ohne Zögern

Eitelkeit ist es, nur zu wünschen, lange zu leben, und sich nicht darum zu bekümmern, gottgefällig zu leben.
Thomas a Kempis

Das Maß des Lebens ist schließlich nicht seine Dauer, sondern das, wofür man es gibt.
Corrie ten Boom

Letzten Endes sind Beziehungen das Einzige, was wirklich zählt. Es spielt keine Rolle, wie viel Geld wir haben, wo wir leben oder wie viele schöne Spielzeuge wir uns angeschafft haben. Nichts davon kann uns trösten, uns beruhigen, mit uns weinen oder uns lieben. Was wir in die Menschen, die uns wichtig sind, investieren, ist das einzige Vermächtnis, das über unsere Lebenszeit hinaus Bestand haben kann.

Nun, da wir zum zweiten Abschnitt übergehen und uns mit bedingungsloser Liebe beschäftigen, werden wir unter die Lupe nehmen, wie sich der Dreißig-Tage-Lebensstil auf unsere Beziehung zu Gott sowie zu anderen Menschen auswirken kann. Gott hat uns dafür geschaffen, sowohl in einer vertikalen Beziehung zu ihm als auch in horizontalen Beziehungen zu den Menschen in unserem Umfeld zu leben. Auch wenn wir vielleicht ein tiefes Verlangen nach Nähe zu unseren Familien, unseren Freunden und Gemeinschaften haben, wissen wir doch auch alle, was in Beziehungen zu anderen Menschen alles schiefgehen kann. Erwartungen, Enttäuschungen, gegenseitiges Hintergehen, Verletzungen, Lügen, Missverständnisse – es gibt so viele Dinge, die uns daran hindern, andere Menschen zu lieben und von ihnen geliebt zu werden. Aber wir sind für Beziehungen geschaffen, und wenn uns nur noch ein Monat bliebe, würden wir uns viel, viel mehr Gedanken um sie machen als je zuvor.

Wenn Sie je einen geliebten Menschen verloren haben, wissen Sie, wie wichtig es ist, Dinge zwischen Ihnen zu bereinigen. Das kann ganz einfach bedeuten, dass Sie einander zu verstehen geben, wie sehr Sie sich lieben, oder auch komplexer werden, wenn Sie über lebenslanges Scheitern und seine Auswirkungen reden und dann um Vergebung bitten. So oder so werden Sie beide das als vorrangig erachten – Sie werden nötigenfalls Ihre Termine umplanen, weite Strecken zurücklegen und einander Ihre Herzen offenlegen.

Wenn Sie derjenige wären, dessen Zeit abläuft, würden Sie die Verbindung zu den Menschen in Ihrem Leben suchen, die Ihnen am wertvollsten sind. Sie würden Ihnen das Geschenk dieser gemeinsamen Zeit machen wollen, alles sagen, was Sie auf dem Herzen haben, und ihnen Ihr wahres Ich offenbaren. Sie würden ihnen Erinnerungen, Worte und eine persönliche Zuwendung hinterlassen wollen, die noch lange spürbar bleiben, nachdem Sie fort sind.

Heute jedoch sind die meisten von uns so beschäftigt und ständig in Bewegung, dass die Pflege enger Beziehungen – selbst mit unseren Ehepartnern und im engsten Familienkreis – sich schwierig gestaltet. Wir arbeiten täglich viele Stunden, um die Menschen, die wir lieben, zu versorgen, ihnen Luxus und Annehmlichkeiten zu ermöglichen, die wir selbst vielleicht nie gehabt haben. Aber wir versäumen es, wertvolle Zeit mit ihnen zu verbringen. Bei all den teuren Geschenken und Urlauben, die wir ihnen spendieren, haben wir Mühe, ihnen unsere Zeit und unsere ungeteilte Aufmerksamkeit zuzuwenden.

Warum leben wir daher nicht so, als ob unsere Beziehungen uns das Wichtigste wären? Warum geben wir den Leuten erst dann Blumen, wenn sie tot sind? Es ist doch ironisch, dass die meisten von uns Beziehungen wichtig finden, aber nicht die Energie aufbringen, um uns ganz in sie zu investieren. Im Hochgeschwindigkeitsrausch unseres viel zu verplanten Lebens neigen viele von uns dazu, andere Menschen selbstverständlich zu nehmen. So wird ein Ehepartner zu nicht mehr als einem Zuspieler, einem Mitbewohner, der beim Geldverdienen mithilft. Unsere Kinder verwandeln sich in Leute, die uns kostbare Zeit rauben, wenn wir sie in die Schule, zum Fußballtraining oder ins Einkaufszentrum bringen müssen. Familientreffen werden zu gesellschaftlichen Verpflichtungen wie die Weihnachtsfeier in der Firma. Doch wenn wir nur noch einen Monat zu leben hätten, würden wir plötzlich merken, wie sehr wir andere Menschen brauchen und wie sehr sie uns brauchen.

«Jeder Tag zählt»-Moment

Wenn Sie nur noch einen Monat zu leben hätten, mit wem würden Sie diese Zeit dann verbringen wollen? Wen würden Sie um Verzeihung bitten müssen? Wer sollte heute von Ihnen hören, dass Sie ihn lieben? Was hält Sie davon ab, sich die Zeit zu nehmen und diese Worte jetzt auszusprechen?

Soziale Studien

Solange zumindest potenziell noch ein Großteil unserer Lebenszeit vor uns liegt, ist die Versuchung groß, die Anwesenheit der Menschen in unserem Leben für selbstverständlich zu nehmen. Am liebsten würden wir unsere Herzen vor dem anstrengenden Alltagsgeschäft der Beziehungen schützen und uns von allem fernhalten, was unter der Oberfläche vor sich geht. Wir werden stark und unabhängig und stützen uns auf niemanden außer uns selbst. Das Problem ist nur, wie sehr wir uns auch von anderen zu isolieren und abzukapseln versuchen, es geht gegen unser innerstes Wesen. Sicher gibt es extrovertierte und introvertierte Menschen. Doch allesamt sind wir als Wesen geschaffen, die in Beziehungen leben, als soziale Geschöpfe, die sich danach sehnen, zueinander zu gehören. So hat Gott uns geschaffen – nach seinem Bild.

Zwei Kernwahrheiten des menschlichen Daseins sind im ersten Buch der Bibel zu finden. In dem Bericht über die Erschaffung des Mannes und der Frau durch Gott sehen wir, dass wir mehr brauchen als nur uns selbst, offenbar sogar mehr als nur unsere Beziehung zu Gott. «Gott, der Herr, dachte sich: ‹Es ist nicht gut, dass der Mensch allein lebt. Er soll eine Gefährtin bekommen, die zu ihm passt!›» (1. Mose 2,18). So hat Gott dem Adam im Garten die Eva beigesellt.

Den Rest der Geschichte kennen Sie: die verbotene Frucht, die Verführung durch die Schlange, die Verbannung aus dem Garten. Und das Auffälligste: Adam und Eva machten das alles gemeinsam durch. «Die Frau schaute den Baum an. Er sah schön aus! Seine Früchte wirkten verlockend, und klug würde sie davon werden! Sie pflückte eine Frucht, biss hinein und reichte sie ihrem Mann, und auch er aß davon» (1. Mose 3,6). Sie waren Komplizen, und indem sie beschlossen, Gott ungehorsam zu werden, öffneten sie Tür und Tor für die Sünde und waren nie wieder dieselben. So wurden sie zu den Ureltern der menschlichen Befindlichkeit – der selbstsüchtigen Natur, die wir alle ererbt haben. Genau wie Adam und Eva wollen wir wie Gott sein und alles nach unseren Wünschen haben. Durch die Abwege, die sie im Garten einschlugen, wurde die Saat der Zwietracht ausgesät, und seither haben alle menschlichen Beziehungen darunter gelitten.

«Jeder Tag zählt»-Moment

Welcher Mensch in Ihrem Leben hat Sie am meisten enttäuscht? Wie sind Sie mit dieser Beziehung umgegangen? Mit Schuldzuweisungen, Distanzierung, Verleugnung, Vergebung? Oder noch anders? Wie haben sich der Schmerz und die Enttäuschung auf Ihre anderen Beziehungen ausgewirkt?

Der Preis der Liebe

Wir sind also für die soziale und emotionale Nähe zu den Menschen um uns her geschaffen, doch unsere Wünsche sind durch unser selbstsüchtiges Streben vergiftet, dass alles sich um uns drehen müsse. Diese beiden Kräfte werden unser Leben lang im Widerstreit miteinander bleiben. Wir wollen andere Menschen lieben, wollen umgekehrt erkannt und geschätzt und ebenfalls geliebt werden. Doch Menschen enttäuschen uns, verletzen uns und reagieren meistens nicht so, wie wir es uns wünschen. Also geben wir uns damit zufrieden, auf Nummer Sicher zu gehen, und reden uns ein, wir hätten diese Menschen eigentlich sowieso nicht nötig – aber unsere Herzen sagen uns etwas anderes. Einsamkeit sei die schrecklichste Armut, sagte Mutter Teresa. Sie hatte Recht. Ohne Liebe sind wir emotional bankrott.

Liebe kann man nicht kaufen, aber sie kostet durchaus einen Preis, und der heißt Opfer. Liebe bedeutet immer, Schmerz zu riskieren. Auch in den besten Beziehungen verfolgt einen das Bewusstsein des möglichen Verlustes – und sei es nur die Möglichkeit, dass die andere Person eines Tages sterben und uns allein lassen könnte. Wir lieben jemanden, heiraten und entdecken dann, wie schmerzhaft eine ganz und gar intime Beziehung sein kann. Viele von Ihnen werden schon erlebt haben, wie unglaublich schmerzlich es ist, seine Eltern zu verlieren. Kinder, in die Sie Ihr Leben investiert haben, wachsen heran und ziehen eines Tages aus. Unsere engsten Freunde verändern sich beruflich und ziehen ans andere Ende des Landes. Wir hören deshalb nicht auf, all diese Menschen zu lieben, aber es schmerzt uns, dass wir nicht bei ihnen sein und so mit ihnen verbunden bleiben können, wie wir es gerne hätten. Schmerz ist ein integraler Bestandteil jeder tieferen Beziehung.

Wenn wir andere Menschen lieben und ebenso die Herzensqualen erdulden und das geteilte Leben feiern wollen, dann brauchen wir eine Liebe, die größer ist als unsere eigene. Wir müssen die Fülle der Liebe Gottes zu uns erfahren, damit wir unseren selbstsüchtigen Begierden sterben und uns freigiebig anderen zuwenden können. Zuerst müssen wir auf Gott schauen. So sehr wir auch dazu geschaffen sind, dass wir andere brauchen, können doch Menschen niemals unsere Sehnsucht danach, mit unserem ganzen Wesen geliebt zu werden, so erfüllen, wie Gott es kann. Er hat seine Liebe auf eine Weise gezeigt, die für immer die Geschichte verändert hat und bis heute unzählige Menschenleben neu ausrichtet.

Das größte Liebesopfer der Geschichte erbrachte Christus durch seinen Tod am Kreuz. Gott ließ es zu, dass sein einziger Sohn ein sterblicher Mensch wurde – das Fleisch gewordene

Wort – und dann die qualvollste und demütigendste Todesart erlitt, die sich denken ließ: die Kreuzigung. Gottes Liebe zu uns ist wirklich unbegreiflich. Unsere Liebe hat Grenzen; die Liebe Gottes nicht. Sie ist vollkommen bedingungslos und ohne Hintergedanken.

Gottes Opfer erinnert mich an die Geschichte von einem Mann, der in einer kleinen Stadt am Meer eine Klappbrücke bediente, die über eine Bucht führte. Jeden Tag ging er hinauf zu seinem Arbeitsraum neben der Klappbrücke, wo er den Hebel bedienen konnte. Wenn er den Hebel hinaufzog, hob sich die Klappbrücke mit den Eisenbahngleisen darauf, und die riesigen Schiffe konnten hindurchschippern. Dann schob er den Hebel wieder hinunter, und die Klappbrücke senkte sich, so dass der Zug sicher darüber hinwegfahren konnte.

Fast jeden Tag kam sein kleiner Sohn mit ihm zur Arbeit – er schaute seinem Vater gern dabei zu, wenn er die Klappbrücke hob und senkte. Als sie eines Tages gemeinsam dort waren, erhielt der Vater einen Funkspruch, es nähere sich ein außerplanmäßiger Zug und er müsse die Klappbrücke senken. Er hatte schon die Hand am Hebel, als sein Blick aus dem Fenster fiel und er seinen kleinen Jungen am Ufer zwischen den riesigen Zahnrädern der Klappbrücke spielen sah. Er schrie nach ihm, doch sein Sohn konnte ihn bei all dem Betrieb und dem Lärm dort am Wasser nicht hören.

Der Mann stürmte aus seinem Arbeitsraum und rannte auf seinen Sohn zu, um ihn zu packen und in Sicherheit zu ziehen, doch dann ging ihm die grausige Wahrheit auf. Wenn er nicht sofort den Hebel zog, würde der Zug ins Meer stürzen, und Hunderte von Passagieren würden sterben. Doch wenn er die Klappbrücke senkte, würde sein Sohn ums Leben kommen. In allerletzter Sekunde traf er seine schreckliche Entscheidung, rannte zurück zu seiner Station und sank mit einem gequälten Aufschrei auf die Knie, während sein kleiner Sohn zu Tode gequetscht wurde. Tränen flossen über seine Wangen, als er hinausschaute und den Zug sicher über die Brücke rasen sah. Durchs Fenster eines Speisewagens sah er Leute essen, trinken und lachen. Von dem großen Opfer, das gerade erbracht worden war, damit sie überleben konnten, ahnten sie nichts.

Ebenso wenig ahnen die meisten von uns etwas von dem großen Opfer, das Gott erbracht hat. Er hat seinen einzigen Sohn hergegeben, der auf diese Erde kam und für uns starb, um uns unsere Schuld der Vergangenheit zu vergeben, unserer Gegenwart Sinn zu verleihen und uns eine Zukunft im Himmel zu verschaffen. Wenn Sie darüber nachdenken, was es bedeutet, für die Menschen in Ihrem Umfeld Opfer zu bringen, sollten Sie vielleicht zuerst darüber nachdenken, wie viel Gott für Sie geopfert hat. Mein Gebet für jeden, der dies liest, ist dasselbe, das Paulus auch in seinem Brief an die Gemeinde in Ephesus ausgedrückt hat: «In seiner Liebe sollt ihr fest verwurzelt sein; auf sie sollt ihr bauen. Denn nur so könnt ihr mit allen anderen Christen das ganze Ausmaß seiner Liebe erfahren, die wir doch mit unserem Verstand niemals fassen können. Dann wird diese göttliche Liebe euch immer mehr erfüllen» (Epheser 3,17–19).

Ihr Problem ist nicht, dass Sie Gott nicht genug lieben. Ihr Problem ist, dass Sie nicht verstehen, wie sehr er Sie liebt. Wenn Sie auch nur ein bisschen besser begreifen könnten, wie sehr Gott Sie liebt, würden Sie ihm alle Bereiche Ihres Lebens übergeben. Selbst wenn Sie der einzige Mensch auf dieser Erde wären, hätte Gott seinen Sohn für Sie hergegeben, damit er auf die Erde käme und am Kreuz stürbe. Wären Sie der einzige Passagier in jenem außerplanmäßigen Zug, würde er dennoch die Klappbrücke senken – und sein einziges Kind dabei opfern –, um die Kluft zwischen Ihnen und ihm zu überwinden. So sehr liebt er Sie.

Wenn diese Liebe Ihr Fundament ist, fließt Ihnen eine neue Kraft für die Gestaltung Ihrer Beziehungen zu anderen zu. Sie gewinnen die Freiheit, Sie selbst zu sein, anstatt bei anderen Bestätigung, Anerkennung oder Zustimmung zu suchen. Zugleich nehmen Sie den anderen den Druck, mehr für Sie bedeuten zu müssen, als überhaupt menschenmöglich ist. Wenn Sie alle Hektik und die verschwommenen Prioritäten beiseiteschieben und die Tatsache auf sich wirken lassen, dass Ihnen auf der Erde nur eine begrenzte Zeit bleibt, können Sie in Ihrem Leben mehr menschliche Nähe erfahren als je zuvor.

Damit es fürs Leben hält

1. Machen Sie sich eine Liste der Menschen, die Sie gerne sehen oder mit denen Sie sich aussprechen würden, wenn Sie wüssten, dass Ihre Zeit auf der Erde auf nur noch einen Monat begrenzt wäre. Welche konkreten Schritte würden Sie tun, um Verbindung mit einem davon aufzunehmen und ihm mitzuteilen, was Sie auf dem Herzen haben? Das kann ganz einfach sein. Vielleicht brauchen Sie nur mit Ihrer Frau essen zu gehen oder sich mit einem guten Freund zu einem Wiedersehen zu verabreden.

2. Suchen Sie sich eine Person aus, von der Sie wissen, dass Sie sie durch Ihre Worte, Ihr Verhalten oder Ihr Schweigen verletzt haben. Schreiben Sie dieser Person einen Brief und erklären Sie ihr alles, was Sie ihr sagen möchten, bevor es zu spät ist. Lassen Sie den Brief ein paar Tage lang liegen; dann lesen Sie ihn noch einmal durch und entscheiden, ob Sie ihn abschicken sollten.

3. Durchdenken Sie Ihren Zeitplan für die nächsten ein oder zwei Tage. Wie viel Sie auch zu tun haben mögen, suchen Sie sich irgendeine Zeit, um jemanden, den Sie lieben, zu überraschen. Gehen Sie mit einer Freundin in ein nettes Restaurant. Holen Sie die Kinder zeitig von der Schule ab und gehen Sie mit ihnen in den Park. Entführen Sie Ihren Ehepartner aus dem Büro und gehen Sie mit ihm einen Kaffee trinken. Finden Sie Wege, Ihr Leben täglich durch gute Begegnungen zu bereichern.

Tag 10

Der Ozean

Die Tiefen der Vergebung erforschen

Wer anderen nicht vergeben kann,
zerstört die Brücke, über die er selbst gehen muss.
George Herbert

Wer der Kraft zur Vergebung ledig ist,
ist der Kraft zur Liebe ledig.
Martin Luther King jr.

Wenn ich an den Strand gehe, fällt mir auf, dass viele Leute sich am Ufer zusammenscharen, ohne je ins Wasser zu gehen. Sie liegen nur auf ihren Handtüchern und lassen sich braten, damit die Dermatologen nicht arbeitslos werden. Andere gehen ein paar Schritte hinein und planschen ein bisschen herum, vielleicht bis zur Hüfte, aber weit vom Ufer weg wagen sie sich nie. Andere wieder gehen ernsthafter auf Erkundung. Sie legen eine Taucherbrille und Flossen an und schnorcheln herum und scheinen tiefer in das Wasser einzudringen. Aber auch sie sind nur an der Oberfläche.

Meine Familie und ich gehen gerne tauchen und haben vor ein paar Jahren alle unseren Tauchschein gemacht. Ob in Schiffswracks oder unter Haien (na ja, auf die Haie verzichte ich vielleicht lieber!), wir lieben es, diese Unterwasserwelt zu erkunden, die mehr als zwei Drittel der Erdoberfläche bedeckt. Ich lernte bald, dass man als Taucher gefahrlos nur etwa vierzig Meter tief kommt. Das hört sich erst einmal ziemlich tief an, aber überlegen Sie mal: Die tiefste Stelle im Ozean ist der Marianengraben mit über elftausend Meter Tiefe. Über elf Kilometer, und wir kommen gerade mal vierzig Meter tief! Selbst wenn wir U-Boote benutzen, ist der größte

Teil des Ozeans zu tief und zu riesig, als dass wir ihn erforschen könnten.

So ist es auch mit der Liebe Gottes. Meistens plätschern wir nur an der Oberfläche herum, doch Gott bietet uns eine völlig andere Tiefe an im Leben. Wenn wir nur noch einen Monat zu leben hätten, so wette ich, würden sich die meisten von uns endlich ins tiefere Wasser trauen, weil wir merken, dass wir nur Frieden finden können, wenn wir unsere Sünden bekennen und die Vergebung und Gnade erfahren, die er so reichlich austeilt.

Unsere Sünden, unsere Fehler und unser Scheitern gehen nicht einfach weg – wir können sie nur entweder bekennen oder verdrängen. In der Routine unseres hektischen Alltags ist es leicht, unsere Fehler ständig zu verdrängen und uns in die Verleugnung zu flüchten. Doch wenn das Ende in Sicht wäre, würden wir erkennen, dass wir nicht länger warten können. Der Schlüssel dazu, wie wir uns von dieser Erde verabschieden, läuft im Grunde darauf hinaus, wie wir Vergebung erfahren und an unsere Mitmenschen weitergeben.

«Jeder Tag zählt»-Moment

Wenn Sie nur noch einen Monat zu leben hätten, wofür würden Sie um Vergebung bitten? Und wen? Und wem würden Sie etwas zu vergeben haben?

Unter der Oberfläche

Ein Tiefseetaucher in einem speziell konstruierten Druckanzug kann noch viel tiefer hinab als ich mit meinem Neopren-Anzug und meiner Taucherausrüstung – bis zu etwa dreihundert Meter tief. So ähnlich funktioniert auch das Vaterunser; es ermöglicht uns, noch viel tiefer einzutauchen und bis zum Kern dessen vorzustoßen, was vor allem anderen zählt: zur Vergebung. Vielleicht kennen Sie es schon auswendig, aber denken Sie einmal darüber nach, wie Jesus es erklärt:

Darum sollt ihr so beten:

Unser Vater im Himmel!
Dein Name werde geheiligt.
Dein Reich komme.
Dein Wille geschehe wie im Himmel so auf Erden.
Unser tägliches Brot gib uns heute.
Und vergib uns unsere Schuld,
wie auch wir vergeben unsern Schuldigern.
Und führe uns nicht in Versuchung,
sondern erlöse uns von dem Bösen.

Denn wenn ihr den Menschen ihre Verfehlungen vergebt, so wird euch euer himmlischer Vater auch vergeben. Wenn ihr aber den Menschen nicht vergebt, so wird euch euer Vater eure Verfehlungen auch nicht vergeben.

Matthäus 6,9–15; Luther

So vertraut dieser Text auch sein mag – wie oft denken wir wirklich darüber nach, was wir da beten? Wollen wir *wirklich*, dass Gott uns erhört, wenn wir beten: «Vergib uns unsere Schuld, wie auch wir vergeben unsern Schuldigern»? Will ich wirklich, dass Gott mir im selben Maß vergibt, wie ich anderen vergebe?

Wir alle wollen Vergebung empfangen, aber wenn es darum geht, selbst das Unrecht zu vergeben, das an uns geschehen ist, dann sieht die Sache schon anders aus. Die schmerzhaften Verletzungen, die Gefühle von Leid, von Hintergangenwerden und Enttäuschung – Vergebung üben ist keineswegs einfach.

Manchmal ist es so, als versuchte man in der Tiefsee klar zu sehen. Um unter der Meeresoberfläche etwas zu erkennen, braucht man eine Maske. Und um jemandem zu vergeben, muss man ebenfalls unter die Oberfläche blicken. Oberflächlich betrachtet gibt es keinen logischen Grund, warum ich jemandem vergeben sollte, der mich verletzt hat. Blicke ich jedoch unter die Oberfläche, so finde ich in der Bibel einige hervorragende Gründe zu vergeben.

Der erste ist, dass Christus es befiehlt. Wenn Sie Ihr Leben hingeben wollen, um ihn kennen zu lernen und ihm nachzufolgen, dann gibt es keine Alternative zur Vergebung. Paulus schrieb ganz klar: «Wie der Herr euch vergeben hat, so vergebt auch ihr!» (vgl. Kolosser 3,13). In der Bibel ist das Vergeben nirgends nur ein Vorschlag. Wenn Sie Jesus nachfolgen wollen, ist es Ihnen geboten. Wie schwer oder emotional herausfordernd es auch sein mag, wir alle müssen Vergebung üben. Wir müssen uns dazu entscheiden – wenn nötig sogar immer wieder. Unsere Gefühle und die Konsequenzen der Verletzungen, die wir erlitten haben, mögen bleiben, aber es hat seinen guten Grund, dass uns das Vergeben geboten ist: Es ist lebenswichtig für uns.

Wenn Sie ohne Tiefseetauchanzug in die Tiefen des Ozeans vorzudringen versuchen, werden Sie es nicht überleben. Je tiefer hinab ins Meer Sie sinken, desto mehr Druck lastet auf Ihrem Körper – denn Wasser hat bekanntlich eine viel größere Dichte als Luft. Wenn Sie noch weiter sinken, wird der Druck schließlich so groß, dass Ihre Lungen kollabieren und Ihr Körper zermalmt wird.

Ebenso wenig können Sie überleben, wenn Sie versuchen zu leben, ohne zu vergeben. Es ist für uns selbst unabdingbar, dass wir vergeben; sonst ertrinken wir in Verbitterung. Je tiefer Sie sich im Ozean des Grolls versinken lassen, desto mehr werden Sie den Druck und die Belastung spüren. Schließlich wird der Druck so stark, dass Ihre Beziehungen, Ihre Freude und Ihre Gesundheit darunter zerbrechen. Medizinische und psychologische Untersuchungen zeigen, dass Verbitterung und Groll verheerende Auswirkungen haben. Wir meinen, indem wir an unseren Verletzungen festhalten, könnten wir es der Person heimzahlen, die uns verletzt hat. In Wahrheit verletzen wir uns selbst dadurch nur noch mehr. Wenn wir unser Leben voll genießen wollen, müssen wir die Verbitterung loslassen.

«Jeder Tag zählt»-Moment

Wie haben Sie die Folgen der Verbitterung in Ihrem Leben zu spüren bekommen? Welche körperlichen Konsequenzen hatte das? Wie wirkt sich Verbitterung gegenwärtig in Ihrem Leben aus? Wie hängt sie mit Ihrer Fähigkeit, zu vergeben und sich vergeben zu lassen, zusammen?

Halten Sie nicht die Luft an

Die Regel Nr. 1 beim Tauchen lautet: Halten Sie nie die Luft an. Tauchlehrer hämmern das ihren Schülern immer wieder ein, denn wenn sie tief unter Wasser sind und aus dem Sauerstofftank einatmen, füllt die Luft natürlich ihre Lungen. Wenn sie dann den Atem anhalten, während sie zur Oberfläche aufsteigen, dehnt sich die Luft in ihren Lungen aus, so dass sie aufgebläht und verletzt werden. Es ist nicht gerade angenehm, wenn einem unter Wasser die Lungen explodieren! Darum schärfen Tauchlehrer ihren Schülern immer wieder ein, niemals ihren Atem anzuhalten.

Wenn Sie tief ins Leben eintauchen wollen, lautet die Regel Nr. 1: Halten Sie nie Ihre Verbitterung fest. Denken Sie daran, dass auch eiternde Geschwüre in den meisten Fällen nicht über Nacht entstehen. In der Regel beginnt es mit einer kleinen Wunde, die sich zu einer heftigen Infektion auswächst. Oft wachsen die Früchte der Verbitterung aus der Saat des Zorns. «Lasst die Sonne nicht untergehen, ohne dass ihr einander vergeben habt. Gebt dem Teufel keine Gelegenheit, Unfrieden zu stiften» (Epheser 4,26–27). Wir sollten also, wie Paulus schreibt, unseren Zorn niemals länger als vierundzwanzig Stunden mit uns herumschleppen. Warum nicht? Weil der Zorn sich zu verändern beginnt, wenn wir ihn in einen zweiten Tag mit hinübernehmen. Er verwandelt sich in Verbitterung. Wenn Sie Ihren Groll nicht ausatmen, werden Sie irgendwann explodieren.

Wir atmen unseren Zorn und unsere Verbitterung aus, indem wir unsere Gefühle ehrlich äußern, sowohl gegenüber anderen Menschen als auch gegenüber Gott. Nicht immer geben wir gerne zu, dass wir verletzt sind, dass jemand es geschafft hat, uns zu beleidigen. Der Stolz nährt unsere Verschleierungsversuche, während wir innerlich am Kochen sind. Wenn unser Zorn nicht ans Licht gebracht wird, verwandelt er sich bald in schädliche Verbitterung.

Oft ist es nicht nur so, dass wir von anderen verletzt wurden; wir sind auch wütend auf Gott. Wir denken: «Gott, du bist es, gegen den ich verbittert bin, weil du das zugelassen hast. Du hättest es verhindern können; du bist doch allmächtig. Aber du hast es geschehen lassen. Also ist es letzten Endes deine Schuld.» Dann verdrängen wir diese Gefühle, weil wir meinen, wir dürften auf Gott nicht wütend sein. Aber Gott ist groß genug, um mit unserem Zorn zurechtzukommen! Außerdem weiß er ja sowieso, dass wir wütend auf ihn sind.

Früher dachte ich immer, wenn ich zugeben würde, dass ich zornig auf Gott bin, würde er mich wahrscheinlich mit einem Blitz erschlagen. Aber so etwas tut er nicht. Er liebt uns so, wie wir sind. Er möchte, dass wir ihm unsere Herzen ausschütten und unsere Gefühle eingestehen und einfach sagen: «Gott, ich bin wütend. Ich bin zornig. Ich bin verbittert wegen dieser Sache. Warum hast du das zugelassen? Ich verstehe das nicht.»

Wir müssen unsere Gefühle Gott gegenüber ausdrücken und an den Punkt kommen, wo wir beten können: «Gott, ich vertraue darauf, dass du weißt, was am besten ist. Du weißt, ich bin wütend. Bitte vergib mir und hilf, dass ich heil werde.» Wenn Sie das tun, dann beginnt der Heilungsprozess. So war es auch im Leben Davids. In Psalm 32,5 sagte er: «Da endlich gestand ich dir meine Sünde; mein Unrecht wollte ich nicht länger verschweigen. Ich sagte: ‹Ich will dem Herrn meine Vergehen bekennen!› Und wirklich: Du hast mir meine ganze Schuld vergeben!» Wenn ich Gott mein Herz offenbare, fängt Heilung an. Ich atme die Verbitterung aus und kann dann seine Vergebung einatmen.

Wir haben keine Lust, Leuten zu vergeben, die uns verletzen, aber das ist in Ordnung so. Beim Vergeben geht es nicht darum, was wir fühlen. Wir vergeben, weil wir eine bewusste Entscheidung treffen und zu Gott sagen: «Ich beschließe, dieser Person durch deine Kraft zu vergeben, weil du mir das gebietest und weil es zu meinem eigenen Besten ist.» Wenn dann fünf Minuten später die Verletzung erneut durch unsere Gedanken kreist, können wir dieses Gebet wiederholen, so oft wie nötig. Jemand machte einmal die kluge Bemerkung: Vergeben heißt, einen Gefangenen befreien und dann entdecken, dass man selbst der Gefangene war.

Gott sagt, dass Sie um Ihrer selbst willen vergeben müssen, weil die Verbitterung die Segnungen blockiert, die er in Ihr Leben ausgießen möchte. Wenn Sie sich Gott gegenüber öffnen, indem Sie denen vergeben, die Sie verletzt haben, und für sie beten, dann können die Segnungen wieder zu fließen beginnen. In Ihrer Seele setzt der Heilungsprozess ein. Jesus war unser bestes Vorbild dafür, wie man Vergebung atmet. Mit einem seiner letzten Atemzüge am Kreuz betete er: «Vater, vergib ihnen, denn sie wissen nicht, was sie tun» (Lukas 23,34). Daher kommt die Kraft zur Vergebung: aus der Erkenntnis, dass uns durch das Opfer Christi am Kreuz zuerst vergeben wurde.

Lassen Sie den Anker fallen

Wir können nichts geben, was wir nicht empfangen haben. Wir wissen, wir haben Vergebung empfangen, aber wir begreifen nicht wirklich die Tiefe der Barmherzigkeit Gottes, und das macht es so schwer für uns, anderen zu vergeben. Wenn ich auch nur ein bisschen davon erahne, wie viel Christus mir vergeben hat, wird es schon erheblich leichter, anderen zu vergeben, die mich verletzt haben.

Wenn wir nicht unsere Schuld bekennen oder die Vergebung annehmen, die uns so reichlich geschenkt wurde, fangen wir an zu sinken. Denken Sie sich die Fehler, Sünden und Misserfolge Ihrer Vergangenheit als einen riesigen Anker, der Sie nach unten zieht. Manche Leute haben sich schon so sehr daran gewöhnt, einen Anker aus Schuld hinter sich herzuzerren, dass sie sich kaum noch daran erinnern, dass er da ist. Seine Auswirkungen sind trotzdem verheerend – Angst, Depressionen, Schlaflosigkeit, Anspannung und Magengeschwüre. Schuld kann jeden Bereich Ihres Lebens vergiften.

Die gute Nachricht ist, dass Sie durch Gottes Geschenk den Anker der Schuld, der Sie herunterzieht, nicht mit sich herumschleppen müssen. «Ja, der Herr wird wieder Erbarmen mit uns haben und unsere Schuld auslöschen. Er wirft unsere Sünden ins tiefste Meer» (Micha 7,19). Wenn Sie Ihren Anker der Schuld zu Gott bringen, nimmt er ihn Ihnen ab und versenkt ihn an der tiefsten Stelle des Ozeans seiner Vergebung.

Solange Sie nicht die Fülle der Gnade und Vergebung Gottes erfahren, werden Sie nie in der Lage sein, anderen völlig zu vergeben. Sie werden nie Frieden finden und die Vision wahrnehmen können, die er für Sie und Ihr Leben hat. Sie werden wohl nie die Segnungen erleben, die er über Ihnen ausschütten möchte. Vergebung heißt nicht, so zu tun, als wären Sie gar nicht verletzt worden. Sie heißt auch nicht, das erlittene Unrecht herunterzuspielen. Vergebung ist kein oberflächlicher Akt. Vergeben heißt, tief in unsere ehrlichen Gefühle hinabzutauchen und wahrheitsgemäß zu sagen: «Was du getan hast, hat mich tief verletzt, aber ich beschließe, dir durch Gottes Kraft zu vergeben.»

Wahre Vergebung heißt, in einem Ozean zu schwimmen, der tiefer ist, als wir es je ermessen können. Sie bedeutet, eine Welle der Liebe zu erleben, die unsere Sünden, unsere Schuld und unsere Verbitterung hinwegspült. Wenn Sie nur noch einen Monat zu leben hätten, würden Sie nicht gern das seichte Ufer hinter sich lassen und tief in den reinigenden Ozean der Vergebung eintauchen?

Damit es fürs Leben hält

1. Machen Sie sich eine Liste der Menschen, denen Sie vergeben müssen. Schreiben Sie neben jedem Namen das Unrecht auf – das, womit diese Menschen Sie verletzt haben. Dann machen Sie sich eine Liste aller Menschen, die Sie um Vergebung bitten müssen. Schildern Sie bei jedem Namen kurz, auf welche Weise Sie diese Person verletzt haben. Schließlich nehmen Sie sich Zeit, all das vor Gott zu bekennen und auszubreiten. Bitten Sie ihn, Sie mit der Kraft Christi zu überfluten und Sie in seiner Vergebung zu baden, die Sie befähigt, anderen zu vergeben.

2. Schreiben Sie Gott einen Brief und laden Sie alles bei ihm ab. Sagen Sie ihm, worüber Sie zornig sind, all die Dinge, die Sie gegen ihn haben und über die Sie verunsichert sind. Seien Sie ehrlich und vertrauen Sie darauf, dass er mit allem, wirklich allem, klarkommt, was Sie ihm vorwerfen. Egal, wie finster, verzweifelt oder zweifelnd es auch sein mag. Dann bitten Sie ihn, Ihr Herz zu heilen, während Sie den Brief zerreißen.

3. Suchen Sie sich ein schönes Foto, eine Muschel oder ein anderes Souvenir aus, das symbolisch für den Ozean steht. Platzieren Sie es an einer auffälligen Stelle, wo es Sie täglich daran erinnert, Gott um seine Vergebung zu bitten und den Menschen in Ihrem Umfeld zu vergeben.

Tag 11

Mount Everest

Hindernisse zur Einheit übersteigen

Wir müssen den Blick auf Gott richten, wenn wir beten,
nicht auf die Schwierigkeiten.
Oswald Chambers

Ich weiß, Gott wird mir nichts geben,
womit ich nicht zurechtkomme. Ich wünschte nur, er
würde mir nicht so viel zutrauen.
Mutter Teresa

Ich schaue mir gerne jene umwerfenden Sendungen über Bergsteiger am Mount Everest an. Es fasziniert mich einfach, wenn Leute alles aufs Spiel setzen, um den höchsten Punkt der Erde zu erreichen. Diese Kerle nehmen es mit eisigen Winden von vierzig Grad unter Null auf, holen sich Erfrierungen an Händen und Zehen, sie werden kaum atmen können, aber sie werden alles geben, um auf den Gipfel zu kommen. Und ich sitze da, knabbere an meinem Schokoriegel und bin schon vom Zuschauen erschöpft, weil ich das Gefühl habe, mittendrin zu sein und auch mein Leben zu riskieren.

Der Mount Everest ist über 8800 Meter hoch, aber wenn man auf 7000 Meter gekommen ist, beginnt die so genannte Todeszone. In so großer Höhe kann ein Mensch nicht überleben. Der Körper ist nicht fähig, sich an eine so niedrige Sauerstoffzufuhr anzupassen. Wenn man sich also zu lange in der Todeszone aufhält, stirbt man. Das passierte einem Bergsteiger im Mai 2006. Er wurde innerhalb der Todeszone von Bergsteigern zurückgelassen, während sie weiter zum Gipfel des Everest aufstiegen. Alle, die an ihm vorbeikamen, merkten, dass er in Schwierigkeiten war, aber sie gingen davon aus, dass er zu einem anderen Team gehörte und jemand anders sich um ihn kümmern würde.

Nicht lange nach dieser Tragödie wurde ein anderer Bergsteiger, Lincoln Hall, in der Todeszone aufgefunden. Gerettet wurde er von einer Gruppe von vier Bergsteigern und elf Sherpas, die ihren eigenen Aufstiegsversuch aufgaben, um bei Hall zu bleiben und mit ihm abzusteigen. Später erholte sich Lincoln Hall vollkommen. Was machte den Unterschied zwischen dem Überleben des einen und dem Tod des anderen aus? Selbstloses Teamwork.

Solches Teamwork scheint heutzutage die Ausnahme zu sein. Wo Superstars im Sport alle Ehrungen einheimsen und führende Leute in den Unternehmen alle Lorbeeren ernten, findet man nur noch selten ein einiges, effektives Team. Da liegen zu viele individuelle Ambitionen im Widerstreit miteinander und sabotieren das Ziel, das für das Team am besten wäre. Ob es sich um eine Sportmannschaft, eine Freundschaft, eine Geschäftspartnerschaft oder eine Ehe handelt, viele Beziehungen brechen auseinander, weil es so schwer ist, mit anderen auszukommen. Wir haben alle unsere eigenen Vorsätze, die uns daran hindern, klar zu kommunizieren und das zu tun, was nötig ist, um enger zusammenzurücken.

Wenn wir die Tage zählen würden, bis wir diese Erde verlassen werden, würden wir nach Möglichkeiten Ausschau halten, Brücken zu bauen, Heilung zu bewirken und unsere wichtigsten Beziehungen zu genießen. Niemand will unerledigte Dinge zurücklassen, wenn er diese Erde verlässt. Wir möchten, dass die Menschen, die wir lieben, aufgrund unseres Mutes zum Lieben den Gipfel unserer gegenseitigen Beziehungen erreicht haben.

«JEDER TAG ZÄHLT»-MOMENT

Wie zufrieden sind Sie zurzeit mit dem Zustand Ihrer wichtigsten Beziehungen? Wie würden Sie jede davon beschreiben – hervorragend (wir waren uns noch nie näher), in Ordnung (wir kommen miteinander aus, aber es gibt auch Spannungen), ziemlich holperig (wir haben Streit und hangeln uns durch) oder grauenhaft (wir werden es nicht schaffen)? Was hindert Sie daran, sich in jeder dieser Beziehungen auf den Zustand zuzubewegen, den Sie erreichen wollen?

Das Beziehungsgebirge

Wir alle wissen, dass es von dort, wo wir sind, bis dorthin, wo wir sein wollen, ein ziemlich steiler Aufstieg sein kann. Nach meinen Erfahrungen und den Erfahrungen derer, mit denen ich Beratungsgespräche geführt habe, scheint es mir drei Berge zu geben, die allgemein der Einheit in Beziehungen im Wege stehen.

Den ersten nenne ich den Berg des Missverständnisses. Den meisten Beziehungen fehlt schon die Kraft, diesen ersten Gipfel zu übersteigen, und die Fehldeutungen und Auseinandersetzungen häufen sich rasch an und werden so hoch wie der Pikes Peak, ein 4000er in den Rocky Mountains. Zu Beginn einer Beziehung scheint noch alles so positiv. Man steigt gemeinsam einen glatten Pfad hinauf, dicht nebeneinander, und dann – *wumm!* – steht man plötzlich vor einem riesigen Felsbrocken des Missverständnisses, der beide völlig vom Weg abzubringen droht.

Diese Situation kann leicht zur Todeszone in einer Beziehung werden. In einer Ehe dauert es nur ein paar Monate (manchmal nur Wochen!), bis man dort angekommen ist. Das ist etwa der Zeitpunkt, zu dem man das Flitterwochenstadium hinter sich lässt und merkt, dass man wohl doch keinen perfekten Menschen geheiratet hat.

Oder vielleicht liegen Ihre Konflikte in einer Geschäftspartnerschaft, in der Sie zu Beginn eine gemeinsame Vision zu verfolgen schienen. Doch nachdem es zum ersten Konflikt gekommen war, merkten Sie plötzlich, dass Sie ganz unterschiedlich denken. Statt sich an das Ideal zu klammern – dass dieser Ehepartner, dieser Freund, dieser Geschäftspartner genau zu Ihnen passt und dass Sie sich immer gut verstehen werden –, müssen Sie sich klarmachen, dass Meinungsverschiedenheiten ganz natürlich sind und unweigerlich zu jeder Partnerschaft dazugehören. Wir können die Gedanken anderer nicht lesen, wie ähnlich wir auch sein mögen. Wir sind alle nur Menschen, und deshalb sind Fehlschläge und Fehldeutungen in der Kommunikation unvermeidlich.

Ein anderer Berg, den wir in jeder Beziehung übersteigen müssen, ist die «Ich zuerst»-Einstellung, wie ich sie nenne. Es entspricht einfach der menschlichen Natur, zu sagen: «Ich werde deine Bedürfnisse erfüllen, aber nur, wenn du zuerst meine erfüllst.» Ob sich nun meine Kinder darum streiten, wer im Auto vorne sitzen darf, oder ich selber die Fernbedienung nicht aus der Hand geben will, wir alle möchten gerne bekommen, was wir wollen, ohne darüber nachzudenken, was die anderen um uns herum brauchen. Die «Ich zuerst»-Einstellung lässt andere in der Todeszone zurück, während wir selbstsüchtig weiter zum Gipfel hinaufsteigen.

Daraus ergibt sich ein natürlicher, beständiger Konflikt. Wir müssen lernen, wie man Kompromisse schließt, und kreative Lösungen finden, die den Bedürfnissen beider Seiten gerecht werden. Wenn wir jemanden wirklich lieben, wird es uns leichter fallen, unsere Absichten zu ändern – nicht, indem wir zum Märtyrer werden, sondern indem wir uns offen darüber aussprechen, was auf dem Spiel steht, wie beide Partner die Situation empfinden und wie sich die Dinge verändern können.

Der dritte und letzte Gipfel in dieser felsigen Bergkette ist der tödlichste – der Berg der Fehler. So wie uns allen Missverständnisse unterlaufen und wir alle das Verlangen haben, an erster Stelle zu kommen, so haben wir alle unsere Fehler und machen Dinge verkehrt. Viele Beziehungen werden auf dem Berg der Fehler für immer zurückgelassen. Jeder von uns ist schon einmal durch das Verhalten oder die Worte eines anderen Menschen verletzt worden. Wenn man in einer Beziehung verletzt wird, neigt man leicht dazu, sich abzuschotten und diesen Weg nicht weiter verfolgen zu wollen, weil dieser Berg einfach zu steil ist. Man möchte sein Herz davor schützen, nochmals enttäuscht zu werden. Aber das führt einen nur auf einen anderen Pfad, der zurück zum «Ich zuerst»-Berg führt, und bald hat man sich so weit voneinander entfernt, dass die Beziehung vorbei ist.

Diese drei Berge bilden die Landschaft jeder Beziehung. Wir können uns von dem Aufstieg einschüchtern lassen, die Herausforderung als unüberwindlich ansehen und aufgeben. Oder wir können zu einem solchen Menschen werden, der weiß, was nötig ist, um die Hindernisse zu überwinden, und weiterklettern. Keiner von uns möchte wirklich gerne aufgeben, und wenn wir nur noch einen Monat zu leben hätten, wäre uns das klarer als je zuvor. Um die Menschen in unserem Leben wirklich zu lieben, müssen wir diese Beziehungs-Alpen überwinden und lernen, uns durch die Fehler durchzuarbeiten und uns über unsere Eigeninteressen hinauszukämpfen. Wir müssen zunehmen an Bereitschaft und Fähigkeit, uns für die Menschen, die wir lieben, voll einzusetzen, sie dazu zu motivieren, mit uns auf Kurs zu bleiben, und sie befähigen, weiter durchzuhalten, wenn wir einmal nicht mehr bei ihnen sind.

Das ist nicht leicht. Beziehungen sind nichts für Schwächlinge. Und wir brauchen dazu übernatürliche Hilfe: Gottes Kraft zu lieben. Doch dieser Vorrat ist unerschöpflich, und der Preis für seine Kraftquellen steigt nie, denn es gibt sie umsonst.

«Jeder Tag zählt»-Moment

Welcher dieser drei Berge – Berg der Missverständnisse, des «Erst ich» oder der Fehler – hat Ihre entscheidenden Beziehungen zuletzt aus der Bahn geworfen? Wie sind Sie mit der Situation umgegangen? Was würden Sie anders machen, wenn Sie könnten?

Das Seil der Annahme

Die Bibel zeigt Strategien auf, um diese Beziehungsberge so klein wie möglich zu halten, damit man sie überwinden kann. Um durchzuhalten und unsere Beziehungen zu verbessern, müssen wir uns zuerst am «Seil der Annahme» festmachen. Felskletterer benutzen eine Seiltechnik, die Sichern genannt wird. Dabei wird ein Kletterer an einem Seil festgemacht, so dass er nicht zu tief fällt, falls er vom Felsen abrutscht. Ebenso können wir nicht gefahrlos zu neuen Höhen aufsteigen, wenn wir uns nicht an einem Seil der Annahme festmachen. «Nehmt einander an, so wie Christus euch angenommen hat. Auf diese Weise wird Gott geehrt» (Römer 15,7). Eines unserer größten Probleme in Beziehungen ist, dass wir immer wieder versuchen, die Leute, zu denen wir in einer Beziehung stehen, zu verändern. Andere annehmen heißt, dass wir aufhören, sie *verändern* zu wollen, und stattdessen versuchen, sie zu *verstehen.*

Leichter gesagt als getan, stimmt's? Absolut. Aber in über zwanzig Jahren Ehe habe ich ein unschätzbares Geheimnis gelernt: *Annahme bedeutet, dass ich aufhöre, meinen Partner zu ändern, und anfange, ihn wertzuschätzen.* Im Grunde habe ich jemanden noch nicht wirklich angenommen, wenn ich immer noch darauf aus bin, ihn zu verändern. Menschen wertschätzen heißt einfach, sie für wertvoll genug zu halten, dass ich mich bemühe, sie zu verstehen.

Um ehrlich zu sein, mir liegt es nicht im Blut, die Menschen in meinem Leben ohne weiteres vollkommen anzunehmen. Meine selbstsüchtige Neigung führt mich immer wieder zum Versuch, die Leute, mit denen ich zu tun habe, zu verändern und mir selbst ähnlicher zu machen.

Es ist etwas Übernatürliches, wenn ich die Menschen in meinem Leben einfach so annehme, wie sie sind, an meinen eigenen Fehlern und Charakterschwächen arbeite und Gott zutraue, sich um andere Menschen zu kümmern. Indem er uns die Kraft gibt, einander anzunehmen, lernen wir, uns wirklich am Seil der Annahme festzumachen und gemeinsam zu größeren Höhen aufzusteigen.

Haftung durch Handeln

Zusammen mit der Annahme gewinnen wir Haftung durch liebevolles Handeln. Nichts ist für Bergsteiger wichtiger als die Haftung ihrer Stiefel. Man kann die beste Ausrüstung haben, aber wenn die Füße nicht sicher stehen, kann man niemals über schwieriges Gelände aufsteigen. Das Wesentliche für starke Beziehungen sind jene kleinen, liebevollen Handlungen, all die scheinbar bedeutungslosen Dinge, die einem anderen so viel bedeuten können. Wenn Sie inkonsequent sind und anderen sagen, wie wichtig sie Ihnen sind, das aber nie durch liebevolles Handeln bekräftigen, dann wird die Beziehung ins Trudeln geraten. Die Klarheit und Sicherheit, die die Menschen in Ihrem Umfeld durch Ihre liebevollen Handlungen gewinnen, ist nicht zu unterschätzen und verschafft Ihnen die Bodenhaftung, die Sie brauchen, um zum Gipfel zu kommen.

Jeder Bergsteiger weiß auch, wie wichtig es ist, sich am Felsen zu verankern, um nicht abzustürzen. Das ist ein sicherer, schützender Halt. In unseren Beziehungen ist dieser Anker die Vergebung. Sie ist das liebevolle Handeln, das eine Beziehung im Lauf der Zeit wachsen und reifen lässt. Die besten Beziehungen bauen auf Vergebung auf, denn alle Beziehungen werden von unvollkommenen Menschen gelebt, die Fehler machen. Acht kraftvolle Worte halten die Verbindung zueinander aufrecht, während man den Berg der Fehler erklimmt: Es tut mir leid. Kannst du mir vergeben?

Die Hindernisse – Missverständnisse, Selbstsucht, Fehler – gehören zu jeder Beziehung, aber wir können sie überwinden und enger mit den Menschen, die wir lieben, zusammenwachsen, wenn wir bereit sind, Annahme, liebevolles Handeln und beständige Vergebung zu praktizieren. Um uns so zu verhalten, brauchen wir Gottes übernatürliche Liebe, die in uns hineinströmt und uns hilft, über unsere natürlichen Neigungen und Erwartungen hinauszugehen. Er ist mehr als willens und immer verfügbar, um uns zu helfen, andere so zu lieben, wie er uns liebt. Mit der richtigen Ausrüstung, die Gott uns gibt, können wir nicht nur den Blick vom Gipfel miteinander teilen, sondern sogar den Aufstieg genießen.

Damit es fürs Leben hält

1. Machen Sie eine schriftliche Diagnose, was Ihrer Meinung nach jede der wichtigen Beziehungen in Ihrem Leben braucht, um gesünder zu werden. Das kann etwas ganz Einfaches sein, etwa dass Sie mehr Zeit miteinander verbringen, über ein unübersehbares, bisher jedoch totgeschwiegenes Problem reden oder jemandem einen Brief oder eine E-Mail schicken, um ihn wissen zu lassen, dass Sie an ihn denken.

2. Wie teilen Sie den Menschen, die Sie lieben, Ihre Hingabe mit? Neigen Sie eher dazu, mehr zu sagen, als Sie zeigen, oder mehr zu zeigen, als Sie sagen? Die Psychologen finden, dass die meisten von uns eine dieser Methoden bevorzugen – wir sagen, was wir empfinden, zeigen es aber nicht so sehr, oder wir zeigen es ständig und gehen davon aus, dass unser Handeln genug sagt. Finden Sie heraus, welchen Stil Sie bevorzugen, und praktizieren Sie heute bei den Menschen, die Sie am meisten lieben, einmal bewusst den anderen.

3. Nehmen Sie sich heute Zeit zum Gebet für jeden Menschen, der in Ihrem Leben eine wichtige Rolle spielt. Bitten Sie Gott, Ihnen zu zeigen, wie Sie Ihre Beziehungen zu diesen lebenswichtigen Menschen verbessern können.

Tag 12

Im Boxring

Konflikte im fairen Streit lösen

Das Gegenteil von Liebe ist nicht Hass,
sondern Gleichgültigkeit.
Elie Wiesel

Sie vergessen vielleicht, was du gesagt hast,
aber sie werden nie vergessen, welche Gefühle du
bei ihnen ausgelöst hast.
Carl W. Buechner

Als jemand, der mit Muhammad Ali und den «Rocky»-Filmen aufgewachsen ist, habe ich Boxer schon immer bewundert – ihre Kraft, ihre Beweglichkeit, ihre Unverwüstlichkeit und ihre Entschlossenheit. Etwas an der Art, wie sie an einen Kampf herangehen, fasziniert mich so sehr, dass ich kürzlich sogar in Lee Canalitos Boxing Gym in der Innenstadt von Houston war, wo ich mit Ray Sugaroso daran gearbeitet habe, das Boxen zu lernen. Sein Ziel war es, mich so weit zu bringen, dass ich ein paar Runden gegen einige der besten Kämpfer im Boxing Gym durchhalten konnte. Mein Ziel war es, bleibende Schäden an meinem in den besten Jahren befindlichen Körper zu vermeiden!

Ich habe es überlebt, dabei aber auch einen völlig neuen Respekt vor Boxern bekommen. Meine Gegner gingen zwar schonend mit mir um, aber einer von ihnen verpasste mir einen Kinnhaken, von dem ich noch für den Rest der Woche Kopfschmerzen hatte. Ich habe gelernt, dass ich zwar ein fairer Kämpfer bin, aber wohl niemals in Las Vegas um den Weltmeistertitel boxen werde. Um die Wahrheit zu sagen, ich hatte eigentlich keine Ahnung vom Boxen, bevor Ray und seine Mannschaft mich in den Ring holten.

So wie ich keine Ahnung vom Boxen hatte, haben die meisten von uns keine Ahnung davon, wie man Konflikte löst. Konflikte in Beziehungen sind unvermeidlich. Wo zwei einzigartige und unvollkommene Menschen sich zusammentun, können sie sich einfach nicht über alles einig sein. Darum ist es entscheidend, dass wir lernen, wie wir mit Beziehungsproblemen effektiv umgehen können. Es bringt uns ja niemand bei, wie wir die Hängepartien, die das Leben (besonders in der Ehe) nun einmal mit sich bringt, angehen und bereinigen können. Ich finde, es müsste ein Gesetz geben, dass jeder, bevor er heiratet, erst einmal einen Kurs über Konfliktlösung absolviert. Doch selbst in Freundschaften, Arbeitsgruppen, Komitees und in der weiteren Verwandtschaft ist es gar nicht so einfach, zu wissen, wann man sich behaupten und wann man das Handtuch werfen sollte.

Hätten Sie nur noch einen Monat zu leben, so wäre es wichtig zu wissen, wie Sie diese hartnäckigen Probleme aufarbeiten und schließlich die Konflikte mit den Menschen, die Sie lieben, lösen können.

Fairer Streit

Die Bibel liefert uns Prinzipien für den fairen Streit. Ich konzentriere mich hier darauf, wie sie sich auf Ihre Beziehung zu Ihrem Ehepartner anwenden lassen, aber sie gelten ebenso für Geschäftspartner, Kollegen und Freunde. Diese Prinzipien garantieren nicht, dass Sie jedes Mal gewinnen oder Recht behalten, wenn eine Meinungsverschiedenheit aufflammt, aber sie sorgen dafür, dass Sie, indem Sie Konflikte angehen, den Menschen, die Sie lieben, näherkommen.

Eine Richtlinie, die sich ganz einfach anhört, ist in der Umsetzung vielleicht eine der schwierigsten: Bleiben Sie im Ring und weg von den Seilen. Manchmal geht es bei Konflikten ein bisschen hitzig und turbulent zu, aber in unseren wichtigsten Beziehungen müssen wir den Mut haben, im Ring zu bleiben, bis wir zu einer Lösung gekommen sind, wie lange es auch dauern mag. Wenn wir jemanden wirklich lieben, dann müssen wir das Durchhaltevermögen aufbringen, uns den unangenehmen Gefühlen, die ein Konflikt mit sich bringt, zu stellen und uns hindurchzukämpfen. Diese Gefühle können so übermächtig und unerfreulich sein, dass wir alles tun, um ihnen auszuweichen. Besonders für Männer ist es typisch, dass sie sich angesichts starker Emotionen zurückziehen, weil es ihnen unangenehm ist, sich damit auseinanderzusetzen. Infolgedessen fliehen manche Männer aus der Kampfzone, wenn Probleme auftauchen, weil sie Streit um jeden Preis vermeiden wollen. Doch für eine Frau gibt es kaum etwas Frustrierenderes, als wenn ihr Mann einem Konflikt ausweicht und sich in seine Höhle zurückzieht und dort verbarrikadiert.

Wir alle haben uns Konfliktmanagement-Taktiken zugelegt, die unsere Temperamente, unsere Erfahrungen oder die Vorbilder, mit denen wir aufgewachsen sind, widerspiegeln. Die meisten von uns bevorzugen einen von fünf grundlegenden Kampfstilen. Der erste ist die so genannte Rope-a-dope-Taktik, ein Kampfstil, den Muhammad Ali in seiner besten Zeit erfand. In der Hitze des Kampfes lehnte er sich in die Seile und ließ sich davon abfedern, nahm die Deckung hoch und führte keinen Schlag mehr aus. Sein Gegner dachte: «Er ist müde – jetzt habe ich ihn», kam zu ihm an die Seile und ließ Schläge auf ihn einhageln. Doch der andere Boxer konnte Ali gar nichts anhaben. Ali federte nur gegen die Seile und sparte sich seine ganze Energie auf, während sein Gegner immer frustrierter wurde und auf ihn einhämmerte. Irgendwann ließen dann dessen Kräfte nach.

Rope-a-dope-Kämpfer lösen Konflikte nach dem Motto «Auf keinen Fall». Sie sagen: «Auf keinen Fall lasse ich mich auf einen Streit mit dir ein.» Sie vermeiden Konflikte, lassen sich einfach nicht aus der Reserve locken und ziehen sich zurück, wenn die Emotionen höherschlagen. Ihre Regel Nr. 1 ist es, Konflikte um jeden Preis zu meiden. Aber Sie sehen sicher das Problem dabei: Wer Konflikte um jeden Preis meidet, bringt vielleicht einen zerbrechlichen Frieden zustande, aber er untergräbt die Beziehung, indem er sie seicht macht und auf Angst gründet. Ohne Konfliktlösung bleibt die Beziehung an der Oberfläche und gewinnt nie die innere Nähe, die dadurch entsteht, dass man schwierige Fragen aufarbeitet.

Der nächste Stil ist der des K.o.-Künstlers, der mit folgender Haltung in den Kampf geht: «Entweder auf meine Art oder gar nicht.» Diese Beziehungsboxer kämpfen, bis sie gewinnen und der andere nachgibt. Der Knock-out-Künstler sagt: «Ich habe immer Recht, und ich will jedes Mal Recht behalten.» Knock-out-Künstler gewinnen zwar meistens, aber die Beziehungen werden dabei ausgezählt, weil die andere Person keine Stimme mehr hat und es irgendwann gar nicht mehr versuchen wird.

Umgekehrt gibt es auch den Handtuchwerfer. Solche Kämpfer geben sich gern frühzeitig geschlagen. Sie geben immer als Erste nach. So werden sie zu Fußabtretern und Märtyrern, indem sie zu Boden gehen und den «toten Mann» spielen. Dadurch entsteht ein falscher Friede und auf lange Sicht eine ungeheure Verbitterung bei der Person, die immer nachgibt, sowie ein gefährlicher Stolz bei der Person, die das nicht tut. Es ist keine gesunde Art zu kämpfen.

Der vierte Stil ist der des Eins-zwei-Schlägers, der auf eine Kompromisslösung aus ist. Du gewinnst die Hälfte, und ich gewinne die Hälfte. Ich gebe manchmal nach; du gibst manchmal nach. Dieser Stil kann gesünder und effektiver sein als die anderen, weil dabei zumindest die Bereitschaft, im Ring zu bleiben, und die Erwartung, dass jeder von beiden gewinnen kann, vorhanden sind.

Der beste Stil jedoch ist der des Sparringspartners, einer Person, der es darum geht, ein Teamkamerad zu sein und dem Partner zu helfen. Sparringspartner bleiben im Ring und halten sich von den Seilen fern. Wie unangenehm es auch werden mag, sie bleiben dran, bis sie zu einer gemeinsamen Entscheidung gekommen sind, von der sie glauben, dass sie für beide am besten ist. Sparringspartner wissen, dass die Beziehung wichtiger ist als alles, worum sie sich je streiten könnten, und sie begreifen, dass der Prozess meistens viel wichtiger ist als das Ergebnis.

Wenn Ihre Zeit abliefe und sie die Ihnen verbleibenden Tage zählen könnten, würden Sie dann nicht echten Frieden mit den Menschen, die Sie lieben, finden wollen? Der einzige Weg dazu ist, im Ring zu bleiben und alle ungelösten Konflikte beizulegen, ehe es zu spät ist. Nach meiner Erfahrung mit Menschen, die wissen, dass ihre Zeit begrenzt ist, ist dies eines der größten Geschenke, die sie den Menschen machen können, die ihnen nahestehen.

«Jeder Tag zählt»-Moment

Welchen Kampfstil haben Sie? Wie, glauben Sie, hat sich dieser Stil entwickelt? Wie würden Sie die Art und Weise beschreiben, wie Ihre Eltern mit Konflikten umgegangen sind? Inwiefern hat deren Stil den Ihren beeinflusst? Wenn Sie noch einen Monat zu leben hätten, was würden Sie an Ihrer Art, mit Konflikten umzugehen, verändern? Und warum?

Grundregeln

Wenn wir im Ring bleiben wollen, damit die Beziehung wachsen kann, dann müssen wir uns zu einem fairen Kampf verpflichten. Beim Boxen holt der Schiedsrichter die beiden Boxer in der Mitte des Rings zusammen und sagt: «Okay, wir werden einen fairen Kampf haben. Hier sind die Grundregeln: keine Tiefschläge, kein Augenstechen, kein Beinstellen und» – falls Mike Tyson einer der Kämpfer ist – «kein Beißen.» Diese Regeln werden klar ausgesprochen, und sie prägen die Erwartungen und das Verhalten der beiden Gegner.

Bevor Sie sich mit Ihrem Ehepartner oder irgendjemandem, der Ihnen wichtig ist, streiten, müssen Sie die Grundregeln festlegen, gewisse Grenzen, die nicht überschritten werden dürfen. Vor einer Konfrontation mit einem Kollegen müssen Sie den anderen daran erinnern, dass es Ihnen darum geht, gemeinsam eine Lösung zu finden, nicht jemanden als Sündenbock zu brandmarken. Bevor Sie sich mit einem guten Freund zusammensetzen, um ein Problem zu besprechen, müssen Sie zum Ausdruck bringen, dass Sie nach wie vor zu ihm und zu Ihrer Freundschaft stehen. Der Freund muss wissen, dass Sie bereit sind, die unangenehmen Gefühle auszuhalten, die die Konfrontation mit sich bringt, weil die Beziehung Ihnen etwas wert ist und Sie sie erhalten wollen.

Zu Beginn eines Kampfes stecken sich Boxer einen Mundschutz in den Mund. So einen Mundschutz brauchen wir auch. Paulus nennt uns den besten Mundschutz in seinem Brief an die

Epheser: «Redet nicht schlecht voneinander. Was ihr sagt, soll für jeden gut und hilfreich sein, eine Wohltat für alle» (4,29). Worte können tief verletzen, und die Wunde kann jahrelang bestehen und vor sich hin faulen. Deshalb müssen wir bereit sein, unsere Sprache im Zaum zu halten, besonders in der Hitze des Streits, wenn wir Hoffnung haben wollen, die Beziehung über den gegenwärtigen Konflikt hinaus aufzubauen.

Jemand hat einmal gesagt, die wirkliche Kunst der Konversation bestehe nicht nur darin, das Richtige zur richtigen Zeit zu sagen, sondern auch zu lernen, das Falsche im Moment der Versuchung ungesagt zu lassen. Das heißt nicht, dass wir es vermeiden, über den Kern des Konflikts zu sprechen. Wir wollen ihn nicht ignorieren oder vernachlässigen, sondern unsere wahren Gefühle ehrlich offenlegen, auch wenn dabei die Funken fliegen.

Einigen Sie sich zu Beginn darauf, dass manche Wörter verboten sind. Werfen Sie nicht das Wort «Scheidung» wie eine Handgranate mitten in einen Streit mit Ihrem Ehepartner. Drücken Sie die Intensität Ihrer Gefühle ohne grobe oder verletzende Sprache aus. Solche Wörter verstopfen nur den Kommunikationskanal, der Sie durch den Konflikt bringen wird.

Nachdem Sie den Mundschutz eingesetzt haben, lautet die nächste Grundregel für einen fairen Streit: Greifen Sie nicht an. Lernen Sie, die Probleme anzugreifen, ohne *einander* anzugreifen. Sagen Sie niemals: «Du hast das getan. Es ist alles deine Schuld. Was bist du doch für ein Lügner!» Wenn Sie es mit Schuldzuweisungen versuchen, wird der andere die Deckung hochnehmen, und Sie kommen keinen Schritt weiter. Sie werden nie zur Versöhnung kommen, wenn Sie beide in der Offensive sind. Indem Sie Geschosse über jene Verteidigungsmauern schleudern, werden Sie nur weiter auseinandergetrieben, statt enger zusammenzurücken.

Statt anzugreifen, versuchen Sie es damit, sich zu Ihren eigenen Gefühlen zu bekennen. Wenn Sie beide die Verantwortung für Ihre Fehler übernehmen, dann werden Sie miteinander trainieren und wachsen, statt sich gegenseitig zu verletzen und es hinterher zu bereuen. Fangen Sie also mit Ihren Gefühlen an. Ihre Gefühle kann niemand vom Tisch fegen; sie gelten etwas, einfach weil Sie sie haben. Der Schlüssel ist, sie auszudrücken, ohne dass sie den ganzen Konflikt vereinnahmen.

Eine weitere Strategie besteht darin, nicht die Vorgeschichte in den gegenwärtigen Konflikt hineinzuziehen. Die Versuchung ist groß, die ganze Liste der Missetaten, Fehlverhalten und Enttäuschungen aufzurollen, die Sie während Ihrer Beziehung zu der anderen Person geführt haben. Aber das lenkt nur die Aufmerksamkeit von dem konkreten gegenwärtigen Konflikt ab. Beschließen Sie, sich auf das unmittelbare Problem zu konzentrieren und dabei zu bleiben, bis Sie zu einer Lösung kommen. Wenn Sie historisch werden, brauchen Sie sich nicht zu wundern, wenn der andere hysterisch wird.

Das sind Grundregeln; Richtlinien, die Sie vorher festlegen sollten. Verpflichten Sie sich zu einem fairen Streit, und Sie werden überrascht sein, wie viel schneller Sie zu einer Lösung gelangen und wie viel stärker Ihre Beziehung dadurch wird. Bleiben Sie im Ring, stellen Sie sich dem Streit und konzentrieren Sie sich darauf, fair zu kämpfen.

«Jeder Tag zählt»-Moment

Geht es meistens fair zu, wenn Sie sich mit den Menschen, die Sie lieben, streiten? Welche dieser Grundregeln fällt Ihnen am schwersten? Oder mit anderen Worten, auf welche Weise verteilen Sie meistens Tiefschläge? Wie reagieren andere auf diese Taktik?

Geteilter Meinung sein

In der Ehe ist es entscheidend, im Ring zu bleiben, fair zu streiten und einen gemeinsamen Weg als Lösung zu finden, mit dem Sie beide zufrieden sind und der Ihre Beziehung stärkt. Doch hin und wieder gibt es vielleicht auch Fälle, in denen Sie sich nicht einigen können. Konzentrieren Sie sich in solchen Fällen auf Versöhnung, nicht auf Lösungen. Denken Sie daran, dass Ihre Beziehung wichtiger ist, als dass Sie sich über jeden einzelnen Punkt einig sind. Seien Sie also einmütig geteilter Meinung.

Sie können Hand in Hand gehen, ohne über alles gleich zu denken. «Die Weisheit … sucht … den Frieden, sie ist freundlich, bereit nachzugeben und lässt sich etwas sagen» (Jakobus 3,17). Reife Beziehungen verkraften jene seltenen Auseinandersetzungen, die ohne eine Einigung in der Sache enden. Sie werden entdecken, dass es manche Dinge gibt, über die Sie sich niemals werden einigen können. Egal, wie sehr Sie beide den Herrn lieben und wie sehr Sie sich gegenseitig lieben, Sie werden niemals über alles einer Meinung sein, weil Gott Sie nun einmal unterschiedlich gemacht hat. Es geht nicht darum, wer Recht und wer Unrecht hat. Es geht darum, dass wir das Leben aus unterschiedlichen Perspektiven sehen.

Wenn Sie sich daran halten, dafür offen zu bleiben, die Sichtweise des anderen zu akzeptieren, dann können Sie den Respekt voreinander wahren, selbst wenn Sie sich darauf einigen, geteilter Meinung zu sein. Das ist kein Kompromiss; jedenfalls nicht von der negativen, oberflächlichen Art, bei der man sich um des lieben Friedens willen darauf einigt, geteilter Meinung zu sein, und zur Tagesordnung übergeht. Geteilte Meinungen geben der einzigartigen Perspektive, mit der jeder von Ihnen an den Konflikt herangeht, Raum, ja sogar Wertschätzung.

Das Wichtigste, was Sie tun können, ist, den Friedensfürsten mit in den Ring zu nehmen. Zu einer guten Ehe gehören drei: ein Mann, eine Frau und Gott. Holen Sie ihn aber nicht einfach nur in Ihre Ecke und sagen ihm: «Gott, hilf mir, diese Auseinandersetzung zu gewinnen.» Nein, laden Sie ihn in die ganze Situation mit ein, weil er der Einzige ist, der Ihre tiefsten Bedürfnisse befriedigen kann. Dass Sie ihn mit in den Streit hineinholen, bedeutet nicht, dass Sie passiv und nachgiebig werden. Auch Jesus wurde zornig und gab seinen Gefühlen Ausdruck. Doch als der vollkommene Sohn Gottes sündigte er niemals, was mir zeigt, dass Zorn an sich nichts Verkehrtes ist. Er ist nicht unbedingt eine Sünde; im Gegenteil, manchmal ist Zorn das angemessenste Gefühl, das Sie haben können, wenn Ihnen eine Beziehung wirklich wichtig ist. Aber wir müssen bereit sein, mit unserem Zorn richtig umzugehen und ihn so zu nutzen, wie Jesus es tat: nämlich dazu, den Willen seines Vaters zu tun und andere zu lieben. Der Schlüssel ist, dass wir jeden Tag mit ihm unterwegs sind. Das ist das wahre Geheimnis der Versöhnung, der Konfliktlösung und des fairen Streits: Jesus ähnlicher zu werden.

Damit es fürs Leben hält

1. Schildern Sie schriftlich den letzten großen Konflikt, den Sie mit einem nahestehenden Menschen hatten. Stellen Sie sich vor, Sie wären ein Zuschauer, vielleicht sogar ein Kommentator, und analysieren Sie den Kampf. War es ein fairer Streit? Wurden die Grundregeln eingehalten? Wie würden Sie die Kampfstile der Gegner beschreiben? Wer hat das Match gewonnen? War es ein klarer Sieg?

2. In welchen Ihrer gegenwärtigen Beziehungen gibt es Konflikte, die Ihnen abverlangen würden, in den Ring zu steigen, wenn Sie wüssten, dass Sie nur noch einen Monat zu leben hätten?

3. Nehmen Sie sich Zeit zum Gebet, und bitten Sie Gott, Ihnen zu zeigen, wann und wie Sie von anderen Leuten die Befriedigung von Bedürfnissen erwarten, die im Grunde nur er befriedigen kann. Bitten Sie ihn, Ihnen das zu geben, was Sie am dringendsten von ihm brauchen.

Tag 13

Sandpapier

Die Kanten glätten

Denken Sie daran, dass jeder, dem Sie begegnen,
vor etwas Angst hat, etwas liebt und etwas verloren hat.
H. Jackson Brown jr.

Die einzigen Menschen, denen Sie es mit gleicher
Münze heimzuzahlen versuchen sollten,
sind diejenigen, die Ihnen geholfen haben.
John E. Southard

Vielleicht haben Sie das vorige Kapitel gelesen und sich dabei gedacht: «Ja, das hört sich alles sehr gut an, diese Abhandlung, wie man Konflikte lösen kann. Aber Sie ahnen ja nicht, mit wie vielen Leuten ich mich herumschlagen muss, die mich einfach auf die Palme bringen, selbst in meiner eigenen Familie. Ich liebe sie, aber sie machen mich wahnsinnig.»

Wir können uns Mühe geben, andere anzunehmen, so viel wir wollen; die meisten von uns werden immer Leute in ihrem Leben haben, die zu lieben und mit denen auszukommen einfach schwerfällt. Das liegt einfach in der menschlichen Natur. Aber wenn wir vor unserem letzten Lebensmonat stünden, würden wir über die oberflächlichen Probleme, die uns auf die Palme bringen, hinwegsehen wollen. Um diese Beziehungen zu verbessern, müssen wir sie in einem neuen Rahmen betrachten.

Wir wissen alle, dass Sandpapier sehr nützlich sein kann, wenn man mit Holz arbeitet oder Möbel restauriert. Aber wenn Sie Sandpapier nehmen und sich damit über die Haut reiben, dann fühlt sich das nicht gut an. Es ist rau und schmerzhaft. In unserem Leben gibt es Menschen, die ebenso verletzend und unangenehm sind. Sie ärgern uns. Sie bürsten uns gegen den Strich. Sie gehen uns unter die Haut.

Solchen Sandpapierleuten begegnen Sie vielleicht jeden Tag an Ihrem Arbeitsplatz. Manche davon leben vielleicht sogar mit Ihnen unter einem Dach! Oft sind es die Menschen, die wir am meisten lieben, über die wir uns am meisten ärgern. Aber wie oft halten Sie eigentlich inne und denken darüber nach, wie Sie anderen in Ihrer Umgebung auf die Nerven gehen? Vielleicht sind *Sie* ja auch die Sandpapierperson in Ihrer Familie und Ihrem Freundeskreis. Die Realität ist, dass wir *alle* Sandpapierleute sind. Jeder von uns verärgert bisweilen andere, und das entspricht auch Gottes Plan für unser Leben.

Ja, Sie haben richtig gelesen. Sandpapierleute gehören zu Gottes Plan für Ihr Leben. Er lässt Sandpapierleute in Ihr Leben hinein, damit er Sie zu einem schärferen Werkzeug für seine Absichten machen kann. Paulus erklärt: «Gott hat etwas aus uns gemacht: Wir sind sein Werk, durch Jesus Christus neu geschaffen, um Gutes zu tun. Damit erfüllen wir nur, was Gott schon im Voraus für uns vorbereitet hat» (Epheser 2,10). Im Griechischen bedeutet das Wort für «Werk» (gr. *poiäma*) wörtlich «ein Kunstwerk» oder «ein Gedicht». Sie sind ein Gedicht Gottes, und er schmiedet Sie zu dem perfekten Werkzeug, um seinen großartigen Plan für Sie umzusetzen.

Das lässt jene Beziehungen, über die wir uns ärgern, in einem fantastischen neuen Licht erscheinen. Gott lässt sie zu unserem eigenen Besten in unserem Leben zu, um unsere rauen Kanten abzuschleifen und uns Christus ähnlicher zu machen. Das hört sich wunderbar geistlich an. Das Problem ist nur, wie können wir mit all den anderen Werkzeugen im Schuppen auskommen? Manche Leute gehen uns nun einmal gegen den Strich, egal, wie viel Mühe wir uns geben, mit ihnen zusammenzuarbeiten. Wenn sie uns nur ein bisschen ähnlicher wären, dann könnten wir alle wunderbar harmonisch zusammenleben, stimmt's? Abgesehen davon, dass das vollkommen unrealistisch ist, würde uns eine solche Glückseligkeit aber auch um die Chance bringen, zu all dem zu werden, was Gott aus uns machen möchte.

«Jeder Tag zählt»-Moment

Wer sind zurzeit die Sandpapierleute in Ihrem Leben? Vielleicht jemand in Ihrer Familie, vielleicht ein Kollege, eine Chefin, ein Angestellter, eine Freundin oder ein Nachbar? Wie oft müssen Sie ihnen begegnen? Wie gehen Sie meistens mit ihnen um?

Widrigkeiten im Werkzeugschuppen

Die Bibel liefert uns ein Leitprinzip, um mit Sandpapierleuten auszukommen und unsere Beziehungen nachhaltig zu beeinflussen. Leicht ist es nicht, aber wenn wir dieses Prinzip umsetzen, kann das die Dynamik unserer Beziehungen radikal verändern. Wenn wir unsere Sandpapierbeziehungen nicht nur erdulden, sondern durch sie wachsen wollen, dann brauchen wir den Blickwinkel des Zimmermanns auf Menschen und Verhaltensweisen. Wir müssen die schwierigen Menschen in unserem Leben in einem neuen Licht sehen.

Der erste Schritt in diesem Prozess ist, herauszufinden, wodurch andere Leute Ihnen auf die Nerven gehen. Jeder ist einzigartig und jede Beziehung etwas Besonderes, aber ich habe ein paar Kategorien gefunden, die dabei helfen können, über unsere Reizpunkte in Beziehungen nachzudenken. Die erste Gruppe erinnert mich an einen Zollstock. Diese Leute lassen einen immerzu wissen, dass man nicht genügt. Als unersättliche Perfektionisten fühlen sie sich gedrängt, Maßstäbe für alle anderen zu setzen. Immer wieder messen sie nach, obwohl sie wissen, dass die anderen niemals genau Ihren Vorgaben entsprechen werden. Kurz, sie urteilen nach ihren eigenen Gerechtigkeitsmaßstäben.

Ein anderer Personentyp, den Sie vielleicht wiedererkennen, ist der Hammer. Hämmer haben das Feingefühl eines Güterzuges, drücken anderen ihre Agenda auf und setzen ihren Weg durch. In der Nähe eines Hammers geht jeder wie auf rohen Eiern, denn man weiß ja nie, wann der Hammer herunterkracht! Mal sind sie laut und fordernd, mal subtil und manipulativ, aber sie sind stur darauf aus, mit ihrer Durchsetzungskraft ihren Willen zu manifestieren.

Kommen wir als Nächstes zu den Leuten, die Naturtalente darin sind, andere zu Fall zu bringen: die Motorsägen. Im Streit wissen sie genau, was sie sagen müssen, um den anderen am meisten zu verletzen. Der Wortlaut mag sarkastisch sein oder auch direkt, aber diese Leute haben eine unheimliche Fähigkeit, tiefe Schnitte zu führen und die anderen blutend am Boden liegen zu lassen. Motorsägen bleiben in Wortgefechten immer Sieger – nicht, weil sie Recht hätten, sondern weil sie wissen, wo sie schneiden müssen, um dem anderen die Standfestigkeit zu nehmen.

Gibt es vielleicht auch Schraubzwingen in Ihrem Leben? Wissen Sie, das sind Leute, die einen packen und nicht wissen, wann sie wieder loslassen müssen. Sie sind besonders bedürftig und quetschen meistens allen anderen um sie herum das Leben aus. Solche Leute haben keine Ahnung davon, wo sozial und in Beziehungen die Grenzen liegen. Sie taumeln von einer Krise in die nächste und brauchen ständig Unterstützung und Ermutigung. Eine Schraubzwinge nimmt Ihr Leben in den Klammergriff und zieht all Ihre anderen Beziehungen in Mitleidenschaft.

Im Werkzeugkasten des Lebens finden wir auch solche mit Flex®-Charakter, Leute mit explosiver Persönlichkeit, die nur darauf warten, loszulegen und die Funken sprühen zu lassen. Verwandt mit den Flex®-Leuten sind die Äxte, die ständig eine breite Schneise vor sich her treiben. Sie sind oft negativ, immer am Nörgeln und auf der Suche nach Wegen, die Hoffnungen und Pläne anderer zunichtezumachen. Ihre Vettern, die Beile, hacken meist mit kleineren Schlägen, halten aber dafür viel länger an Verletzungen und Ärgernissen aus der Vergangenheit fest. Sie wissen einfach nicht, wie man – Sie ahnen es schon – das Kriegsbeil begräbt.

Nicht zuletzt sind da noch die Fugenmasse-Leute. Das sind die Leute in Ihrem Leben, die keine Beständigkeit und kein Rückgrat haben. Gern gefällig und immer freundlich, verändern sie sich wie Chamäleons, so dass man nie weiß, wer sie eigentlich sind oder was sie wirklich denken. Fugenmasse-

Leute sagen immer Ja, auch wenn sie sich schon viel zu viel aufgehalst haben.

Wenn wir sie alle so aufzählen, denkt man leicht: «Wie in aller Welt soll ich denn mit so vielen nervigen Werkzeugen im Schuppen zurechtkommen?» Oder vielleicht denken Sie auch, ich hätte gerade jedes einzelne Mitglied Ihrer Familie bis ins i-Tüpfelchen beschrieben! So oder so, wir müssen lernen, über den Schaden hinwegzusehen, den jedes dieser Werkzeuge anrichten kann, und stattdessen herausfinden, wie wir gemeinsam eine sinnvolle Zukunft zustande bringen können.

«Jeder Tag zählt»-Moment

Denken Sie noch einmal an die Sandpapierleute, die Sie zuvor in diesem Kapitel aufgelistet haben. Wie verteilen sich die Einzelnen auf diese Werkzeugkategorien? Welche Werkzeuge gehen Ihnen am meisten auf die Nerven? Warum?

Der Blickwinkel des Zimmermanns

Ich kenne niemanden, der normal ist. Sie sind nicht normal. Ich bin nicht normal. Wir sind alle einzigartig. Niemand sonst auf der Welt ist so wie Sie. Doch obwohl wir so unterschiedlich sind, stecken wir alle im selben Werkzeugkasten. Und anstatt zusammenzuarbeiten, um dauerhafte Beziehungen aufzubauen, wie es Gottes Absicht ist, sind wir oft versucht zu kritisieren. Es fällt uns immer viel leichter, auf die Fehler und Schwächen anderer hinzuweisen, als uns mit unseren eigenen zu beschäftigen.

Davon spricht Jesus in Matthäus 7: «Warum siehst du jeden kleinen Splitter im Auge deines Bruders, aber den Balken in deinem eigenen Auge bemerkst du nicht? Du sagst: ‹Mein Bruder, komm her! Ich will dir den Splitter aus dem Auge ziehen!› Dabei hast du selbst einen Balken im Auge! Du Heuchler! Entferne zuerst den Balken aus deinem Auge, dann kannst du klar sehen, um auch den Splitter aus dem Auge deines Bruders zu ziehen» (Vers 3–5).

Wir haben einen scharfen Blick, wenn es darum geht, die Sägespäne in den Augen anderer zu finden. Wir sehen irgendeinen kleinen Sägespan, einen Fehler, ein Problem, eine Sünde oder einen charakterlichen Mangel im Leben eines anderen und können es gar nicht abwarten, darauf hinzuweisen. Wir rufen: «Da hast du wirklich ein Problem!» Aber Jesus sagt: «Weißt du, was das eigentliche Problem ist? Du versuchst jemand anderem den Sägespan aus dem Auge zu holen, dabei hast du selber eine Dachlatte im Auge.» Es läuft eine ganze Zimmerei von Dachlattenleuten herum und sagt: «Mann, hast du gesehen, was die da für Probleme in ihrem Leben haben? Meine Güte, bin ich froh, dass ich keiner von denen bin.» Sie sind so fixiert darauf, auf die Splitter aller anderen zu deuten, dass sie überhaupt nicht merken, was für Bootsplanken aus ihrem eigenen Leben herausragen.

Wohlgemerkt, Jesus sagt nicht, dass wir die Sägespäne ignorieren sollen. Viele Leute meinen heutzutage, wenn man auch nur irgendetwas als Sünde bezeichne, sei das schon ein verurteilendes Verhalten. Aber das stimmt nicht. Wir sollen durchaus die Sägespäne in den Augen der Leute sehen und ihnen helfen, durch die Kraft Christi gesund zu werden. Unsere Rolle ist nicht das Richten, sondern das Heilen. Nur gehen wir eben manchmal zu den Leuten hin und sagen: «He, weißt du, du hast ein paar Sägespäne im Auge. Lass mich dir helfen», und dann ziehen wir ihnen den Telefonmast über den Schädel, der aus unserem eigenen Auge ragt. Und die anderen denken dann: «Ach danke, lass mal sein. Ich habe lieber ein paar Sägespäne im Auge, als mit dem Ding da einen draufzubekommen.»

In unseren Familien sind wir so schnell dabei, auf die Fehler aller anderen hinzuweisen, dass wir unsere eigenen deutlich sichtbaren Schwächen völlig übersehen. Ich habe entdeckt, wenn ich mich auf meine eigenen Unzulänglichkeiten konzentriere und mir von Gott den Mut schenken lasse, mich meinen eigenen Macken, Charaktermängeln und Fehlern zu stellen, dann ist es mir nicht mehr so dringend damit, anderen zu helfen, ihre Sägespäne zu entdecken. Wenn ich es aufgebe, alle anderen ändern zu wollen, und einfach daran arbeite, mich von Gott verändern zu lassen, dann sind auch die Menschen in meinem Leben viel offener für mich.

Die Kraft der Sägespäne

Wenn man Sägespäne mit großer Hitze und starkem Druck bearbeitet, wird daraus ein solides Baumaterial, das als Spanplatte bezeichnet wird. Die meisten von uns kennen Spanplatten aus dem eigenen Haushalt, ohne uns immer bewusst zu sein, woraus sie bestehen. Sie sind schwer, widerstandsfähig und werden häufig im Bau verwendet.

Ebenso lässt Gott aus einem bestimmten Grund manche Sandpapierleute und andere Widrigkeiten des Werkzeugschuppens in unser Leben hinein: um die Hitze und den Druck zu erhöhen, damit wir stärker werden. Er hat viel mehr Interesse an unserem Charakter als an unserer Bequemlichkeit. Paulus beschreibt den «Herstellungsprozess» so: «Wir danken Gott auch für die Leiden, die wir wegen unseres Glaubens auf uns nehmen müssen. Denn Leid macht geduldig, Geduld aber vertieft und festigt unseren Glauben, und das wiederum gibt uns Hoffnung» (Römer 5,3–4).

So unangenehm oder beunruhigend wir es auch finden mögen, Gott stellt absichtlich manche Leute eigens dazu in unser Leben, damit sie uns gegen den Strich bürsten und die rauen Kanten unseres Charakters glätten, damit wir Jesus ähnlich werden. Da es zu seinem Plan gehört, meinen Charakter stark und beständig zu machen, lässt Gott es zu, dass Menschen und Druck von außen meinen Charakter aufbauen. Selbst unsere Kritiker können uns helfen zu wachsen. Wir sollten selektiv vorgehen und uns nicht jeden Schuh anziehen, der nach uns geworfen wird. Aber wir sollten auch nicht alles kategorisch von uns weisen. Stattdessen bevorzuge ich den Umgang mit Kritik nach Kaugummi-Art: Kau sie und spuck sie wieder aus – nicht hinunterschlucken. Nutzen Sie Kritik, indem Sie darauf herumkauen, die etwa zehn Prozent, die wirklich berechtigt sind, aufnehmen und daraus lernen, und dann die restlichen neunzig Prozent ausspucken. Schlucken Sie nicht alles hinunter, sondern lassen Sie sich vom Aroma der Kritik helfen, weiter zu wachsen.

Gott möchte, dass Sie von den Sandpapierleuten in Ihrem Leben lernen. Er hat sie Ihnen aus einem bestimmten Grund beigesellt. Manche von Ihnen haben einen Hammer in Ihrem Leben. Haben Sie je darüber nachgedacht, dass Gott diesen Hammer vielleicht an Sie herangelassen hat, damit Sie lernen, stark zu sein und sich ihm entgegenzustellen, statt schwach zu sein und auf sich herumtrampeln zu lassen wie auf einer Fußmatte? Vielleicht versucht Gott ja, Sie zu einem stärkeren Leiter zu machen, indem er Ihnen die Möglichkeit gibt, sich diesem Hammer entgegenzustellen, selbst wenn das unangenehm ist.

Vielleicht haben Sie einen Zollstock in Ihrem Leben. Kam Ihnen schon je der Gedanke, Gott könnte diesen Zollstock an Sie heranlassen, damit Sie lernen, sich Ihre Anerkennung bei Gott selbst zu holen anstatt bei dieser Person? Gott erinnert uns daran, demütig zu bleiben und uns auf ihn zu verlassen, wenn wir merken, dass sich uns vor Zorn, Angst oder Ärger die Nackenhaare stellen. Um Beziehungen aus einem neuen Blickwinkel zu betrachten, müssen wir uns bewusst machen, welche positive Wirkung Gott damit in unserem Leben entfalten will. Beim nächsten Mal also, wenn jemand Sie auf die Palme bringt, halten Sie einen Moment inne und stellen Sie Gott ein paar Fragen: «Was versuchst du mir beizubringen? Was versuchst du in meinem Charakter aufzubauen? Was versuchst du mir über Führungsqualitäten zu zeigen? Was versuchst du mir über das Leben zu offenbaren?»

Und schließlich bekommen Sie einen ganz neuen Blickwinkel auf die schwierigen Leute in Ihrem Leben, wenn Sie erkennen, dass Gott nicht nur diese Leute aus einem bestimmten Grund in Ihr Leben, sondern auch Sie aus einem bestimmten Grund in das Leben dieser Leute gestellt hat. Er möchte, dass Sie ihnen etwas von seiner Liebe, seiner Geduld, seiner Barmherzigkeit zeigen. Sie sind vielleicht das einzige Gesicht Jesu, das sie je sehen werden. Gott möchte, dass Sie diese Leute auf eine Art und Weise, wie nur Sie es können, mit seiner Liebe überraschen.

Damit es fürs Leben hält

1. Lesen Sie noch einmal die Beschreibungen der verschiedenen Werkzeuge durch. Welches Werkzeug beschreibt am besten, wie Sie manchmal auf die Menschen in Ihrer Nähe wirken? Sind Sie eher ein Hammer, eine Motorsäge, eine Axt oder etwas anderes? Die Wahrheit ist, dass die meisten von uns Mehrzweckwerkzeuge sind und unterschiedlich reagieren, je nach der Situation und der Chemie zwischen uns und der anderen Person. Denken Sie darüber nach, wie Ihre verschiedenen Beziehungen bei anderen unterschiedliche defensive oder offensive Reaktionen auslösen.

2. Wie oft sind Sie in Versuchung, auf die Probleme im Leben anderer hinzuweisen – selten, gelegentlich, häufig? Was motiviert Sie meistens dazu, Bemerkungen über die Sägespäne anderer zu machen? Nehmen Sie sich Zeit zum Beten, und bitten Sie Gott um Hilfe, um die Dachlatten aus Ihrem eigenen Leben zu entfernen, bevor Sie über die Sägespäne anderer reden.

3. Beschreiben Sie einen Menschen in Ihrem Leben, der Sie ständig gegen den Strich bürstet. Wie haben Sie dieser Person bisher zu begegnen versucht? Wenn Sie wüssten, dass Sie nur noch einen Monat zu leben hätten, was würden Sie dieser Person dann gerne sagen wollen? Was hält Sie davon ab, das gleich heute zu sagen?

Tag 14

Das Geschenk

Danke deinem Nächsten

Dankbarkeit setzt die Fülle des Lebens frei.
Sie verwandelt das, was wir haben, in mehr als genug.
Sie verwandelt Verleugnung in Annahme,
Chaos in Ordnung, Verwirrung in Klarheit.
Sie kann eine Mahlzeit in ein Festmahl,
ein Haus in ein Heim,
einen Fremden in einen Freund verwandeln.
Melody Beattie

Dass wir lebendig sind, kann man nur in den Momenten
von uns sagen, in denen unsere Herzen sich unserer
Schätze bewusst sind.
Thornton Wilder

Der Geschmack von warmem Apfelkuchen. Der Duft von Holzrauch an einem kühlen Herbsttag. Der Lärm von vor Freude quietschenden kleinen Kindern an Heiligabend. Der Anblick der Sonne, wie sie über den Bergen untergeht. Das Gefühl von Sand zwischen den Zehen am Strand. Eine besondere Zeit, die man mit einem köstlichen Essen mit der Familie und guten Freunden verbringt.

Die meisten Menschen, die wissen, dass ihre Tage gezählt sind, haben verstanden, wie wichtig die kleinen sinnlichen Einzelheiten sind, die wir oft für selbstverständlich nehmen. Sie wissen, was es bedeutet, jeden Morgen mit dankbarem Herzen aufzuwachen. Ich habe Männer und Frauen, die unter chronischen Schmerzen litten, lächeln sehen, wenn sie an ihrem Morgenkaffee nippten oder die Hand ihres Ehepartners hielten. Sie waren unermesslich dankbar für jeden weiteren Tag, für jede weitere Gelegenheit, ihr Leben in allen Einzelheiten auszukosten.

In unserer Kultur reden wir zwar viel über Dankbarkeit, aber es fällt uns schwer, sie zu praktizieren. Die Konsumenteneinstellung, die uns durch die Medien und die Werbung eingetrichtert wird, verbunden mit unserer menschlichen Neigung zum Vergleichen, gibt uns das Gefühl, wir kämen zu kurz. Uns wird gesagt – und oft glauben wir es sogar: Das, was wir haben, ist nicht genug. Wir sind darauf konditioniert, automatisch anzunehmen, dass das nächste elektronische Spielzeug, das nächste Paar Designerschuhe, der nächste Urlaub in den Tropen, die nächste romantische Beziehung uns Erfüllung bringen werden. Aber natürlich können materielle Güter, aufregende Erlebnisse und selbst andere Menschen niemals den geistlichen Durst in unserem Leben löschen.

Nur Gott kann mit seinem lebendigen Wasser unseren tiefsten Durst stillen. Wie wir in den vorausgegangenen Kapiteln entdeckt haben, bekommen wir, wenn wir zuerst auf ihn schauen, die Freiheit, viel mehr von uns selbst in die Menschen um uns herum zu investieren. Cicero machte die weise Bemerkung: «Dankbarkeit ist nicht nur die größte der Tugenden, sondern auch die Mutter aller anderen.» Wenn wir dankbar sind, werden wir zufrieden und empfinden den Frieden, den nur Gott geben kann. Indem wir uns darauf konzentrieren, wie dankbar wir für das sein können, was wir haben, lässt es sich vermeiden, bitter zu werden und nach immer mehr zu gieren.

«Jeder Tag zählt»-Moment

Erinnern Sie sich noch, wann Sie zum letzten Mal innegehalten haben, um einen herrlichen Augenblick voll auszukosten? Was für Umstände waren das? Waren Sie im Urlaub, mit der Familie zusammen, an einem Feiertag? Was hindert Sie daran, mehr solcher Momente wahrzunehmen?

Zweite Chancen

Das Erlebnis Jesu, das in Lukas 17 berichtet wird, zeigt, wie selbst Leute, die eine zweite Chance zum Leben bekommen, manchmal vergessen, dem Geber aller guten Dinge zu danken. «Auf dem Weg nach Jerusalem kamen Jesus und seine Jünger durch das Grenzgebiet zwischen Galiläa und Samarien. In einem Dorf begegneten ihnen zehn Aussätzige. Im vorgeschriebenen Abstand blieben sie stehen und riefen: ‹Jesus, Meister! Hab doch Erbarmen mit uns!›» (Vers 11–13). Diese zehn Männer hatten eines gemeinsam: ihr Elend war zum Verzweifeln.

Aussatz bzw. Lepra war die am meisten gefürchtete Krankheit zur Zeit Jesu. Er begann stets mit Flecken auf der Haut, aus denen sich dann Knoten entwickelten, die schließlich so groß wurden, dass die Person bis zur Unkenntlichkeit entstellt war. Im letzten Stadium fielen einem dann buchstäblich Finger und Zehen ab. Am Ende erwartete die Betroffenen das Koma und schließlich der Tod. Es war eine quälende, schreckliche Art zu sterben.

Zur Zeit Jesu war das erste Anzeichen des Aussatzes ein Todesurteil. War die Krankheit einmal erkannt, wurde der Aussätzige gezwungen, sein Zuhause, seine Familie und seine Freunde zu verlassen und sein Dasein vor den Toren der Stadt zu fristen. Ein strenges Gesetz besagte sogar, dass jemand, der Lepra hatte, sich einem Gesunden nicht näher als bis auf fünfzig Meter nähern durfte. Wer es dennoch tat, wurde zu Tode gesteinigt.

Können Sie sich vorstellen, nie wieder berührt zu werden, nie wieder die Umarmung eines Kindes zu spüren, nie wieder den Arm Ihres Vaters oder Ihrer Mutter um die Schultern zu fühlen, nie wieder von Ihrem Ehepartner umarmt zu werden? Genau das hatten diese zehn Männer seit Jahren durchgemacht. Manche von ihnen hatten vermutlich schon Lepra, seit sie Kinder waren, denn diese Krankheit schreitet sehr langsam voran. Sie waren ohne Hoffnung, nachdem sie alles versucht hatten, aber nichts geholfen hatte. Doch dann passierte etwas Erstaunliches. Sie begegneten dem Zimmermann aus Nazareth, von dem es hieß, er sei der Messias. «Er [Jesus] sah sie an und forderte sie auf: ‹Geht zu den Priestern und zeigt ihnen, dass ihr geheilt seid!› Auf dem Weg dorthin wurden sie gesund» (Lukas 17,14).

Dass jemand von Lepra geheilt wurde, war unglaublich selten, doch offenbar war es schon vorgekommen, denn es gab ein Gesetz, das vorschrieb, dass ein geheilter Aussätziger sich einem Priester zeigen musste. Der Priester hatte dann festzustellen, ob der Aussätzige tatsächlich gereinigt war und zu seiner Familie, zu seinen Freunden und in die menschliche Gemeinschaft zurückkehren durfte oder nicht. Das Auffällige hier ist also, dass Jesus diesen zehn Aussätzigen sagte, sie sollten sich den Priestern zeigen, *bevor* sie geheilt waren, als wäre ihre Gesundheit schon wiederhergestellt. Es war eine Prüfung ihres Glaubens. Glaubten sie wirklich, dass Jesus der war, der er zu sein behauptete? Sie gehorchten und bestanden die Prüfung.

Stellen Sie sich diesen Haufen abgerissener Männer auf dem Weg zum Tempel vor. Sie schauten an sich herab und sahen, dass die Flecken auf ihrer Haut vollkommen verschwunden waren, und es wurde ihnen sofort klar, dass sie geheilt waren. Sie konnten endlich nach Hause! Dieses unfassbare Geschenk werden sie gewiss gefeiert haben – sie werden Luftsprünge gemacht und gejubelt haben und sich in die Arme gefallen sein. Was für eine grenzenlose Freude! Sie konnten es kaum erwarten, zu den Priestern zu gehen und dann wieder nach Hause zu kommen und ihr Leben wieder aufzunehmen.

Doch irgendwann unterwegs blieb einer von ihnen stehen und sagte: «He, wartet mal einen Moment, Jungs. Ich muss noch mal zurück und dem Mann danken, der das für uns getan hat. Ich muss dem, der mir dieses unglaubliche Geschenk gemacht hat, meine Dankbarkeit zeigen.» Die anderen antworteten vielleicht: «Was soll das? Wir müssen zu unseren Familien. Wir haben sie seit Jahren nicht gesehen.» Doch er muss wohl erwidert haben: «Ja, aber erst will ich zurück und Jesus danken.»

Drei Größen

Der vielleicht wichtigste Teil dieser ganzen Geschichte ist der nächste: «Einer von ihnen lief zu Jesus zurück, als er merkte, dass er geheilt war. Laut lobte er Gott. Er warf sich vor Jesus nieder und dankte ihm. Es war ein Mann aus Samarien. Jesus fragte: ‹Habe ich nicht zehn Männer geheilt? Wo sind denn die anderen neun? Weshalb kommt nur einer zurück, noch dazu ein Fremder, um sich bei Gott zu bedanken?›» (Lukas 17,15–18). Dieser Mann stammte aus einem anderen Land, doch er war der Einzige, der zurückkam und sich bei Jesus bedankte. «Zu dem Samariter aber sagte er [Jesus]: ‹Steh wieder auf! Dein Glaube hat dir geholfen›» (Vers 19).

Dieser Mann hatte endlich das bekommen, was Sie und ich jeden Tag für selbstverständlich nehmen. Er hatte ein neues Leben. Er war wieder gesund. Er würde den morgigen Tag erleben. Doch er erkannte, dass das ein kostbares Geschenk war, das Gott ihm gemacht hatte, und deshalb ging er zurück, um sich bei Jesus zu bedanken. Die erschreckende Wahrheit an der ganzen Geschichte ist, dass es *nur einer* war. Von zehn Männern war er der Einzige, der sich dankbar zeigte. Er ging zurück und warf sich zu Christi Füßen.

Dankbarkeit hat die Kraft, uns vollkommen zu verändern. Dieser frühere Aussätzige war nicht nur körperlich geheilt, er war auch geistlich geheilt. In der Dankbarkeit liegt eine Kraft, uns geistlich, emotional und in unseren Beziehungen zu heilen. Eine dankbare Haltung öffnet unsere Herzen für Gott und befähigt uns, die Welt so zu sehen, wie sie wirklich ist, und das Leben voll auszukosten und jeden Atemzug zu genießen. Das ist die Macht der Dankbarkeit. Doch man hört förmlich die Verletzung im Herzen Jesu heraus, als er drei Fragen stellt: Waren es nicht zehn? Wo sind die anderen neun? Ist wirklich nur einer zurückgekommen, um mir zu danken?

Bevor wir nun zu hart über die neun urteilen, die nicht zurückgingen, lassen Sie uns einen Blick auf unser eigenes Leben werfen. Was ist das eigentlich in unserem menschlichen Herzen, das uns so viele Dinge für selbstverständlich nehmen lässt? Wir wünschen uns etwas verzweifelt, und kaum haben wir es bekommen, vergessen wir, Gott dafür zu danken. Wie oft geraten wir in die Klemme und flehen Gott an, uns zu geben, was wir brauchen? «Gott, ich tue alles, was du willst», sagen wir. «Hilf mir nur dieses eine Mal, und ich gehöre für den Rest meines Lebens dir.» Und wenn er uns dann gibt, was wir brauchen, selbst wenn es nicht immer genau das ist, was wir wollen – oder nicht immer genau dann, wann wir es wollen –, versäumen wir es, ihm zu danken.

An jenem Tag empfingen zehn Männer ein Geschenk, aber nur einer packte es aus. Zehn Leute empfingen an jenem Tag Leben, doch nur einer begriff, dass das Leben mehr beinhaltet als nur diese Zeit auf der Erde. Das ist es, was Dankbarkeit bewirkt: Sie verändert einen. Sie öffnet Ihr Herz für Gott, so dass Sie all die Segnungen erfahren können, die er für Sie bereithält.

Wenn ich darüber nachdenke, wie Dankbarkeit auch unsere Fähigkeit zu lieben steigern kann, denke ich an Dr. Seuss' Geschichte *Wie der Grinch Weihnachten gestohlen hat.* Meine Lieblingszeile in der ganzen Geschichte kommt gleich nachdem der Grinch die wahre Bedeutung von Weihnachten entdeckt hat: «Und manche sagen, das Herz des Grinchs sei an jenem Tag um drei Größen gewachsen.» Genauso lässt auch Dankbarkeit unsere Herzen größer werden. Wir werden uns der Einzelheiten des Lebens, die wir lieben, deutlicher bewusst, der einfachen Dinge, die uns erfreuen, und vielleicht vor allem der Menschen, die Gott in unser Leben gestellt hat. Auf einen einfachen Nenner gebracht: Dankbarkeit steigert unsere Fähigkeit, das Leben zu genießen.

«Jeder Tag zählt»-Moment

Sind Sie an den meisten Tagen eher wie derjenige, der zurückkam, um sich bei Jesus zu bedanken, oder wie die neun, die ihres Weges gingen? Wie oft bedanken Sie sich bei den Menschen in Ihrem Umfeld für das, was sie zu Ihrem Leben beitragen? Bei wem würden Sie sich heute noch bedanken wollen, wenn Sie nur noch einen Monat zu leben hätten?

Einer von zehn

Undankbarkeit hat den gegenteiligen Effekt. Sie lässt unsere Herzen schrumpfen und kälter werden. Sie blockiert den Fluss der Weisheit und der Segnungen Gottes in unserem Leben. Ja, das Gegenteil eines dankbaren Herzens ist ein Herz voller Unzufriedenheit, Nörgelei, Klagen und Negativität. Immer wenn ich negativ bin, kann ich mich des Gefühls nicht erwehren, dass Gott über meine Haltung enttäuscht ist und sie nach allem, was er mir geschenkt hat, wie ein Schlag ins Gesicht für ihn ist.

Wenn ich über das Mengenverhältnis nachdenke, das Jesus bei den Aussätzigen erlebte (einer von zehn), dann wird mir klar, dass die Prozentsätze heute so ziemlich dieselben sind. Vielleicht zehn Prozent der Menschen, die heute auf der Welt leben, sind vollkommen lebendig. Sie wissen die Geschenke, die Gott ihnen gemacht hat, wirklich zu schätzen, und ihre Augen sind weit offen für das heilige Geschenk des Lebens. Sie feiern jeden neuen Tag und sind Gott zutiefst dankbar dafür. Sie kosten jeden Atemzug, jeden Moment und jede Gelegenheit, das Leben zu feiern, voll aus.

Dagegen würde ich schätzen, dass etwa neunzig Prozent der Menschen auf der Welt heute niemals innehalten, um Gott für die Segnungen in ihrem Leben zu danken, und sich niemals den Wohlgeschmack des Lebensgeschenks auf der Zunge zergehen lassen. Nie. Ich selber gehöre manchmal zu den zehn Prozent, habe meine Augen weit offen, koste jeden Moment voll aus und lebe aus dankbarem Herzen ein ganz und gar erfülltes Leben. Doch oftmals gehöre ich zu den neunzig Prozent, die hektisch von einer Sache zur nächsten jagen, von einer Veranstaltung zur anderen, und ständig mit unzähligen, ach so dringend erscheinenden Aktivitäten unterwegs sind. Ich werde kurzsichtig, nehme nur noch meine kleine Welt wahr und übersehe völlig das umfassende Bild des Lebens.

Wenn Sie nur noch einen Monat zu leben hätten, würden Sie das Beste daraus machen wollen. Sie würden lachen wollen und sich ganz und gar auf die Menschen einlassen, die Sie lieben. Sie würden die kleinen Dinge schätzen, die anderen vielleicht albern vorkommen, aber Ihre Seele erfreuen, und Gott dafür danken, dass Sie sie erleben dürfen. Ob es nun der Duft von frisch geröstetem Popcorn im Kino ist oder die Aussicht von einem herrlichen Berggipfel, der Geschmack von Brathähnchen wie bei Muttern oder das Gefühl einer Kinderhand, die sich an unsere klammert: Wir alle sind mit köstlichen Momenten gesegnet. Wenn wir uns bei den Menschen, die uns nahe sind, bedanken, vergrößert das nur die Liebe zwischen uns. Wenn wir Gott unsere Dankbarkeit zeigen, dann steigert das unsere Fähigkeit, ein erfülltes Leben ohne Reue zu führen.

Damit es fürs Leben hält

1. Machen Sie sich eine Dankbarkeitsliste von fünf oder sechs Kleinigkeiten, die Sie oft für selbstverständlich nehmen. Halten Sie inne und riechen Sie gewissermaßen «an den Rosen», indem Sie Gott für die kleinen Dinge danken, die das Leben schön machen.

2. Schauen Sie sich Ihre Liste noch einmal an und suchen Sie sich einen Punkt aus, den Sie heute erleben wollen. Vielleicht genießen Sie Ihr Lieblingsgericht. Oder Sie hören sich eine Lieblings-CD an, die Sie schon eine Weile nicht gehört haben. Vielleicht ist es auch nur der Duft einer Kanne Kaffee, die gerade frisch aufgebrüht wird. Was immer Sie sich aussuchen, versuchen Sie es voll auszukosten.

3. Machen Sie sich eine Liste der Menschen in Ihrem Leben, denen gegenüber Sie am meisten Dank empfinden. Versuchen Sie auch über die «naheliegenden Leute» (Ihre Familie und Ihre Freunde) hinauszudenken und diejenigen zu berücksichtigen, die jeden Tag etwas zu Ihrem Leben beitragen, aber leicht übersehen werden. Ob es die Lehrerin Ihres Kindes ist, Ihr Assistent im Büro, der Busfahrer auf Ihrem Weg zur Arbeit oder die Bedienung im Café. Nehmen Sie sich bewusst vor, sich bei ihnen zu bedanken.

Tag 15

Der letzte Aufruf

Dein Herz offenlegen

Sagen Sie, was Sie sagen wollen,
wenn Sie das Empfinden und die Gelegenheit dazu
haben. Was ich am meisten bereue, sind die Dinge,
die ich nicht getan habe, die verpassten Gelegenheiten
und die ungesagten Dinge.
Jim Keller

Er ist zu dem geworden, was wir sind,
um uns zu dem zu machen, was er ist.
Athanasius

Als Alexander Graham Bell 1876 die ersten Worte in eine primitive Erfindung sprach, die er Telefon nannte, hätte sich noch niemand vorstellen können, wie die Welt bald zusammenschrumpfen würde, während die Kommunikationsleitungen sich überallhin ausbreiteten, um uns miteinander zu verbinden. Doch wie jede große Erfindung, die das Leben einfacher macht, brachte auch das Telefon seine Komplikationen mit sich.

Heute können wir per Satellit, Tele-Konferenz, Funk, Handy und Headset miteinander kommunizieren. Es scheint, als könnte man jederzeit jeden überall erreichen. Aber ich frage mich, wie oft dabei eine richtige Verbindung zustande kommt. Denn die Kommunikationsleitungen brechen mit alarmierender Häufigkeit zusammen – zwischen Ehemännern und Ehefrauen, Eltern und Jugendlichen, Chefs und Angestellten, Kollegen und Freunden. Die Leute reden immerzu, aber keiner scheint auf die Worte des anderen zu hören, geschweige denn auf die unausgesprochenen Botschaften.

Experten sagen uns, dass achtzig Prozent aller Kommunikation nonverbal abläuft: Gesichtsausdrücke, Gesten, Körpersprache. Wenn wir also mit jemandem telefonieren, drücken wir nur etwa zwanzig Prozent von dem aus, was wir übermitteln wollen. Damit will ich nun nicht sagen, dass Sie Ihr Handy wegwerfen sollen. Aber wenn Sie nur noch einen Monat zu leben hätten, wäre es Zeit, Ernst zu machen betreffend der Kommunikation mit Ihren Mitmenschen.

Um den entscheidenden Menschen in Ihrem Leben Ihre Liebe auszudrücken, ist es wesentlich, dass Sie Ihnen das sagen, was Ihnen am wichtigsten erscheint. Und dass Sie sie um Vergebung bitten und sie an die gemeinsamen Zeiten erinnern. Sie müssen, vielleicht zum ersten Mal, richtig zuhören, was Ihre Angehörigen Ihnen eigentlich sagen. Sie müssen Missverständnisse ausräumen und abgerissene Kommunikationsleitungen reparieren. Wenn wir so leben wollen, als blieben uns nur noch vier Wochen, müssen wir bereit sein, in der Kommunikation vom Zusammenbruch zum Durchbruch zu kommen. In unseren Häusern, Büros, Gemeinden und Schulen werden jeden Tag Milliarden von Wörtern gesprochen, aber um einander wirklich zu begegnen, müssen wir mit dem kraftvollsten Wort von allen beginnen.

«Jeder Tag zählt»-Moment

Haben Sie im Moment in Ihrem Leben eine Beziehung, in der die Kommunikationsleitungen tatsächlich zusammenbrechen? Gab es dort einen Mangel an Kommunikation, eine Fehlkommunikation oder eine Diskrepanz zwischen Worten und Taten? Wie haben Sie auf diese Person reagiert?

Lost in Translation

Wenn Sie je eine Fremdsprache gelernt haben, wissen Sie, wie viel von dem beabsichtigten Sinn beim Übersetzen verfälscht werden oder verloren gehen kann. Das kann sogar passieren, wenn wir ein und dieselbe Sprache sprechen. Darum ist es so wichtig, Worte in einen Kontext zu stellen. Die Menschen um uns herum müssen wissen, welches Motiv letzten Endes hinter unserer Kommunikation mit ihnen steckt. Und unsere Absichten werden für sie nur dann erkennbar, wenn wir den Preis zahlen: nämlich unser Herz offenzulegen. Wie weiland in den Telefonzellen müssen wir erst einmal eine Münze in die Beziehung werfen, bevor wir einen Wählton hören. Bevor Sie Ihren Mund aufmachen und sprechen, müssen Sie zuerst Ihr Herz öffnen. Oswald Chambers sagte es so: «Das Unsichtbare und Geistliche in den Menschen bestimmt das Äußere und Tatsächliche.»

Das dramatischste Beispiel eines offengelegten Herzens ist eines, das den Lauf der Geschichte veränderte und noch heute unzählige Menschenleben in eine neue Richtung lenkt: «Das Wort wurde Mensch und lebte unter uns. Wir selbst haben seine göttliche Herrlichkeit gesehen, wie sie Gott nur seinem einzigen Sohn gibt. In ihm sind Gottes vergebende Liebe und Treue zu uns gekommen» (Johannes 1,14). Jesus hat mit uns kommuniziert, indem er seine himmlische Heimat verließ, auf die Erde kam und menschliche Gestalt annahm, um uns sein Herz zu offenbaren. Er legte sein Herz offen und machte sich vollkommen verwundbar. Er riskierte es, abgelehnt zu werden, und wurde ja auch tatsächlich von vielen missverstanden, besonders von den Mächtigen.

Warum hat er das getan? Aus einem einzigen Grund: Damit wir sehen, wie Gott ist. Um auf die effektivste Weise, die sich denken lässt, mit uns zu kommunizieren – als das Wort, das alle Sprachgrenzen überwindet. Solange wir nicht unsere Herzen denen, die wir lieben, offenlegen, werden wir nie einen Durchbruch in der Kommunikation erleben. Bevor die Worte fließen, müssen unsere Herzen freiliegen. Wir müssen Verwundbarkeit wagen, auch wenn wir damit riskieren, abgelehnt zu werden.

Ein entscheidender Weg, wie wir unseren Mitmenschen unsere Herzen offenlegen können, ist der, dass wir unsere Zeit mit ihnen teilen. In unserem überladenen Leben versuchen wir oft, andere so effizient wie möglich abzufertigen und alles zu tun, um Zeit, Energie und Geld zu sparen. Doch wann immer wir an der Kommunikation in einer Beziehung knausern, um effizient zu sein, geht die Effektivität verloren.

Beziehungen existieren und wachsen nicht nach den Regeln der Effizienz. Es kostet Zeit, effektiv zu kommunizieren, aber wir sollten nicht vergessen, dass wir in Beziehungen einen Preis zahlen werden, wenn wir sie vernachlässigen. Verabredungen mit dem Ehepartner. Aktivitäten und Ausflüge mit unseren Kindern. Essen und Feiern mit unseren Freunden. Zeit zur Teambildung mit Kollegen. Oft sind das die ersten Dinge, die wir fallen lassen, wenn es eng wird und wir mehr Zeit im Büro brauchen. Aber wenn wir unsere Tage zählen würden, würden wir uns höchstwahrscheinlich wünschen, wir hätten mehr von unserer Zeit auf diese Weise investiert.

Und nicht nur unsere Zeit müssen wir miteinander teilen, sondern auch unsere Probleme. Damit andere mein Herz sehen können, muss ich meine Bedürfnisse eingestehen. Allzu oft verhalten wir uns wie die Hauptfigur aus dem Buch *Der Ritter in der rostenden Rüstung*. Der furchtlose Ritter reitet aus, um Drachen zu töten und fürchterliche Schlachten zu schlagen, aber als er nach Hause kommt, weiß er nicht, wie er aus seiner Rüstung herauskommen soll. Wir müssen lernen, wie wir unsere Rüstung ablegen können, damit wir Verbindung zu anderen bekommen. Natürlich müssen wir eine Rüstung tragen, sonst könnten wir nicht die Schlachten schlagen, die wir nun einmal schlagen müssen. Sowohl im gesellschaftlichen als auch im beruflichen Bereich sind Abgrenzungen notwendig. Aber wenn Sie in einer Beziehung einen Durchbruch erreichen wollen, sei es mit einem Kollegen, einem Angestellten, Ihrem Chef, Ihrem Mann, Ihrer Frau oder Ihrem heranwachsenden Kind, dann müssen Sie lernen, wann Sie die Rüstung ablegen, sich verwundbar machen, Ihr Herz offenlegen und Ihre Bedürfnisse eingestehen müssen.

Wenn Sie ein Leiter sind und möchten, dass die Leute, denen Sie dienen, einen Draht zu Ihnen finden, sich ebenso viel Mühe geben wie Sie selbst und unter allen Umständen loyal bleiben, dann müssen Sie bereit sein, sich ihnen hin und wieder zu öffnen. Geben Sie Ihre Fehler zu. Sprechen Sie Ihre Bedürfnisse aus. Teilen Sie ihnen mit, was Sie wirklich denken. Die Leute finden dann zur Einheit, wenn ihre Leiter stark genug sind, um ihre Schwächen zu zeigen. Machen Sie Ihr Herz auf, bevor Sie Ihren Mund aufmachen, und Sie werden staunen, was für einen Unterschied das bei Ihrer Kommunikation ausmachen wird.

Hinter den Worten

Außerdem müssen wir lernen zuzuhören, bevor wir den Mund aufmachen und unsere Botschaften hinausposaunen. Oft nicken wir einfach nur und geben uns Mühe, ein Gesicht zu machen, als wären wir ganz bei der Sache, während wir in Wirklichkeit nur darüber nachdenken, was wir als Nächstes sagen werden, was es zum Mittagessen geben soll oder um welche Zeit wir die Kinder vom Training abholen müssen. Stattdessen müssen wir hinter die Worte horchen, die Verletzung heraushören, die ein anderer auf dem Herzen hat.

Sie müssen kein Seelsorger, Pastor oder Sozialarbeiter sein, um zu merken, wie viele Verletzungen die Leute in Ihrem Umfeld mit sich herumschleppen. Wie toll das Leben der Leute auch aus Ihrem Blickwinkel aussehen mag, jeder leidet unter irgendetwas. Wenn Sie hinter die Worte derer horchen, die Sie lieben, werden Sie die Verletzung heraushören und einen besseren Draht zu ihnen finden.

Zuhören bedeutet auch, dass Sie anderen in die Augen schauen und versuchen herauszufinden, was sie wirklich lieben, was ihre Interessen sind und wovon sie träumen. Als einer meiner Söhne drei oder vier war, kam er manchmal, um mir etwas zu sagen, während ich morgens die Zeitung las. Dann schlug er mir sofort die Zeitung herunter, nahm sanft mein Kinn und drehte mein Gesicht, so dass ich ihm genau in die Augen schauen musste. Er wollte sicher sein, dass ich ihm meine volle Aufmerksamkeit zuwandte, denn er wollte, dass ich ihn bemerkte, ihm zuhörte, ihn verstand.

Mein Sohn ist keine Ausnahme. Gott hat die Sehnsucht in uns hineingelegt, vollkommen verstanden zu werden. Wir wollen gesehen werden. Nicht als die öffentliche Person, die alles daransetzt, den Anschein zu erwecken, als ob sie alles im Griff hätte, sondern so, wie wir wirklich sind. Wir brauchen jemanden, der uns ins Herz gesehen hat – mit allem Unrat darin – und uns trotzdem liebt. Ehepartner, Kinder, Freunde, Teammitglieder und Kollegen wünschen sich, dass wir sie respektieren, indem wir ihnen unsere volle Aufmerksamkeit geben. Nicht nur unsere Ohren, sondern auch unsere Herzen. Sie wollen, dass wir sie sehen und dennoch lieben.

«Jeder Tag zählt»-Moment

Halten Sie sich für einen guten Zuhörer? Warum? Oder warum nicht? Was hält Sie davon ab, den Menschen, die Ihnen wichtig sind, genauer zuzuhören? Wie genau hören sie Ihnen zu?

Wahrheit bedeutet Vertrauen

Bei einer Reihe von Menschen, die ich beobachtet habe, während sie auf das Ende ihres Lebens zugingen, ist mir aufgefallen, wie stark sie dazu motiviert sind, endlich die Wahrheit zu sagen. Wenn wir bedenken, dass unsere Tage gezählt sind, wird uns klar, dass wir keine Zeit für etwas zu vergeuden haben, das nicht wahr ist.

In Beziehungen steht einfach zu viel auf dem Spiel, als dass wir um den heißen Brei herum-, hinter jemandes Rücken oder unehrlich reden könnten. Man gewinnt Respekt, wenn man ohne Umschweife redet. So wie Jesus «das Wort» ist, «voller Gnade und Wahrheit» (Johannes 1,14; Luther), müssen auch wir ehrlich und direkt sein. Patrick Lencioni kommt in seinem Business-Bestseller *Mein Traum-Team oder die Kunst, Menschen zu idealer Zusammenarbeit zu führen* zu dem Schluss, dass die Leute heutzutage an den meisten Arbeitsplätzen nicht die Wahrheit sagen oder ihre wahren Empfindungen ausdrücken. Warum nicht? Weil es einfacher ist, auf nett zu machen und zu sagen, was die anderen hören wollen. Jeder macht auf nett, weil niemand Lust hat, die Wahrheit zu sagen, die er im Bauch spürt. Lencioni meint, diese Tendenz zeige einen Mangel an Vertrauen zur Firma.

Gute Beziehungen sind ebenso wie gute Organisationen auf Vertrauen gegründet, und Vertrauen baut man auf, indem man die Wahrheit sagt. Je mehr man die Wahrheit sagt, desto mehr kultiviert man eine Atmosphäre, in der jeder ehrlich sein kann. Das ermöglicht echte Kommunikation, auf die sich wiederum ein gutes Unternehmen, eine gute Familie oder eine gute Ehe gründen kann, denn alle guten Dinge bauen auf einem Fundament des Vertrauens auf. In Epheser 4,15 heißt es: «Stattdessen wollen wir die Wahrheit in Liebe leben …» Wir müssen bereit sein, die Wahrheit zu sagen, aber auch dazu, sie mit Gnade zu mildern. Wenn Sie wütend sind, müssen Sie darüber reden. Wenn Sie sich verletzt fühlen, müssen Sie darüber reden. Wenn Sie von etwas überzeugt sind, müssen Sie es sagen. Aber wie Sie die Wahrheit sagen, kann ebenso wichtig sein wie die Worte selbst.

Wenn Sie es bei anderen respektieren, dass sie die Wahrheit sagen – selbst wenn Sie dabei Dinge über sich selbst, Ihre Entscheidungen oder Ihr Handeln zu hören bekommen, die Ihnen nicht gefallen –, dann vermitteln Sie ihnen damit Ihre Wertschätzung. Selbst wenn Sie anderer Meinung sind, werden Sie ihnen durch die Art und Weise, wie Sie ihnen antworten, eine Botschaft senden, die die zukünftige Kommunikation entweder fördert oder behindert. Die Wahrheit kann manchmal unangenehm sein, aber sie baut immer Vertrauen auf und stärkt die Grundlagen der Beziehung.

Das Rauschen durchdringen

Mich fasziniert die Technik der Satellitentelefone. Mit so einem kleinen Gerät kann ich von unterwegs einen großen Satelliten im All anfunken, der mich dann mit meinem Zuhause in Houston verbindet. Obwohl wir Tausende von Meilen voneinander entfernt sind, kann ich auf einmal die Stimmen meiner Kinder hören.

Es gibt Zeiten, da trennen uns Welten von den Menschen, die wir lieben, und wir leiden unter der emotionalen Distanz. Gerade dann möchte Gott die Kluft überbrücken. Er möchte, dass Sie ihn anfunken, damit er Sie mit den Menschen in Ihrem Leben verbinden kann. Er wird ihre Herzen öffnen. Auf diese Weise hat auch Christus mit uns kommuniziert, indem er die Verbindung zu seinem Vater gesucht hat. Ich kann mit den

Menschen in meinem Leben viel besser kommunizieren, wenn ich zuerst die Verbindung zu meinem himmlischen Vater suche. Wenn Sie verheiratet sind und beide Gott näherkommen, werden Sie auch einander immer näherkommen wollen.

Je näher ich Gott komme und die Verbindung zu ihm, dem Satelliten, halte, desto klarer ist das Signal, das er denen sendet, mit denen ich zu kommunizieren versuche. Vielleicht sind Sie in einer Situation, wo eine Beziehung wirklich am Zusammenbrechen ist, und Sie wissen nicht, was Sie tun sollen. Funken Sie Gott an. Bitten Sie ihn, das Herz der anderen Person aufzuschließen und Ihnen die richtigen Worte zu zeigen.

Gott fordert uns auf: «Rufe zu mir, dann will ich dir antworten und dir große und geheimnisvolle Dinge zeigen, von denen du nichts weißt!» (Jeremia 33,3). Wenn wir ihn anrufen, ist niemals besetzt. Er stellt uns nie in die Warteschleife. Wenn wir nicht die richtigen Worte finden, um auszudrücken, was wir empfinden; wenn wir unangenehme Dinge zu sagen haben, die Menschen, die wir lieben, wehtun werden; wenn wir die richtige Zeit und den richtigen Ort finden müssen, um anderen zu sagen, wie viel sie uns bedeuten – dann können wir ihn um Hilfe bitten. Seien Sie ehrlich und bitten Sie: «Gott, gib mir die Worte, die ich meiner Frau sagen kann, um ihr wirklich zu zeigen, wie sehr ich sie liebe.» Oder: «Herr, gib mir die Worte, die ich meinen heranwachsenden Kindern sagen kann, um zu ihnen durchzudringen, denn das ist im Moment sehr schwer.» Oder: «Himmlischer Vater, zeig mir, was ich der Freundin sagen kann, die ich angelogen habe.»

Wenn Ihre Beziehungen nicht so sind, wie Sie sie sich wünschen, und Sie an der Kommunikation mit den wichtigsten Menschen in Ihrem Leben arbeiten müssen, dann möchte Gott Ihnen helfen. Er wird Sie fähig machen, das Rauschen zu durchdringen, damit Sie wirklich auf das Herz des anderen hören können. Wir müssen nur darum bitten. «Wenn es jemandem von euch an Weisheit fehlt, soll er Gott darum bitten, und Gott wird sie ihm geben. Ihr wisst doch, dass er niemandem seine Unwissenheit vorwirft und dass er jeden reich beschenkt» (Jakobus 1,5).

Wahre Kommunikation bedeutet, einen Draht zueinander zu finden, miteinander zu teilen und sich zu verstehen. Wenn wir wirklich die Rüstung ablegen wollen, die wir im Laufe unseres Lebens um uns herum aufgebaut haben, dann müssen wir bereit sein, unsere Herzen aufs Spiel zu setzen und zu offenbaren, wer wir wirklich sind. Wir müssen bereit sein zuzuhören, die unausgesprochenen Bedürfnisse anderer zu erkennen und ihre Träume wahrzunehmen.

Wenn Sie die Wahrheit mitteilen und Gott bitten, die Kommunikationskanäle zu öffnen, wird Ihr Leben reich an erfüllten, offenen und starken Beziehungen werden.

Damit es fürs Leben hält

1. Schauen Sie sich die Kurzwahlliste Ihres Handys an. Wer von den Leuten auf Ihrer Liste ist für Sie die wichtigste Person? Wie oft rufen Sie sie an, verglichen mit den anderen auf der Liste? Wie oft kommunizieren Sie wirklich mit ihr?

2. Nehmen Sie sich jemanden vor, der Ihnen wichtig ist, aber weit entfernt wohnt, und schreiben Sie ihm einen Brief oder eine E-Mail oder rufen Sie ihn an. Erinnern Sie sich an Ihr letztes Zusammensein und sagen Sie dieser Person, was es Ihnen bedeutet hat.

3. Versuchen Sie ein vierundzwanzigstündiges Medienfasten durchzuhalten (kein Fernsehen, kein Radio, kein Computer, keine Zeitung), um Ablenkungen auszuschalten und auf die Menschen in Ihrem Leben zu hören. Schreiben Sie sich nach Ihrem Medienfasten auf, wie es sich auf Sie ausgewirkt hat.

Drittes Prinzip

Lerne demütig

Tag 16

Sternenkraft

Entdecke, wer du sein sollst

Ziel auf den Mond. Selbst wenn du ihn verfehlst,
wirst du zwischen den Sternen sein.
Les Brown

In jedem von uns lebt ein Held,
der auf den Ruf zum Einsatz wartet.
H. Jackson Brown jr.

Ich liebe es, mir die Sterne anzuschauen, in einer klaren Sommernacht zum Himmel emporzublicken und Hunderte, vielleicht Tausende von glitzernden Edelsteinen die Dunkelheit durchdringen zu sehen. In solchen Momenten werde ich daran erinnert, wie klein ich bin und wie groß Gott ist, und frage mich, warum ich ihm eigentlich etwas bedeute und warum ich nicht in dem Meer aus sieben Milliarden Menschen untergehe, wie der Polarstern inmitten der funkelnden Lichter der Milchstraße untergeht.

In einem seiner Gedichte, die wir als die Psalmen kennen, offenbart David, dass ihn dieselbe Frage beschäftigte. «Ich blicke zum Himmel und sehe, was deine Hände geschaffen haben; den Mond und die Sterne – allen hast du ihre Bahnen vorgezeichnet. Was ist da schon der Mensch, dass du an ihn denkst? Wie klein und unbedeutend ist er, und doch kümmerst du dich um ihn. Ja, du hast ihm eine hohe Stellung gegeben – nur wenig niedriger als die Engel» (Psalm 8,4–6).

Hier macht sich eine sehr wichtige Persönlichkeit ihrer Zeit, ein Mann, den Gott als völlig Unbekannten auserwählte und zum König von Israel salbte, Gedanken darüber, warum Gott ihn überhaupt geschaffen hat. Im Grunde sagte David: «Gott, wenn ich mir alles anschaue, was du geschaffen hast, komme ich mir vor wie ein Staubkörnchen. Wer bin ich, und was ist mein Platz, was ist mein Ort, meine Nische, meine Position im großen Plan des Lebens? Als wen hast du mich erschaffen?»

Die Antwort auf Davids Frage ist dieselbe, die Gott auch uns gibt. Gott sagt uns immer wieder mit Nachdruck: «Du bedeutest mir unendlich viel. Ich habe Großartiges mit deinem Leben vor. Ich hatte einen konkreten Grund dafür, dich genau so zu erschaffen, wie du geschaffen bist.» Er kennt uns in- und auswendig und verliert uns nicht in der Menge aus den Augen. Er vergisst uns nicht und lässt uns nicht los, selbst wenn es uns anders vorkommt.

Zu Beginn dieses dritten Abschnitts («Lerne demütig») beginnen wir mit einer unserer grundlegenden, immer wiederkehrenden Fragen: Wer bin ich *wirklich*? Unser ganzes Leben lang lernen wir immer mehr über Gottes Persönlichkeit und seine Liebe zu uns, und zugleich lernen wir auch immer mehr über uns selbst. Ob uns nun noch vier Wochen zu leben bleiben oder vier Jahrzehnte, wir müssen unser Leben lang Lernende bleiben, die durch die vielen Zeiten, Umstände, Prüfungen und Triumphe sich verändern und reifen.

Wie entdecken wir also, wer wir sein sollen? Egal, ob Sie sich diese Frage jetzt zum ersten Mal ernsthaft stellen oder schon seit vielen Jahren darüber grübeln, der Ausgangspunkt ist derselbe. So wie ein Astronom den Nachthimmel durch ein Teleskop betrachten muss, um ihn zu verstehen, müssen auch Sie genauer hinschauen. Zuerst müssen Sie zum Urheber Ihrer Erschaffung hinaufblicken, wenn Sie wirklich begreifen wollen, wer Sie sind und wozu Sie erschaffen wurden.

«Jeder Tag zählt»-Moment

Wann haben Sie sich zum letzten Mal Gedanken über Ihre Identität und Ihren Platz im Leben gemacht? Unter welchen Umständen war das? Wie haben diese sich auf Ihre Frage ausgewirkt?

Der Innenarchitekt

Da wir nach dem Bild Gottes erschaffen sind, liegt es nahe, uns seinen Charakter anzuschauen, um den unseren zu verstehen. In seinem Brief an die Römer schrieb Paulus: «Gott ist zwar unsichtbar, doch an seinen Werken, der Schöpfung, haben die Menschen seit jeher seine göttliche Macht und Größe sehen und erfahren können» (Römer 1,20). Paulus stellt einen Zusammenhang zwischen der Schöpfung und dem Schöpfer her. Wenn er sich umschaut, sieht er überall Beweise dafür, dass es einen Gott gibt.

1995 richteten Wissenschaftler das Hubble-Weltraumteleskop auf einen leeren, schwarzen Fleck im All, etwa so groß wie ein Sandkorn, dicht über der Deichsel des Großen Wagens. Damit wollten sie die Schärfe und Reichweite des Hubbles testen. Doch als die Bilder zurückkamen, waren sie geschockt. Der kleine leere Fleck im All war überhaupt nicht leer. Auf den Bildern waren über tausend bislang unbekannte Galaxien zu sehen. Wissenschaftler schätzen heute die Zahl der Galaxien im sichtbaren Universum auf über 125 Milliarden. Jede dieser Galaxien enthält Millionen von Sternen. Es ist unfassbar!

Mein kleiner, begrenzter Verstand kann solche Größenordnungen nicht einmal ansatzweise begreifen. Wenn schon das Wenige, was wir von der Schöpfung *kennen*, so gewaltig ist, wie viel größer muss dann der Schöpfer sein? Wie viel Macht und Fantasie muss er besitzen, um so viel Schönheit, Kraft und Komplexität zu bewerkstelligen?

Wenn Sie sich die komplexen Strukturen der Schöpfung hier auf der Erde anschauen, ist es offensichtlich, dass hinter alledem jemand stecken muss, ein intelligenter Konstrukteur, der das alles erschaffen hat. Je mehr ich über die Schöpfung erfahre – sei es über den Lebenszyklus einer Motte oder die Funktionsweise meines Gehirns –, desto überzeugter bin ich davon, dass es einen Schöpfer gibt.

Edwin Conklin, Biologieprofessor an der Universität Princeton, sagt, die Wahrscheinlichkeit, dass das Leben zufällig entstanden ist, sei vergleichbar mit der Wahrscheinlichkeit, dass aus einer Explosion in einer Druckerei ein Lexikon entsteht. Wenn wir die Feingliedrigkeit, Schönheit und Effizienz der Schöpfung betrachten, wissen wir, dass es dazu nicht durch zufällige Ereignisse gekommen sein kann. Es muss einen Schöpfer geben. Wie die Ironie es will, braucht man viel mehr Glauben dazu, Atheist zu sein, als dazu, an Gott zu glauben.

Wenn es keinen Schöpfer gibt, dann sind wir einfach nur zufällig hier, ein wahlloses Naturereignis. Wenn wir durch Zufall auf der Erde sind, wie kann es dann einen Sinn in unserem Leben geben? Wir brauchten dann in diesem Buch gar nicht weiter über unsere Identität und den Zweck unseres Lebens auf dieser Erde nachzudenken, denn wenn es keinen Schöpfer gibt, dann gibt es auch keinen höheren Sinn, keine größere Absicht. Dann sind wir nur hier, um das Leben zu genießen, solange wir können. Also feiert, amüsiert euch, macht euch keine Gedanken und sucht nicht nach einem Sinn in eurem Leben; es gibt keinen. Wenn es keinen Schöpfer gibt, dann sind wir im Grunde nur eine seltsame, ihrer selbst bewusste Art von Tier.

Doch es gibt eine gute Nachricht: Da wir überall in der Schöpfung die Spuren zielbewussten Handelns finden, muss es einen Meisterarchitekten geben. Der Beweis ist direkt vor unseren Augen. Es ist wie bei einer jener dreidimensionalen Grafiken, die man auf eine bestimmte Art betrachten muss, damit das verborgene Bild zutage tritt. Manche Leute sehen die drei Dimensionen sofort; andere haben Mühe damit, wie lange sie auch darauf starren und schielen.

Wenn ich die Schöpfung betrachte, sehe ich einen Schöpfer, und ich sehe auch, was für eine Art von Schöpfer er ist. Ich sehe seine Persönlichkeit, seine Macht und seine spielerische Ader. Ich sehe, wie sehr er das Einzigartige und das Vielfältige liebt. Denken Sie an das Schnabeltier oder einen Monarchfalter. Oder schauen Sie sich Ihren eigenen Körper an.

Wenn Sie nicht glauben, dass Gott die Vielfalt liebt, gehen Sie einfach ins nächste Einkaufszentrum, setzen Sie sich auf eine Bank und sehen Sie all die wunderbar verschiedenen Leute vorbeiflanieren. Wir sind das Werk einer unbändigen Fantasie, die ohne Beispiel ist.

Wider den Identitätsdiebstahl

Wenn wir also sein Werk sind, nach seinem Bild geschaffen, warum haben wir dann so viel Mühe damit, zu wissen, wer wir sind, und unseren wahren Wert zu erkennen? In dem Disney-Klassiker «König der Löwen» wird die Antwort, wenn wir einmal über die ganze Sache mit dem Kreis des Lebens hinwegsehen, eindrucksvoll veranschaulicht. Sie erinnern sich bestimmt an die Geschichte von dem kleinen Löwen Simba, dem zu Unrecht die Schuld am Tod seines Vaters Mufasa gegeben wird. Simba läuft voller Schuldgefühle und Furcht davon und gibt seinen Traum, König zu werden, auf. Bis Mufasa ihm eines Tages in einer Vision erscheint und sagt: «Simba, du hast mich vergessen.» Und Simba erwidert: «Aber Vater, wie könnte ich dich je vergessen?» Sein Vater antwortet: «Du hast vergessen, wer du bist, und damit hast du mich vergessen. Erinnere dich, wer du bist. Du bist mein Kind, der einzig wahre König.»

Ich liebe diese Szene, weil sie eine ganz wesentliche Wahrheit über unsere Identität unterstreicht. Gott sagt heute zu Ihnen und zu mir: «Erinnere dich, wer du bist. Du bist mein Kind. Du bist das Kind des Königs.» Zu viele Menschen haben heute ihren Schöpfer vergessen und leben darum völlig am Sinn und Zweck des Lebens vorbei. Sie leben eigentlich gar nicht, sie existieren nur. Sie kennen ihren Platz im Leben nicht, weil sie vergessen haben, wem sie gehören, und damit auch vergessen haben, wer sie sind.

Oft wurden sie beim Vergessen ihrer wahren Identität kräftig unterstützt. In unserem Hightech-Computerzeitalter hört man immer wieder von den Gefahren des Identitätsdiebstahls und wie man sich davor schützen kann. Also bevorzugen wir sichere Websites, die Verschlüsselungen und andere Schutzmethoden nutzen, um Hacker daran zu hindern, unsere wichtigen Daten und mit ihnen unsere Identität zu stehlen. Doch Identitätsdiebstahl ist gar keine neue Erscheinung – im Gegenteil, sie ist eine der ältesten überhaupt, die bevorzugte Strategie unseres Feindes. Er möchte Ihnen das Bewusstsein stehlen, wer Sie wirklich sind.

Während Gott die Absicht hat, Ihnen ein ganz und gar erfülltes Leben zu schenken, ist es Satans Plan, Sie dazu zu bringen, sich mit viel, viel weniger zufriedenzugeben als dem, wozu Sie geschaffen wurden. Der Dieb will stehlen, töten und zerstören. Er weiß, wenn er Ihre Identität stehlen kann, zerstört er damit Ihre Träume und Ihren Lebenszweck. Sie und ich müssen uns ständig bewusst sein, dass wir im Mittelpunkt einer gewaltigen Schlacht stehen. C. S. Lewis drückte es so aus: «Es gibt in dieser Welt keinen neutralen Boden. Jeder Quadratzentimeter, jeder Bruchteil einer Sekunde steht unter dem Anspruch Gottes und dem Gegenanspruch Satans.»

Satan kommt zu uns und flüstert: «Du bist nicht wertvoll. Gott kann dich niemals gebrauchen. Gott schämt sich sogar deinetwegen, weil du es vermasselt hast. Du hast es wieder und immer wieder verbockt. Jetzt bist du so gut wie nichts mehr wert. Gott hat dich zu den Akten gelegt, weil du das, was er sich für dich erhofft hat, nicht erfüllt hast. Du bist nicht talentiert genug. Gott gebraucht andere Leute, aber nicht dich. Er kann dich gar nicht gebrauchen. Du bist nicht geistlich genug, du bist nicht klug genug, du bist nicht engagiert genug, du bist nicht stark genug.» Hört sich das vertraut an?

Unser Feind versucht, unser Zutrauen zu dem, wozu wir geschaffen sind, zu untergraben. Doch Gott sagt immer wieder zu uns: «Erinnere dich, wem du gehörst. Du bist mein Kind. Du bist ein Kind des Königs. Das ist deine wahre Identität. Dir ist vergeben worden. Du bist gerecht in mir. Du bist mir unendlich wertvoll. Du bist mir so viel wert, dass ich auf diese Erde gekommen und für dich gestorben bin. So wertvoll bist du. Du bist es mir wert, für dich zu sterben. So sehr liebe ich dich.»

«Jeder Tag zählt»-Moment

Wann haben Sie erlebt, dass Ihnen der Feind die Identität stehlen wollte? Was für Botschaften gehen Ihnen durch den Kopf, wenn Sie sich selbst heruntermachen? Wie können Sie diesen Anklagen entgegentreten, wenn Satan Sie das nächste Mal damit attackiert? Mit anderen Worten, wie können Sie sich in solchen Momenten daran erinnern, wer Sie wirklich sind?

Das Rennen machen

Nachdem wir erkannt und angenommen haben, wie unser Schöpfer nach gezielten, schönen und feingliedrigen Plänen arbeitet, können wir uns umdrehen und uns selbst anschauen. Wir können das Teleskop zurück auf uns selbst richten und unsere wahren Identitäten entdecken. Wir können erkennen, wie wir dazu geschaffen sind, seine Absichten zu verwirklichen. «Gott hat etwas aus uns gemacht: Wir sind sein Werk, durch Jesus Christus neu geschaffen, um Gutes zu tun. Damit erfüllen wir nur, was Gott schon im Voraus für uns vorbereitet hat» (Epheser 2,10).

Um diese Entdeckung zu machen und in ihrem Licht zu leben, müssen Sie sich auf Ihre Stärken stützen. Donald O. Clifton sagt in seinem Buch *Living Your Strengths*, uns würde von Kindesbeinen an eingetrichtert, «gut abgerundet» zu sein. Der Trick, um sich die Anerkennung der Lehrer zu verschaffen, besteht darin, unsere scharfen Kanten abzuschleifen, glatt und gut abgerundet zu werden. Doch nach Clifton wird uns damit oft beigebracht, so langweilig wie nur irgend möglich zu sein. Man lehrt uns, auf Nummer Sicher zu gehen, allen alles recht zu machen, uns an Konventionen und Traditionen zu halten, hübsch nach Vorlage zu malen und in der Schublade zu bleiben.

Doch Gott wollte nie, dass wir gut abgerundet sind. Er hat jeden von uns einzigartig begabt, und niemand hat alle Talente, wie sehr es auch manchmal so scheinen mag. Wir sollen uns auf das konzentrieren, worin wir gut sind, und das loslassen, worin wir nicht gut sind. Ich bin kein guter Sänger – fragen Sie nur irgendjemanden, der mich kennt! Ich könnte meine ganze Zeit damit verbringen, Gesangsunterricht zu nehmen und mich bei «Pop Idol» bzw. «Deutschland sucht den Superstar» zu bewerben, aber dann wäre ich allenfalls nur noch schlecht statt lausig.

Stattdessen konzentriere ich mich auf die Kernbereiche, für die Gott mich begabt hat, und versuche sie weiterzuentwickeln. Ich bemühe mich ständig, ein besserer Autor und Kommunikator zu werden. Es ist eine Beleidigung für Gott, wenn wir uns auf die Gaben und Leidenschaften konzentrieren, die wir nicht haben, und nur unsere Schwachpunkte zu entwickeln versuchen. Unser größtes Potenzial liegt in den Bereichen unserer größten Stärken.

Wie können wir anfangen herauszufinden, wer wir im Leben sind? Egal, in welcher Phase wir sind – Studenten, junge Erwachsene, Alleinstehende, Verheiratete, junge Eltern, Eltern, deren Kinder schon flügge sind, Senioren: Wir alle können lernen, besser zu erkennen, als wen Gott uns geschaffen hat, indem wir uns auf ihn ausrichten. Je enger unsere Beziehung zu Gott wird, desto ähnlicher werden wir ihm, und unser Feind hat keine Chance mehr, uns die Identität zu stehlen.

Wenn wir auf unseren Schöpfer als die Quelle unserer Identität blicken, können wir heller leuchten als jeder Stern am Nachthimmel.

Damit es fürs Leben hält

1. Gehen Sie heute Nacht (oder in der nächsten klaren Nacht) nach draußen und verbringen Sie etwas Zeit allein damit, die Sterne zu betrachten. Wohin gehen Ihre Gedanken? Wohin wandert Ihr Herz? Wenn Sie wieder hereinkommen, lesen Sie Psalm 8. Dann schreiben Sie selbst ein Gedicht an Gott, in dem Sie Ihr Erlebnis schildern und Ihre eigenen Fragen und Sehnsüchte ausdrücken.

2. Suchen Sie sich diese Woche einen Gegenstand, der Sie daran erinnert, wer Sie wirklich sind. Das kann ein Bild von Ihnen bei Ihrer Lieblingsbeschäftigung sein oder eine gemeinsame Aufnahme mit den Menschen, die Sie lieben. Vielleicht ist es ein Stein von einer Wanderung oder ein Schmuckstück von Ihrer Großmutter. Tragen Sie es bei sich oder bewahren Sie es an einer auffälligen Stelle auf, wo es Sie jeden Tag an Ihre wahre Identität erinnern kann.

3. Machen Sie sich eine Liste Ihrer Stärken – alles, was Ihnen einfällt. Werden Sie so konkret wie möglich, oder wenn es eher allgemeine Dinge sind, nennen Sie Beispiele. Statt zu sagen, dass Sie kreativ sind, sagen Sie konkret, dass Sie eine begabte Aquarellkünstlerin sind. Dann gehen Sie Ihre Liste noch einmal durch und notieren Sie neben jedem Punkt, wie viel Zeit Sie in der vergangenen Woche damit verbracht haben, diese Gabe weiterzuentwickeln.

Tag 17

GPS

Finde deine Richtung

Der Ort, an den Gott dich ruft, ist der Ort, wo sich deine tiefe Freude und der tiefe Hunger der Welt begegnen.
Frederick Buechner

Wenn ich am Ende meines Lebens vor Gott stehe, hoffe ich, dass ich nicht das kleinste Stück von meinem Talent mehr übrig habe und sagen kann: «Ich habe alles verbraucht, was du mir gegeben hast.»
Erma Bombeck

Sind Sie auch so dankbar wie ich dafür, dass man sich jetzt ein GPS (Global Positioning System) ins Auto einbauen lassen kann? Vielleicht liegt es daran, dass ich mit «Star Wars» groß geworden bin, aber ich finde das Konzept brillant und liebe es, wie es das Leben einfacher macht. Von irgendwo im All senden Satelliten ein Signal hinunter zu diesem kleinen Gerät, das mir dann sagen kann, wo ich bin und wie ich an meinen Zielort komme.

Nie war ich dankbarer für die GPS-Technik als auf einer Reise durch Schweden, die ich kürzlich mit meiner Familie machte. Als wir in Stockholm eintrafen, mieteten wir uns ein Auto mit GPS, da auf unserem Terminplan Veranstaltungen standen, zu denen wir kreuz und quer durch diese Großstadt von über einer Million Einwohnern würden fahren müssen. Kaum hatten wir den Flughafen hinter uns, reichte ich das GPS-Gerät meinem jugendlichen Sohn Ryan zum Programmieren, denn ich hatte keine Ahnung davon.

Binnen weniger Augenblicke waren wir auf Kurs, geleitet von einer selbstsicheren automatisierten Stimme, die uns sagte: «Nach fünfzehn Kilometern links abbiegen.» Oder: «Nach achthundert Metern rechts abbiegen.» Alles klappte prima, bis wir in die Innenstadt kamen und offenbar zwischen den Hochhäusern das Satellitensignal verloren. Plötzlich kamen die Anweisungen nur noch ab und zu, und ich bog mehrmals falsch ab, bis wir uns, kurz gesagt, verfranzt hatten.

Schließlich fanden wir mit Ryans Hilfe heraus, dass das GPS sein Signal immer empfangen kann, wenn man es vorn über dem Armaturenbrett anbringt. So leitete es uns nach unserer kleinen Verzögerung doch noch sicher zu unserem Hotel.

Auch im Leben brauchen wir ein klares Signal von Gott, damit wir unsere Position und unseren Ort auf der Welt herausfinden können. Bis wir unseren Platz, unsere Nische, unsere Bestimmung im Leben gefunden haben, werden wir uns immer vorkommen, als hätten wir uns verfranzt, selbst wenn wir von unzähligen Menschen umgeben sind.

«Jeder Tag zählt»-Moment

Wann haben Sie sich das letzte Mal verfahren? Was passierte dann? Haben Sie angehalten und nach dem Weg gefragt? Wie reagieren Sie meistens, wenn Sie sich nicht zurechtfinden, sei es auf der Straße oder in den Umständen Ihres Lebens? Wohin wenden Sie sich, um Ihre Richtung zu finden?

Eine Galaxie von Gaben

GPS ist nicht nur dazu gut, zwischen geografischen Positionen zu navigieren. Es ist auch ein großartiges Bild für das, was Gott in uns hineingelegt hat, um uns zu helfen, den Weg zu einem überfließenden Leben zu finden.

Wie wir im letzten Kapitel gesehen haben, gehen unsere individuelle Identität und unsere einzigartige Bestimmung Hand in Hand. Wenn wir wissen wollen, wozu wir in diesem Leben berufen sind, müssen wir uns anschauen, wie Gott uns geschaffen hat. David schrieb in Psalm 139: «Herr, ich danke dir dafür, dass du mich so wunderbar und einzigartig gemacht hast!»

(Vers 14). Wir wissen, dass wir nach dem Bild Gottes geschaffen sind und dass wir für ihn von unschätzbarem Wert sind. Er war bereit, den Tod seines Sohnes und die Trennung von ihm in Kauf zu nehmen, damit wir in einer erfüllten Beziehung zu ihm leben könnten.

Aber inwiefern hilft uns das – praktisch gesehen – zu erkennen, wie wir leben sollten und was unsere Bestimmung ist? Wir müssen bereit sein, das GPS-System zu aktivieren, das unser Schöpfer in uns installiert hat. Wenn wir unseren Weg durch die vielfältigen Umstände und Entscheidungen des Lebens finden wollen, müssen wir bereit sein, aus drei wichtigen Quellen zu schöpfen: aus unseren Gaben, unseren Passionen und unseren Schwierigkeiten.

Gott hat uns mit einer Galaxie von Gaben überschüttet, und er hat Sie dabei nicht übergangen. Auch Ihnen hat er einzigartige Fähigkeiten und Talente gegeben. In einem seiner Briefe an die frühe Gemeinde schrieb Paulus: «So verschieden die Gaben auch sind, die Gott uns gibt, sie stammen alle von ein und demselben Geist. Und so unterschiedlich auch die Aufgaben in der Gemeinde sind, so dienen wir doch alle dem einen Herrn» (1. Korinther 12,4–5). Manche dieser Gaben sind die natürlichen Talente, mit denen Sie geboren wurden, andere sind geistliche Gaben, die in Ihnen erwachen, wenn Sie anfangen, Ihr Leben von der Liebe zu Christus bestimmen zu lassen.

Paulus merkt an, dass diese Unterscheidung eigentlich gar nicht wichtig ist, denn wann immer Sie etwas gut machen und damit Gott ehren, ist es eine geistliche Sache. Ob es nun natürliche Talente oder geistliche Gaben sind, sie alle stammen von Gott, und er liebt es, wenn Sie Gebrauch von dem machen, was er Ihnen gegeben hat. Manche von uns sind gute Redner, andere gute Sänger. Manche Leute beherrschen die Buchführung, andere sind gut im Zeichnen. Manche können gut leiten, andere gut lehren. Und hier in Houston, wo ich wohne, habe ich gelernt, dass Grillen in Texas definitiv zu den geistlichen Gaben gehört! …

Wir sind alle Experten in irgendetwas, und niemand zeichnet sich in allem aus. Oft vergleichen wir uns mit anderen und verlieren den Mut, weil wir nicht so gut organisieren können wie sie, nicht so gut im Sport sind, nicht so gut schreiben können, nicht so gut Witze erzählen können. Wir übersehen die Gaben, die wir bekommen haben, und spielen sie herunter, weil wir nur Augen für das haben, was wir nicht haben oder nicht so gut können wie andere.

Wie finden Sie heraus, was Gott Ihnen gegeben hat? Fragen Sie sich, was Sie gut können, und antworten Sie ehrlich. Fragen Sie Ihren Schöpfer, der Sie gemacht hat. Und fragen Sie Ihre Freunde und Angehörigen: «Was seht ihr als meine hauptsächlichen Gaben, meine größten Stärken? Wo zeigen sich meine Talente am deutlichsten?» Sie müssen andere fragen, besonders diejenigen, die Sie gut kennen und Tag für Tag mit Ihnen zu tun haben, denn wenn Sie eine Begabung haben, kann es sein, dass sie sich so natürlich zeigt, dass Sie selbst sie gar nicht bemerken. Sie brauchen jemand anderen, der Ihnen den Spiegel vorhält und Sie darauf aufmerksam macht.

Wenn Sie sich selbst, Gott und andere Menschen danach fragen, gleiten Sie nicht in eine falsche Bescheidenheit und selbstgerechte Demutshaltung ab. «Ich bin kein guter Redner. Das macht allein Gott.» Es stimmt zwar, dass er die Quelle aller guten Dinge ist, aber oft verstecken wir uns hinter solchen Sprüchen, um nicht die volle Verantwortung für unsere Begabungen übernehmen zu müssen. Seien Sie ehrlich zu sich selbst in Bezug auf das, was Sie gut können und wie effektiv Sie diese Gabe einsetzen. Wie Sie Ihre Gaben ausüben, hängt oft von Ihren Passionen ab, also von dem, was Ihnen am meisten am Herzen liegt.

Gott in Ihnen

Unseren Platz und unsere Bestimmung im Leben finden wir, wenn wir unsere Passion entdecken. Im Römerbrief schreibt Paulus: «Bewältigt eure Aufgaben mit Fleiß, und werdet nicht nachlässig. Lasst euch ganz von Gottes Geist durchdringen, und dient Gott, dem Herrn» (Römer 12,11). Begeisterung und Passion kommen davon, dass wir von Gottes Geist durchdrungen werden. Er hat die Passionen meines Lebens aus einem bestimmten Grund tief in mich eingepflanzt: weil er will, dass ich diesen Passionen nachgehe. Wenn meine Gaben der Motor sind, der mir gegeben ist, dann ist meine Passion der Tiger im Tank, der mich antreibt.

Allzu viele Leute unterliegen dem Missverständnis, wenn sie irgendetwas passioniert betrieben und dazu begabt seien, dann könne Gott bestimmt nicht wollen, dass sie das tun. Stattdessen nehmen sie an, er wollte, dass sie ihm beweisen, wie sehr sie ihn lieben, indem sie ihre Talente und Träume aufgeben und gezielt etwas tun, das sie hassen, etwas, das sie schwierig, langweilig und mühsam finden. Aber das ist lächerlich und oft nur eine Ausrede für ihre mangelnde Zielstrebigkeit.

Gott hat Ihnen Gaben gegeben, weil er will, dass Sie sie einsetzen. Gott hat Ihnen eine Passion für etwas gegeben, und er will, dass Sie diese Passion entwickeln und ihr nachjagen. Haben Sie eine vergrabene Gabe? Vielleicht ist es etwas, das Sie sehr gerne getan, dann aber aufgegeben haben, um einem «richtigen Beruf» nachzugehen. Geben Sie niemals etwas auf, woran Sie jeden Tag denken müssen. Es ist noch nicht zu spät, zu der Person zu werden, als die Gott Sie geschaffen hat.

Aber wie finden Sie heraus, was Ihre wahre Passion ist? Fragen Sie ihn. Achten Sie auf die Dinge, die Sie gerne tun. Passen Sie auf, bei welchen Tätigkeiten Sie ganz und gar in Freude aufgehen, sei es Gartenarbeit oder Lehren, Rennen oder Backen. Wenn Sie etwas gern tun, fliegt die Zeit dahin, und Ihre Emotionen fliegen mit. Es mag harte Arbeit sein, aber Ihre Liebe zu der Sache wiegt mehr als aller Schweiß und alle Mühe. Wenn Sie inmitten dessen leben, was Ihre Passion ausmacht, dann hat auch Gott seine Freude daran.

In dem Film «Die Stunde des Siegers» sagt Eric Liddell: «Wenn ich laufe, spüre ich seine Freude.» Sie werden spüren, wie Sie Gott Freude machen, weil Sie wissen, dass Sie genau das tun, wozu er Sie geschaffen hat. So schöpfen Sie das Potenzial der Fähigkeiten aus, mit denen er Sie begabt hat.

Kürzlich fuhr ich mit meinen beiden Teenagersöhnen und einigen ihrer Freunde in einen Vergnügungspark in Dallas. Vielleicht werde ich einfach alt, aber ich bin einfach kein so passionierter Achterbahnfahrer mehr, wie ich es früher einmal war. Außerdem gibt es auch heute keine Achterbahnen wie den Big Dipper mehr! Voll von lauter blauen Flecken, die ich mir einhandelte, wenn wir mit halsbrecherischer (ich bekam ein ganz neues Verständnis für dieses Wort) Geschwindigkeit durch Haarnadelkurven geschleudert wurden, und angeschlagen durch Übelkeit von einer dreihundert Meter tiefen Sturzfahrt, zerbrach ich mir den Kopf, was ich mir eigentlich dabei gedacht hatte, diesen Ausflug vorzuschlagen.

Meine Söhne und ihre Freunde dagegen konnten gar nicht genug bekommen. Sie sagten alle: «Mann, ich hätte beinahe rückwärts gefrühstückt! Ich dachte, ich werde gleich ohnmächtig. Das war klasse! Lasst uns noch mal fahren.» Offenbar ging es uns allen ziemlich ähnlich, nur dass wir äußerst unterschiedlich darauf reagierten.

Als ich am nächsten Tag aufwachte, hatte ich fürchterliche Kopfschmerzen. Mir tat der Nacken weh, ich war steif, ich humpelte – ich fühlte mich schrecklich. Als ich mich fragte: «Was habe ich mir dabei gedacht?», kam die Antwort postwendend. Ich bin zwar kein passionierter Achterbahnfahrer mehr, aber ich habe eine Passion für meine Kinder.

Und weil ich eine Passion für meine Kinder habe, hatte sich das ganze Erlebnis – mit den blauen Flecken, den Schmerzen, den Beulen und allem – mehr als gelohnt. Es war eine wahre Freude zu sehen, wie meine Kinder das Erlebnis begeistert auskosteten. Das Grinsen auf ihren Gesichtern sprach Bände. Ich fand es klasse, weil ich es liebe, meine Kinder etwas tun zu sehen, wofür sie eine Passion haben.

Genauso empfindet Gott auch für Sie. Wenn Sie den Leidenschaften nachgehen, die er in Ihr Herz gepflanzt hat, strahlt Ihr himmlischer Vater übers ganze Gesicht. So viel Freude findet er darin, dass Sie Ihre Begabungen ausleben und die Person sind, als die er Sie geschaffen hat. Wir empfinden also nicht nur Erfüllung, wenn wir aus unseren Passionen leben, sondern wir spüren auch Gottes Freude.

«Jeder Tag zählt»-Moment

Wann haben Sie das letzte Mal ein Erlebnis mit Passion empfunden? Was waren die Umstände? Welche Gaben haben Sie dabei eingesetzt? Was sagt Ihnen dieses Erlebnis über Ihre Bestimmung im Leben?

Totale Verdeckung

Es liegt nahe, dass unsere Gaben und Passionen uns helfen, unseren Weg zu finden und das überfließende Leben zu verwirklichen, das Gott uns zugedacht hat. Doch die dritte Kraft in unserem GPS-System – die Schwierigkeiten – ist ebenso wichtig wie die anderen beiden. Vielleicht nicht so angenehm, aber ebenso bedeutsam. Warum? Weil wir immer dann, wenn Gott uns durch Schwierigkeiten, Probleme und Nöte gehen lässt, lernen, uns auf Gott zu verlassen. Wir lernen unsere Grenzen kennen und werden daran erinnert, das, was wir am dringendsten brauchen, von ihm zu erwarten. Indem wir lernen, uns auf ihn zu verlassen, erfüllt er uns mit seiner Kraft und Stärke.

Hätten wir nie Schwierigkeiten oder Probleme, so würden wir uns nie auf Gott verlassen und nie erfahren, wie es ist, seine Kraft in unserem Leben wirken zu sehen. Unsere Schwierigkeiten helfen uns nicht nur, uns auf ihn zu stützen, sondern sie helfen uns auch zu sehen, was er von uns möchte. Und damit helfen sie uns, unseren Weg im Leben zu finden. Als der kreative Gott, der er ist, nutzt unser Vater immer unsere Wunden aus, um uns stärker zu machen und auch anderen in unserem Umfeld zu helfen. «In allen Schwierigkeiten ermutigt er uns und steht uns bei, so dass wir auch andere trösten können, die wegen ihres Glaubens leiden müssen. Wir trösten sie, wie Gott auch uns getröstet hat» (2. Korinther 1,4).

Gott lässt Probleme und Schwierigkeiten in Ihrem Leben zu, damit Sie anderen zur Seite stehen und helfen können. Oftmals sind es gerade die Schwierigkeiten, die mir besonders peinlich sind, die Gott gebrauchen möchte, um im Leben anderer etwas zu bewirken. Wenn ich sie zugebe und jemandem davon erzähle, der dasselbe durchmacht, kann Gott meine Schwierigkeiten nehmen und sie in Sterne verwandeln.

Gott hat Sie geschaffen, damit Sie hell leuchten – damit Sie ein einzigartiger Stern sind, der zu seiner Ehre scheint. Doch das Problem ist, dass wir oft von den Erwartungen anderer total verdeckt werden. Statt der helle Stern zu sein, der einzigartige Stern, als der Gott uns geschaffen hat, geben wir uns falschen Erwartungen hin, die darauf beruhen, dass wir uns ständig mit anderen vergleichen. Wir passen uns an. Wir versuchen, es allen recht zu machen. Wir streben nach Anerkennung und geben uns mit dem Pfad des geringsten Widerstandes zufrieden, statt das überfließende Leben zu suchen, das wir ernten, wenn wir unsere gottgegebene Bestimmung verwirklichen.

Indem er Ihnen ein GPS-System gab, hat Gott Sie ausgerüstet, die Umwege und Sackgassen der Konformitätsfalle zu umgehen. Sie haben die kreative Lizenz, der (oder die) zu sein, als der (oder die) Gott Sie geschaffen hat. Der große Theologe Dr. Seuss sagte einmal: «Sei, der du bist, denn wen es stört, der zählt nicht, und wer zählt, den stört es nicht.»

Unsere größte Freude im Leben kommt oft daher, dass wir anderen dienen und ihnen geben, was niemand sonst ihnen genau zu dieser Zeit und an diesem Ort geben kann. Sei es eine warme Mahlzeit, ein freundliches Wort, ein offenes Ohr oder eine starke Schulter. Wir müssen bereit sein, uns von dem leiten zu lassen, der es am besten weiß.

Damit es fürs Leben hält

1. Listen Sie auf einem Stück Papier, nummeriert von eins bis fünf, fünf verschiedene Gaben auf, von denen Sie wissen, dass Sie sie haben. Seien Sie nicht bescheiden oder schüchtern. Sie brauchen das Blatt ja niemandem zu zeigen. Bitten Sie diese Woche mindestens drei enge Angehörige oder Freunde, fünf Gaben aufzuzählen, die sie an Ihnen sehen. Lassen Sie sich die Listen geben, damit Sie vergleichen können. Was überrascht Sie am meisten? Warum?

2. Inwieweit spiegeln Ihr gegenwärtiger Job oder Ihr derzeitiges Berufsfeld Ihre Leidenschaft wider? Wenn Sie wüssten, dass Ihnen nur noch eine begrenzte Zeit zu leben bleibt, würden Sie dann diese Arbeit weiter tun wollen? Warum oder warum nicht? Machen Sie sich eine Liste der Hindernisse, von denen Sie meinen, dass sie Sie davon abhalten, Ihrem Traumjob oder Traumberuf nachzujagen. Gehen Sie diese Hindernisse mit Gott im Gebet durch, und denken Sie daran, dass bei Ihrem Vater – der Sie geschaffen hat und der Sie am besten kennt – nichts unmöglich ist.

3. Denken Sie an die Handvoll Leute, die Ihnen im Leben am meisten geholfen haben. Inwiefern haben ihre Schwierigkeiten, Enttäuschungen und Prüfungen Ihnen geholfen? Was von dem, was sie Ihnen von ihren Erfahrungen mitgeteilt haben, hat Sie gestärkt? Denken Sie jetzt im Gebet darüber nach, diese Woche jemandem von Ihren Schwierigkeiten zu erzählen, um diese Person zu ermutigen oder zu motivieren.

Tag 18

Orkansaison

Den Stürmen der Veränderung standhalten

Alles, was ich gesehen habe, lehrt mich,
in Bezug auf alles, was ich nicht gesehen habe,
dem Schöpfer zu vertrauen.
Ralph Waldo Emerson

Wenn dir etwas nicht gefällt, ändere es.
Wenn du es nicht ändern kannst, ändere deine
Einstellung. Aber beklag dich nicht.
Maya Angelou

Die schlimmste Naturkatastrophe in der Geschichte der USA fegte am 8. September 1900 als ein Orkan der Kategorie vier und höher über die texanische Stadt Galveston hinweg. Winde mit geschätzten Geschwindigkeiten von über 220 Stundenkilometern und fünf Meter hohe Flutwellen brachen über die auf einer Insel liegende Ortschaft herein. Über 6000 Menschen verloren ihr Leben, und mehr als 3600 Häuser und Gebäude wurden zerstört. Auf das Wüten dieses «Großen Sturms», wie er später genannt wurde, waren die Einwohner offensichtlich nicht vorbereitet.

Nach diesem verheerenden Einschnitt nahmen die Einwohner von Galveston einige radikale Veränderungen vor. Sie erbauten einen fünf Meter hohen und fünf Kilometer langen Deich, um das Gebiet zu schützen. Außerdem hoben sie mit Sandwällen und Landgewinnungstechniken die gesamte Stadt um ein bis zwei Meter an. So kam es, als schon wenige Jahre später ein Sturm ähnlicher Stärke die Insel traf, nur zu geringen Schäden, denn diesmal waren die Leute vorbereitet.

Wenn die Orkane des Lebens uns treffen, müssen wir entscheiden, wie wir darauf reagieren. Allzu oft zerbrechen unsere Beziehungen daran, dass wir völlig unvorbereitet auf die Stürme und Belastungen reagieren, die über unser Leben hereinbrechen. Uns trifft eine unerwartete Tragödie oder Krise, die wir nicht haben kommen sehen. Wir können nicht verhindern, dass die Orkanwinde der Veränderung durch unser Leben, unsere Ehen, unsere Familien, unsere Beziehungen und unser Berufsleben wehen. Aber wir können uns auf sie vorbereiten und aus früheren Stürmen lernen. Und Stürme wird es geben, früher oder später.

Das Einzige, was im Leben von Dauer ist, ist die Veränderung. Die Bibel erinnert uns daran: «Jedes Ereignis, alles auf der Welt hat seine Zeit» (Prediger 3,1). Veränderungen gehören zum Leben.

Doch die Winde der Veränderung können Sie entweder stärker machen oder umwerfen. In der Ehe werden die Probleme und Prüfungen Sie entweder fester zusammenschweißen oder Ihre Beziehung zerstören. In Ihrem Körper können Krankheit und Verletzungen entweder Ihren Geist zerstören oder Sie stärker machen als je zuvor. In Ihrem Beruf kann eine verpasste Gelegenheit Ihren Traum auslöschen oder Sie dazu inspirieren, die Flammen nur umso stärker zu entfachen. Es hängt alles von unserer Reaktion ab.

Winde der Veränderung

Wie wir schon gesehen haben, spricht die Bibel über alle Aspekte eines erfüllten Lebens. Auch wie man die Orkanwinde der Veränderung überleben kann, spart sie nicht aus. Indem wir biblische Prinzipien in die Praxis umsetzen, erleben wir, dass wir die Winde der Veränderung nicht nur überleben, sondern sogar nutzen können, um unsere Segel zu füllen und uns nach vorn zu treiben. Paulus schildert, wie er als Gefangener auf einem Schiff unterwegs nach Rom einen perfekten Sturm biblischen Ausmaßes erlebte: «Doch schon bald schlug das Wetter um: Der gefürchtete Nordoststurm kam auf und trieb das Schiff auf das offene Meer hinaus. Vergeblich versuchte die

Mannschaft Kurs zu halten. Wir trieben dahin, Wind und Wogen ausgeliefert» (Apostelgeschichte 27,14–15).

Anfangs, als das Schiff in die orkanartigen Winde geriet, versuchte die Mannschaft dagegen anzukämpfen. Sie versuchten in den Sturm hineinzusegeln, vielleicht um sein stilles Auge zu finden, mussten jedoch bald die Sinnlosigkeit ihrer Anstrengungen erkennen. Ein Sturm in vollem Gang lässt sich kaum aufhalten. Veränderung ist unvermeidlich, und Sie können eine Menge Zeit und Kraft damit verschwenden, dagegen anzukämpfen. Wenn Sie nicht lernen, sich auf die unerwarteten Situationen des Lebens einzustellen und mit ihnen mitzugehen, werden Sie Schiffbruch erleiden.

Mitten in den schlimmsten Schlägen des Lebens verspüren Sie vielleicht die Versuchung, sich an die Vergangenheit zu klammern und die Dinge, wie sie früher einmal waren, romantisch verklärt zu sehen. Wir alle kennen Leute, die sich einfach nicht auf Veränderungen einstellen können. Der Wind ändert die Richtung, und sie versuchen sich an irgendetwas festzuhalten. Sie schalten auf stur und denken nur daran, wie viel besser doch alles in der guten alten Zeit war.

Tatsache ist, wenn wir nicht lernen, uns an die Winde der Veränderung anzupassen, werden wir nie das Leben genießen. Veränderungen sind beängstigend, ungewiss und bedrohlich, aber sie können auch gesund, dynamisch, erfrischend und notwendig sein. Wir müssen uns der Tatsache stellen, dass das Leben eine Reise ist und unser Schiff bisweilen in Stürme geraten wird. Wenn wir in der Verleugnung verharren, zu steuern versuchen oder uns an die Vergangenheit klammern, werden wir nie Erfüllung finden. Das Leben lässt sich nicht finden, indem man um die Winde der Veränderung herumnavigiert. Das volle Leben findet sich vielmehr gerade *in* diesen Lebensveränderungen.

Alfred Souza bemerkte: «Lange Zeit schien es mir, als würde das Leben jetzt bald beginnen – das wirkliche Leben. Aber immer stand irgendein Hindernis im Weg, etwas, das man erst überwinden musste, eine unerledigte Sache, Zeit, die man erst einmal absitzen, Schulden, die man erst einmal abtragen musste. Dann würde das Leben anfangen. Irgendwann dämmerte mir dann endlich, dass diese Hindernisse mein Leben sind.»

«Jeder Tag zählt»-Moment

Was sehen Sie als die glücklichste Zeit Ihres Lebens? Wie oft denken Sie daran oder wünschen sich dorthin zurück? Wie sieht Ihre Gegenwart im Vergleich dazu aus? Hält Nostalgie Sie davon ab, die Möglichkeiten Ihrer Gegenwart zu nutzen?

Crashkurs

Zum Lernen und Wachsen – durch die Stürme des Lebens hindurch – braucht man zwei wesentliche Navigationsinstrumente. Seekapitäne, die auf dem offenen Meer in einen Sturm geraten, wissen, dass sie gegen den Sturm oder mit dem Sturm steuern können. Die meisten lernen rasch, dass das Steuern gegen Orkanwinde damit enden kann, dass der Mast des Schiffes wie ein dürrer Zweig bricht und das Ruder von der Wucht der Wellen zerschmettert wird. Meistens ist es besser, mit dem Sturm zu steuern und sich von ihm zu beängstigender Geschwindigkeit antreiben zu lassen, um nicht zu kentern. Genauso müssen wir es auch machen, indem wir unsere Wahrnehmung des Sturms, den wir durchmachen, überdenken.

Für Paulus war das nichts Neues. Vierzehn Tage lang waren er und seine Schiffsgesellen von so heftigem Regen und so pechschwarzem Himmel umgeben, dass sie keinerlei Anhaltspunkt ausmachen konnten, nach dem sie hätten navigieren können. «Tagelang sahen wir weder Sonne noch Sterne, und der Orkan tobte so heftig weiter, dass schließlich keiner mehr an eine Rettung glaubte» (Apostelgeschichte 27,20). Allmählich verloren sie die Hoffnung, weil sie nicht durch den Sturm hindurchsehen konnten.

Das Gefühl kennen Sie wahrscheinlich. Seit Tagen, Wochen oder Jahren tobt der Sturm durch Ihr Leben, und finstere Wolken hüllen Sie ein. Sie sind kurz davor, die Hoffnung zu verlieren, weil Sie durch den Sturm hindurch nichts sehen können – nichts, woran Sie sich orientieren könnten. Wenn Sie kurz davor sind aufzugeben, tun Sie es nicht! Halten Sie es mit Winston Churchill, der sagte: «Wenn du durch die Hölle gehst, bleib nicht stehen.»

Wir können aus Paulus' Beispiel lernen, denn er blieb mitten in der Krise ganz ruhig. Er war der Einzige an Bord, der nicht die Zuversicht verlor, denn er beschloss, über den Sturm hinauszublicken. Er konnte hinter die turmhohen Wellen und heftigen Winde schauen und sah dort eine bevorstehende positive Veränderung.

Unsere menschliche Natur lässt uns dazu neigen, den Blick auf das unmittelbare Problem und seine Nebenwirkungen zu richten, anstatt daran zu denken, was dabei Positives herauskommen könnte. So werden wir negativ und deprimiert und versuchen verzweifelt, unserem Schmerz und unserem Unbehagen zu entrinnen, statt darüber hinaus auf die langfristigen Auswirkungen zu schauen. Oft machen wir Gott Vorwürfe und sind verbittert darüber, dass er unsere Lage nicht sofort besser macht.

Gott verursacht nicht die schmerzhaften Veränderungen in unserem Leben, aber er benutzt sie und will etwas Gutes daraus machen. Unter anderem tut er das, indem er uns charakterlich wachsen lässt. Der Psychologe John Townsend sagt, Unreife bestehe darin zu verlangen, die Wirklichkeit möge sich an mich anpassen. Wenn unreife Menschen in Stürme geraten, denken sie: «Wenn die Wirklichkeit so ist, wie ich sie haben will, dann bin ich wirklich glücklich und fühle mich toll. Wenn die Wirklichkeit nicht so ist, wie ich sie haben will, bin ich unglücklich, und das werde ich alle spüren lassen.» Reife dagegen passt sich an die Wirklichkeit an. Und das ist niemals einfach. Wir sind gezwungen, unsere Schwäche einzugestehen, uns von unseren gewohnten Verhaltensweisen zu verabschieden und uns auf einen neuen, manchmal heftigen Rhythmus einzustellen. Glauben Sie mir, diese Lektion ist mir schmerzhaft eingebläut worden.

Vor ein paar Jahren unternahm unsere Familie eine Reise nach Italien. Wir fuhren mit dem Zug durch das Land und fanden rasch heraus, dass die italienische Kultur ihren eigenen Zeitplan hat. Die Züge fuhren nämlich nicht immer pünktlich ab. Und kamen selten pünktlich an. Kein Wunder, dass im

Transportwesen niemand Luftsprünge machte, als ich wollte, dass sie sich zusammenrissen und die Sache ein bisschen besser organisierten. Meine Frustration dampfte vor sich hin, bis ich eines Nachmittags schließlich überkochte. Nach einer Übernachtung in einem anheimelnden Hotel in einer kleinen Stadt in den Bergen Italiens packten wir unsere Sachen und machten uns fertig, um unseren Zug zu erwischen. Die Plätze für den Zug, der in zweieinhalb Stunden abfahren sollte, hatten wir schon Wochen zuvor reserviert. Da ich es gewöhnt war, mit vier Kindern und jeder Menge Gepäck zu reisen, hatte ich gelernt, dass gute Vorausplanung entscheidend ist. Also rief ich schon einmal beim örtlichen Taxiunternehmen an und erklärte, wir würden bald ein Taxi brauchen.

Die Dame am Telefon erkundigte sich in gebrochenem Englisch: «Warum rufen Sie denn dann jetzt schon an?» Zuversichtlich antwortete ich: «Weil ich jetzt ein Taxi bestellen möchte. Wir sind zu sechst, und wir müssen in zwei Stunden aufbrechen. Ich möchte nur sichergehen, dass Ihr Taxi rechtzeitig eintrifft, damit wir am Bahnhof unseren Zug erreichen.» Während ich ihr das noch erklärte, schnitt sie mir mit der Aufforderung «Rufen Sie uns wieder an, wenn Sie ein Taxi brauchen!» das Wort ab und legte auf.

Nervös wartete ich sechzig Minuten ab und rief dann wieder an: «Ich möchte für in einer Stunde ein Taxi bestellen. Bitte kommen Sie in einer Stunde zum Hotel.» Verärgert gab sie zurück: «Dann rufen Sie doch nicht jetzt an. Rufen Sie wieder an, wenn Sie das Taxi brauchen!»

Schließlich rief ich nochmals an, zehn Minuten bevor wir das Taxi brauchten. Sie sagte: «Tut mir leid, alle Taxis sind belegt.» In dem Moment riss mir der Geduldsfaden. Es war wirklich nicht mein bester Augenblick. Ich war absolut frustriert über die Monty-Python-Methoden dieser Leute. Natürlich verpassten wir den Zug. Aber dies entpuppte sich als ein Wendepunkt auf unserer Reise. Wir merkten, dass wir hier einfach einen anderen Blick für die Zeit brauchten. Wir akzeptierten endlich, dass es uns nicht gelingen würde, die italienische Kultur zu verändern, und schickten uns widerstrebend drein, uns zu entspannen und mit dem Strom zu schwimmen.

Wir kommen an, wenn wir ankommen. In Italien mag nicht alles so nach Zeitplan laufen, wie wir es gerne hätten, aber dafür verstehen die Leute vielleicht etwas davon, wie man für jeden Tag einen natürlicheren Rhythmus findet. Die italienische Kultur veränderte sich nicht; aber wir taten es. Wir passten uns an und fühlten uns gegen Ende der Reise geradezu heimisch – eine unserer schönsten Erinnerungen und einer unserer kostbarsten Urlaube überhaupt.

Im Laderaum

Die Wirklichkeit verlangt, dass wir unsere Sicht der Welt ändern. Unsere Perspektive kann uns auch helfen, unsere Prioritäten zu klären. Wenn Sie nur noch einen Monat zu leben hätten, bräuchten Sie nicht dieses Buch, um zu erfahren, worauf Sie sich jeden Tag konzentrieren sollten, doch in unserer täglichen Routine verlieren wir oft die wichtigsten Dinge aus den Augen. Veränderung kann unsere Prioritäten klären und das, was wirklich wichtig ist, neu beleuchten.

Während der stürmischen Seereise des Paulus hatte die Ladung, die anfangs so wichtig gewesen war, auf einmal kaum noch eine Bedeutung, verglichen mit dem drohenden Verlust ihres Lebens. In Apostelgeschichte 27,18 berichtet Lukas: «Der Sturm wurde so stark, dass die Besatzung am nächsten Tag einen Teil der Ladung über Bord warf.» Die Mannschaft begann alles über Bord zu werfen, was nicht niet- und nagelfest war, um Ballast loszuwerden, damit das Schiff nicht sank. Dieselbe Ladung, die sie so sorgsam an Bord gebracht hatten – sicher stand «zerbrechlich» auf vielen der Kisten –, wurde nun mit achtloser Hast abgeworfen. Was noch vor ein paar Tagen wertvoll erschien, war nun plötzlich wertlos geworden.

Immer wenn die Stürme in Ihr Leben blasen und Ihr Schiff durchgerüttelt wird, werden Sie gezwungen, Ihre Prioritäten zu überdenken. Dabei wird eine der wichtigsten Prioritäten gewiss ganz nach oben steigen: Ihre Beziehungen.

«Jeder Tag zählt»-Moment

Welche greifbare «Ladung» haben Sie in den Stürmen des Lebens verloren? Welche Ladung mussten Sie absichtlich über Bord werfen, um einen Sturm zu überleben? Wie haben sich dadurch, dass Sie materielle Güter verloren, Ihre Prioritäten verändert?

Der unverrückbare Anker

Während wir einerseits lernen müssen, uns anzupassen und den Kurs zu ändern, um durch den Sturm zu kommen, müssen wir andererseits auch wissen, wann wir vor Anker gehen und an einem festen Ort bleiben müssen. In der Geschichte von Paulus schreibt Lukas: «Da bekamen sie Angst, auf ein Küstenriff aufzulaufen. Sie warfen am Heck vier Anker aus und warteten sehnsüchtig darauf, dass es hell würde» (Apostelgeschichte 27,29).

Liebe Leserin, lieber Leser, Sie brauchen einen Anker, der sich nie verändert: «Jesus Christus ist und bleibt derselbe, gestern, heute und für immer» (Hebräer 13,8). Während sich alles andere um Sie herum verändert, verändert Gott sich niemals. Er ist immer noch derselbe Gott, der er in biblischer Zeit war. Er kann heute noch dieselben Wunder in Ihrem Leben bewirken, und derselbe Gott wird er auch morgen sein.

Paulus behielt während des Sturms die Zuversicht, weil er diese Wahrheit kannte und danach handelte. In Apostelgeschichte 27,23 erklärt er: «In der letzten Nacht stand neben mir ein Engel des Gottes, dem ich gehöre und dem ich diene.» Gott verankerte Paulus durch seine Gegenwart, und ebenso verankert er auch uns heute, auch wenn uns wahrscheinlich keine Engel die Botschaft überbringen.

Wenn Orkanwinde durch Ihr Leben wehen, denken Sie daran, dass er genau weiß, wo Sie sind. Vielleicht kommt es Ihnen so vor, als wäre er nirgendwo in der Nähe und Sie wären ganz allein. Doch selbst wenn Sie seine Gegenwart nicht spüren, ist Gott bei Ihnen. Er ist hinter dem Sturm, inmitten des Sturms und jenseits des Sturms, immer da, um auf Sie zu warten, immer gegenwärtig.

Vielleicht fangen gerade jetzt die Stürme in Ihrem Leben zu wirbeln an; neue Wolkenformationen sammeln sich, und der Wind wird stärker. Sie haben Angst. Sind wütend. Deprimiert. Beklommen. Sehen keinen Ausweg. Mag sein, der Sturm wird Sie Ihre Ladung kosten, womöglich sogar Ihr Boot – so war es auch bei Paulus. (Alle Schiffsinsassen überlebten, obwohl das Schiff am Ende zerschellte.) Mag sein, Sie werden seekrank, nass, zu Tode erschöpft und schwach sein – aber Sie werden es schaffen. Gott wird Sie mit dem unverrückbaren Anker seiner Gegenwart hindurchbringen.

Vielleicht besteht der ganze Grund, weshalb Sie jetzt diese Seite lesen, darin, dass Sie daran erinnert werden sollen, dass er im Sturm bei Ihnen ist. «Denn ich allein weiß, was ich mit euch vorhabe: Ich, der Herr, werde euch Frieden schenken und euch aus dem Leid befreien. Ich gebe euch wieder Zukunft und Hoffnung» (Jeremia 29,11). Wie verheerend der Sturm auch sein mag, er wird Sie hindurchbringen. Mit Gott als Steuermann werden Sie wissen, wann Sie mit dem Sturm segeln und wann Sie Anker werfen und fest stehen müssen.

Damit es fürs Leben hält

1. Wenn Sie wüssten, dass Sie nur noch einen Monat zu leben hätten, welche «Ladung» würden Sie dann über Bord werfen? Mit anderen Worten, wie würden Sie Ihr Leben vereinfachen? Welche materiellen Güter würden Sie verschenken, verkaufen oder wegschmeißen? Welche Termine in Ihrem Kalender würden Sie als erste streichen? Was bringt Sie gegenwärtig dazu, an dieser Ladung festzuhalten? Machen Sie sich eine Liste der Dinge, die Sie abwerfen müssen, damit Ihr Schiff weiter ruhig segeln kann.

2. Wie hat Ihr Glaube Sie durch die Stürme der Vergangenheit getragen? Wenn Sie an den letzten Sturm zurückdenken, was haben Sie daraus über sich selbst gelernt? Was haben Sie über Gott gelernt? Nehmen Sie sich Zeit zum Gebet, suchen Sie die Verbindung zu Ihrem Anker und danken Sie ihm dafür, wie er Sie bisher getragen hat und Sie auch weiterhin festhalten wird.

3. Vor welchen Stürmen stehen Sie heute in Ihrem Leben? Machen sie Sie stärker, oder reißen sie Sie in Stücke? Bedenken Sie, Sie können sich nicht aussuchen, welche Prüfungen über Ihr Leben kommen, aber Sie können sich aussuchen, wie Sie darauf reagieren. Für welche Reaktion werden Sie sich heute entscheiden?

Tag 19

Metamorphose

Veränderung von innen heraus

Gib Raum dem, was das Herz erfreuen,
weiten oder beruhigen kann.
Gerhard Tersteegen

Wie wird man ein Schmetterling?
Man muss so sehr fliegen wollen, dass man bereit ist,
das Raupendasein aufzugeben.
Trina Paulus

Menschen, die herausfinden, dass ihre Zeit begrenzt ist, nehmen oft radikale Änderungen in ihrem Lebensstil vor. Sie geben die Arbeitssucht auf und verlangsamen das Tempo ihres Lebens, um Zeit mit geliebten Menschen, mit Gott und mit sich selbst zu verbringen und über ihr Leben nachzudenken. Sie lösen sich davon, materiellem Besitz nachzujagen und ihn anzusammeln, und genießen endlich die Fülle dessen, was sie schon haben. Sie entdecken neu die einfachen Freuden, wie etwa, es sich mit einem guten Buch am Kamin gemütlich zu machen oder an einem Sommertag im Schatten einer riesigen Eiche gemeinsam zu picknicken.

Vielleicht zwingt sie ihr körperlicher Zustand dazu, langsamer zu treten, aber den meisten ist die Gelegenheit willkommen, der Hochgeschwindigkeits-Tretmühle zu entrinnen, in die sich ihr Leben verwandelt hatte.

Wenn Sie nur noch einen Monat zu leben hätten, würden Sie wahrscheinlich auch langsamer werden und jeden Ihrer verbleibenden Tage anders angehen. Einige todkranke Menschen, die ich kannte, haben mir gesagt, dass sie letzten Endes, so ironisch es sich anhört, ihre Prognose als eine Erleichterung empfanden. Gezwungen, langsamer zu treten und radikale Veränderungen vorzunehmen, ermöglichte ihnen ihr Körper endlich etwas, wonach sich ihre Seele schon seit langem gesehnt hatte.

Bei den meisten von uns ist das Verlangen danach, langsamer zu werden und das Leben anders anzugehen, bereits vorhanden. Wahrscheinlich würden Sie dieses Buch gar nicht lesen, wenn Sie nicht aus Ihrem Leben, aus Ihren Beziehungen zu anderen Menschen und aus Ihrer Beziehung zu Gott mehr machen wollten als bisher. Sie verspüren den Drang, das Beste aus Ihrem Leben zu machen, doch allzu oft flüchten Sie sich in die Hektik oder konzentrieren sich auf Dinge, die Ihre tiefsten Wünsche nicht erfüllen können.

Unsere Ruhelosigkeit manifestiert sich als eine Unrast der Seele, eine wachsende Unzufriedenheit, die in unserem einundzwanzigsten Jahrhundert epische Ausmaße erreicht hat. Wir verdienen viel mehr Geld und genießen viel mehr Annehmlichkeiten, als unsere Großeltern es taten, doch die meisten von uns sind deshalb nicht glücklicher. Wir meinen, ein Urlaub würde uns helfen, langsamer zu treten, doch kaum sind wir am Urlaubsort angekommen, merken wir, dass wir das Entspannen verlernt haben. Es fällt uns schwer, Zeit allein zu verbringen. Wir wissen nicht mehr, wie wir einen Draht zu uns selbst finden, geschweige denn zu denen, die wir am meisten lieben.

Seekrankheit

Wir sind ständig so am Rotieren, dass wir allmählich an geistlicher Seekrankheit leiden, einem der wesentlichen Symptome einer chronisch kranken Seele. Und was tun wir als Erstes, wenn wir diese Seekrankheit der Seele spüren? Wir rotieren noch schneller. Ständig springen wir von einer Sensation zur nächsten, um Befriedigung zu finden. Das mag ein neues Haus sein, ein neues Auto, ein neuer Ehepartner, eine neue Beziehung. Vielleicht ist es auch das neueste Hightech-Spielzeug mit allen Upgrades, die nächste Reise an einen neuen exotischen Ort, der nächste Lottoschein.

Diese Wünsche sind nicht unbedingt schlecht; beunruhigend ist nur das Motiv dahinter. Der einzige Ort, wo die

Unrast unserer Seele geheilt werden kann, ist im Innern. In seinem Brief an die Römer beschreibt Paulus, wie diese Verwandlung beginnt: «Passt euch nicht dieser Welt an, sondern ändert euch, indem ihr euch von Gott völlig neu ausrichten lasst. Nur dann könnt ihr beurteilen, was Gottes Wille ist, was gut und vollkommen ist und was ihm gefällt» (Römer 12,2).

Der Schlüssel in diesem Rezept des Paulus heißt: «ändert euch». Er benutzt das griechische Verb *metamorphoō*, aus dem wir «Metamorphose» ableiten, was buchstäblich «Veränderung von innen nach außen» bedeutet. Das Geheimnis der Reife im Glauben ist eine Veränderung von innen nach außen, eine Metamorphose der Seele. Wenn ich das Wort «Metamorphose» höre, denke ich an einen Schmetterling. Die Raupe verpuppt sich und beginnt damit, sich in ein wunderschönes geflügeltes Wesen zu verwandeln. Sie wartet nicht ab, bis etwas anderes sie verändert; sie ändert sich von innen nach außen und wird so zu dem Wesen, als das sie geschaffen ist.

Allzu oft warten wir darauf, dass jemand oder etwas uns von außen verändert. Wir werfen unseren Ehepartnern vor, dass sie uns emotional nicht volltanken, unseren Gemeinden oder Pastoren, dass sie uns geistlich nicht ausfüllen, unseren Jobs, dass sie unser Sinnbedürfnis nicht befriedigen. Aber dieses Spiel mit den Schuldzuweisungen zögert das Unvermeidliche nur hinaus, wenn wir es ernst damit meinen, unsere Krankheit zu überwinden und eine gesunde, dynamische Seele zu bekommen.

Es ist an der Zeit, dass wir die Verantwortung für unser eigenes Wachstum übernehmen. Wenn Sie, um glücklich zu sein, auch nur eine Handbreit von dort wegmüssen, wo Sie jetzt sind, werden Sie nie glücklich sein. Denn wo immer Sie auch hingehen, Ihr unzufriedenes Ich kommt mit. Es geht nicht um die äußeren Umstände; es geht um das, was innen vor sich geht. Das Gegenmittel gegen die Seekrankheit unserer Seelen ist Stille: die alte Kunst, einfach still zu sein. Klettert die Raupe etwa in ihre Puppe hinein und strengt sich dann mächtig an, um ein Schmetterling zu werden?

Nein, die Raupe bewegt sich überhaupt nicht, und die Verwandlung geschieht an ihr.

Geistliches Wachstum und geistliche Verwandlung werden in Ihrem Leben nie stattfinden, solange Sie nicht endlich still werden und aufhören, sich zu bewegen. Paulus ermahnt uns, unsere «Aufmerksamkeit auf Gott» zu richten (Römer 12,2 nach *The Message*). Sie können Ihre Aufmerksamkeit nicht auf Gott richten, während Sie am Jonglieren sind. In Psalm 46,11 heißt es: «Seid stille und erkennet, dass ich Gott bin!» (Luther). Wenn wir still werden vor Gott, kann die Verwandlung beginnen. Denken Sie an die bekannten Verse aus Psalm 23: «Er weidet mich auf einer grünen Aue und führet mich zum frischen Wasser. Er erquicket meine Seele» (Vers 2–3, Luther). Bewegung und Aufruhr rauben uns die Seele, doch Stille stellt sie wieder her.

«Jeder Tag zählt»-Moment

Wann waren Sie zum letzten Mal still? Wann haben Sie zum letzten Mal den Fernseher abgeschaltet und haben einfach mal dreißig Minuten lang still dagesessen? Wann war der letzte Urlaub, in dem Sie nicht Ihre E-Mails abgeholt haben und nicht ans Handy gegangen sind?

Der Zwang zur Kontrolle

Durch die Möglichkeiten der Wissenschaft, Forschung und Technik bekommen wir jeden Tag neue Informationen darüber, wie wir unser Leben verbessern, gesünder bleiben und beruflich vorankommen können. An diesen Informationen ist nichts Verkehrtes; nur können Sie uns ein falsches Gefühl der Sicherheit vermitteln, so als könnten wir unser Leben unter Kontrolle halten.

Wie viel Kraft verwenden wir darauf, unser Image zu kontrollieren und so zu tun, als hätten wir alles im Griff, damit nur ja niemand merkt, dass es nicht so ist. Wir versuchen, unsere Probleme zu kontrollieren. Wir versuchen, unseren Schmerz zu kontrollieren. Wir versuchen, andere Menschen zu kontrollieren, aber sie spielen einfach nicht mit. Wie frustrierend! Wenn wir einfach nur jeden kontrollieren und dazu bringen könnten, zu tun, was wir wollen, dann wäre es besser auf der Welt, oder? Aber so läuft es nun einmal nicht im Leben, und das ist auch gut so. Der Versuch, alles unter Kontrolle zu halten, ist der schnellste Weg, unsere Seelen zu ersticken.

Das Gegenmittel für das Kontrollfreak-Fieber, das wir alle kennen, ist Einsamkeit. Endlich haben wir Zeit allein für die Stille mit uns selbst und mit Gott. Wenn wir die Ablenkungen abschalten und in der Stille vor ihn kommen, beginnt er unsere Seelen wiederherzustellen. In solchen Zeiten können wir ehrlich zugeben, wie wenig Kontrolle wir in Wirklichkeit über unser Leben haben. Wir können unsere Anliegen, Sorgen, Ängste und Zweifel ausdrücken und ihn darum bitten, seine Kontrolle über unser Leben auszuüben.

Die meisten von uns fühlen sich nicht wohl, wenn sie allein sind. Wenn keiner uns mehr beim Posieren zuschaut, müssen wir uns auf einmal dem stellen, wer wir wirklich sind. Doch wenn wir wirklich Heilung und Nahrung für unsere Seele wollen, dann müssen wir uns regelmäßig Zeit allein nehmen. «Denn so spricht Gott der Herr, der Heilige Israels: Wenn ihr umkehrtet und stille bliebet, so würde euch geholfen; durch Stillesein und Hoffen würdet ihr stark sein» (Jesaja 30,15; Luther). Wenn wir aufhören, all unsere Probleme lösen und alles kontrollieren zu wollen, wird die Stille unsere Seelen mit Kraft erfüllen.

Der Zwang zum Vergleichen

Ein weiteres Symptom für die Krankheit unserer Seele zeigt sich, wenn wir uns gedrängt fühlen, uns mit jedem anderen zu vergleichen, um zu wissen, wer wir sind und was wir wert sind. Wir messen uns selbst danach, wie wir im Vergleich zu anderen dastehen, und messen das oft an Statussymbolen und an unserem Aussehen. Wir schauen uns an, was andere anziehen, wo sie wohnen, was für Autos sie fahren, wo sie arbeiten, was für Noten ihre Kinder nach Hause bringen und was für Asse sie im Sport sind. Doch wenn wir Statussymbole benutzen, um unseren Wert und unsere Identität im Vergleich zu anderen zu ermessen, vertrocknen dabei unsere Seelen.

Wenn Sie sich mit Statussymbolen schmücken, versuchen Sie im Grunde, den Anschein eines gesunden, ausgewogenen, erfolgreichen Lebens zu erwecken, ohne dass dies durch die Realität gedeckt ist. Sie versuchen, sich von außen nach innen zu verändern, in der Meinung, Sie würden innerlich zufriedener mit sich selbst werden, wenn Sie nach außen hin Ihre Umgebung und Ihre Requisiten verändern. Wir denken: «Wenn ich mein Aussehen ändere, wenn ich ein anderes Haus habe, wenn ich ein anderes Auto habe, dann wird das auch mich verändern. Dann werde ich *wirklich* zufrieden sein.» Das Problem ist nur: Es funktioniert nicht.

Metamorphose fängt innen an. Ich finde es faszinierend, dass die Färbung eines Schmetterlings nicht durch Pigmente entsteht, sondern durch einen prismenähnlichen Effekt, wenn das Licht von seinen transparenten Flügeln reflektiert wird. Trotz aller Vielfalt der Farben und Muster sind unter den Zeichnungen alle Schmetterlingsflügel eigentlich durchsichtig. Ähnlich führt auch in unserem Leben Transparenz zur Verwandlung. Wenn wir vor Gott und anderen echt werden, wenn wir die Leute sind, als die Gott uns geschaffen hat, anstatt so zu tun, als wären wir jemand anders, dann tritt unsere ureigene, individuelle Schönheit zutage.

Echte Veränderung wird von innen her ausgelöst. Erst dann folgt auch das Äußere und spiegelt die Veränderung wider.

Das beste Gegenmittel für den Zwang zum Vergleichen (auch Statussymbol-Syndrom genannt), das ich kenne, ist das Dienen. Nicht irgendjemandem dienen, sondern gezielt solchen Leuten, die Ihnen nichts zurückerstatten können, was von Wert wäre.

Networking ist ein wesentlicher Teil unseres Zusammenlebens und unserer Geschäftsbeziehungen. Aber wenn Sie sich in jemanden investieren, der Ihnen nichts zurückgeben kann, dann durchbrechen Sie alle Grenzen und stoßen zu einer tieferen Verbindung durch. Dann geht es nicht mehr ums Vergleichen, sondern um Barmherzigkeit.

«Jeder Tag zählt»-Moment

Welcher Person oder welchen Personen dienen Sie gerade, die Ihnen nichts zurückgeben können? Wer in Ihrem Leben braucht Sie, kann aber vielleicht keine Gegenleistung erbringen? Was hindert Sie daran, sich in diese Leute zu investieren?

Krise der Bequemlichkeit

Oft ist unser Ziel im Leben, dass wir es bequem haben. Doch wenn unser Streben nach Bequemlichkeit das Streben nach Gott beeinträchtigt, dann stagnieren wir und versinken in Langeweile und Depression. Das letzte Symptom der Seelenkrankheit im modernen Leben zeigt sich, wenn wir versuchen, uns von Schmerz, Leid, Unannehmlichkeiten und unbequemen Dingen abzuschirmen. Das Komfortzonenvirus wird uns unser Lebensglück stehlen und unsere Seele schrumpfen lassen.

Unsere geistliche Rastlosigkeit wird immer weiter zunehmen, wenn wir versuchen, Problemen im Leben aus dem Weg zu gehen. Kommen wir noch einmal auf Paulus' Einsicht aus dem Römerbrief zurück, wo er uns anweist: «Wenn Nöte kommen, haltet durch» (Römer 12,12; Neue Genfer Übersetzung 2003). Wohlgemerkt, Paulus sagt nicht «falls», sondern «wenn». Jeder Einzelne von uns wird Trübsal erleben. Höchstwahrscheinlich stecken Sie gerade jetzt mitten in Problemen. Und wenn Sie vorausblicken, warten vermutlich schon hinter der nächsten Ecke neue Probleme. Egal, ob Sie jung oder alt sind, reich oder arm, auf dem Land oder in der Großstadt wohnen; Leiden ist ein Teil des Lebens. Niemand bleibt von Tragödien verschont. Das Entscheidende ist, daran zu denken, dass im Kern eines jeden Problems ein Zweck steckt, eine Offenbarung Gottes, die in unserem Leben wirksam wird. Unsere Stärke nimmt zu, je mehr wir uns in unseren Schwierigkeiten an ihn anlehnen.

Ich muss an einen kleinen Jungen denken, der auf einem Zweig eine Schmetterlingspuppe fand. «Die bewegt sich ja», dachte er, und dann sah er, dass ein Schmetterling dabei war, sich ins Freie zu kämpfen. Da ihm der Schmetterling leidtat, nahm er sein Taschenmesser, um ihm die Mühe zu ersparen. Er schnitt die Puppe auf, zog den Schmetterling heraus und hielt ihn in der Hand, in der Erwartung, er würde davonfliegen. Doch der Schmetterling rührte sich nicht, und nach ein paar Minuten war er tot. Als ihm die Mühe abgenommen wurde, sich aus der Puppe herauszukämpfen, war er der Gelegenheit beraubt, seine Flügel zu kräftigen. Mit seinen schwachen, feuchten Flügeln konnte der Schmetterling nicht überleben. Er musste kämpfen, um aufsteigen zu können, und auch wir brauchen Schwierigkeiten, um aufsteigen zu können. Ohne Probleme können wir uns unmöglich von innen nach außen verändern.

Gott lässt Prüfungen in unserem Leben zu, weil Leid das einzige Gegenmittel gegen das Komfortzonenvirus ist. Deswegen müssen Sie jetzt aber nicht nach Leiden suchen. Das Leiden kommt schon von allein. Jedem von uns werden tiefe Wunden geschlagen, wenn wir Tragödien, Verluste und Schmerz erleben. Ich wünschte, ich könnte Ihnen erzählen: Wenn Sie Gott lieben und ihm von ganzem Herzen folgen, dann wird nie jemand in Ihrer Familie sterben, werden Sie nie Ihren Job verlieren, wird nie eine Ihrer Beziehungen scheitern, werden Sie nie krank werden. Aber das kann ich nun wahrlich nicht sagen, denn Leid spart niemanden von uns aus. Der Schlüssel ist, sich klarzumachen, dass Gott das Problem nicht verursacht, dass er es aber zulässt, damit wir unsere Flügel kräftigen und nach Herzenslust aufsteigen können.

Wenn wir jammern und klagen und den Märtyrer spielen, nützt uns das Leiden gar nichts, und unsere Nöte sind vergeudet. Doch Gott will keine Not, keine Träne, keinen Schmerz vergeuden. Er möchte, dass wir dank seiner Gnade durchhalten, und das schaffen wir, indem wir ihm vertrauen.

Gnade ist die Kraft zur Veränderung – nicht etwas, das wir für uns selbst tun können, sondern etwas, das Gott für und durch uns tut. Wenn wir still und ruhig werden, wenn wir anfangen zu dienen und das Leid in unserem Leben anzunehmen, dann machen wir echte geistliche Verwandlung in unserem Leben möglich. Wir lernen, dass wir unsere Probleme nicht aus eigener Kraft lösen oder unseren äußeren Schein ändern und dann erwarten können, dass sich unser Leben verändert. Metamorphose ist nur durch Gnade möglich.

Wenn Sie nur noch einen Monat zu leben hätten, würden Sie mit der unaufhörlichen Bewegung eines hektischen Lebens aufhören und Wege finden wollen, um Stille und Einsamkeit zu genießen. Sie würden Ihre Seele nähren wollen, indem Sie aufs Vergleichen verzichteten und stattdessen nach Wegen Ausschau hielten, um anderen zu dienen. Sie würden einen Weg finden wollen, um mit Würde zu leiden, indem Sie auf Gottes Zusagen vertrauen. Über alles, was Sie sehen und spüren können, hinaus!

Viele Menschen sind gezwungen, all diese Veränderungen auf einmal vorzunehmen, weil ihre Körper ihnen den Dienst versagen. Die gute Nachricht ist, dass Sie schon heute anfangen können, die Symptome der Krankheit Ihrer Seele zu lindern und im heilenden Balsam der Gnade Gottes zu ruhen.

Damit es fürs Leben hält

1. Planen Sie diese Woche voraus, damit Sie wenigstens eine Stunde ohne Unterbrechung allein verbringen können. Lassen Sie andere wissen, dass Sie in dieser Zeit weder telefonisch noch per E-Mail erreichbar sind. Wenn nötig, gehen Sie irgendwohin, wo Sie nicht gestört werden können. Nehmen Sie nichts zu lesen, zu schreiben oder zu hören mit. Seien Sie einfach einige Zeit ganz still. Vielleicht schauen Sie aus dem Fenster, machen einen Waldspaziergang oder bleiben nach Dienstschluss still in Ihrem Büro.

2. Auf welche Weise haben Sie sich in letzter Zeit zu verändern versucht, indem Sie Ihre äußere Erscheinung oder Ihre äußeren Umstände veränderten? Denken Sie darüber nach, was Sie an Ihrem Tagesablauf oder Ihrem Lebensstil ändern könnten, um sich regelmäßig Zeit mit Gott zu nehmen.

3. Denken Sie an die Menschen in Ihrem Leben. Suchen Sie sich einen Bekannten aus, mit dem Sie sich anfreunden wollen; jemanden, der Sie mehr braucht als Sie ihn. Suchen Sie nach einer Möglichkeit, dieser Person zu dienen.

Tag 20

Erdbeben

Ein unerschütterliches Fundament legen

Gott flüstert in unseren Freuden; er spricht in unserem Gewissen; in unseren Schmerzen aber ruft er laut. Sie sind sein Megaphon, eine taube Welt aufzuwecken.
C. S. Lewis

Schmerz ist unvermeidlich, aber Unglücklichsein ist freiwillig. Dem Schmerz können wir nicht aus dem Weg gehen, der Freude schon.
Tim Hansel

Verluste zu akzeptieren ist eine der schwierigsten Lektionen des Lebens. Und dieser Prozess geht nie zu Ende, denn unser Leben verändert sich ständig, und wir sind gezwungen, uns der harten Wirklichkeit einer Welt zu stellen, die alles andere als perfekt ist. Ob Sie alleinstehend sind oder verheiratet, Lehrer oder Schüler, Geschäftsmann oder Hausfrau, irgendwann haben Sie höchstwahrscheinlich schon einmal Momente erlebt, in denen Ihre Welt bis in die Grundfesten erschüttert wurde. Die Ehe, die so unangreifbar schien. Der Elternteil, der doch jeden Tag Sport getrieben hat. Das Geschäft, das erfolgreicher war, als Sie es sich je erträumten. Dann plötzlich lösten eine Scheidung, ein Herzanfall, ein Bankrott seismische Wellen aus, die gewaltige Schäden anrichteten.

In solchen Zeiten kann unser Glaube bis ins Tiefste erschüttert werden. Einerseits zwingen uns solche Prüfungen und schmerzlichen Verluste dazu, uns auf Gott zu verlassen und bei ihm Trost, Frieden, Liebe und Barmherzigkeit zu suchen. Andererseits aber kann es sein, dass wir zornig werden und gegen ihn aufbegehren, weil wir uns nicht vorstellen können, warum er diese Tragödie, diesen Verlust, diese Katastrophe überhaupt erst zugelassen hat.

Es ist schwer zu begreifen, dass wir für unsere Wahlfreiheit einen der höchsten Preise zahlen müssen, die man sich vorstellen kann: die Not und Qual einer unvollkommenen Welt. Doch Gott lässt uns niemals im Stich. Er leidet mit uns und weiß besser als jeder andere, was es bedeutet, ein Kind zu verlieren, von seinem eigenen Volk abgelehnt zu werden oder von einem Freund verraten zu werden. Jesus selbst sagt es: «In der Welt habt ihr Angst, aber lasst euch nicht entmutigen: Ich habe die Welt besiegt» (Johannes 16,33). Probleme sind ein natürlicher Teil des Lebens, sagt Jesus, aber sie müssen uns nicht niedermachen.

Wenn wir nur noch einen Monat zu leben hätten, würden wir uns wünschen, dass unser Leben der Wucht standhalten kann, mit der diese Nachricht über uns hereinbricht, und all denen, die wir zurücklassen, ein unerschütterliches Fundament hinterlässt. Das können wir nur, indem wir unser Fundament bewusst jeden Tag stärken und beim Baumeister Weisung und Anleitung für den Bau unseres Lebens suchen.

Felsenfest

Wenn die Erdbeben des Lebens kommen, merken wir, aus welchem Holz wir geschnitzt sind und worauf wir unser Leben aufgebaut haben. Wiegen wir uns vielleicht in falscher Sicherheit, während wir in Wirklichkeit auf der Nahtstelle tektonischer Platten stehen? Wird schon die kleinste seismische Aktivität unser Leben zu Staub zerfallen lassen?

Niemand von uns würde bestreiten, dass ein solides Fundament der Schlüssel zur Qualität eines Gebäudes, seiner statischen Festigkeit auf der ganzen Höhe darstellt. Ein unerschütterliches Fundament ist zugleich der Schlüssel zum Aufbau eines sinnvollen Lebens, einer beständigen Ehe, einer starken Familie und eines erfolgreichen Geschäfts. Diese Binsenwahrheit verwendet Jesus, um zu veranschaulichen, dass wir ein übernatürliches Fundament brauchen, das jeder Katastrophe oder Tragödie, die uns begegnen mag, standhalten kann: «Wer meine Worte hört und danach handelt, der ist klug.

Man kann ihn mit einem Mann vergleichen, der sein Haus auf felsigen Grund baut. Wenn ein Wolkenbruch niedergeht, das Hochwasser steigt und der Sturm am Haus rüttelt, wird es trotzdem nicht einstürzen, weil es auf Felsengrund gebaut ist» (Matthäus 7,24–25).

Wo man auch hinschaut, brechen heute Familien auseinander, weil sie auf unsicherem Grund gebaut sind. Sie können nicht vorhersehen, wann Ihr Leben von einem Erdbeben erschüttert wird, aber Jesus sagt, dass Sie Ihr Leben erdbebensicher machen können, indem Sie auf das richtige Fundament bauen. Und zwar, so sagt er, indem Sie seine Worte in die Tat umsetzen.

Jesus zufolge liegt das Geheimnis nicht darin, wie gut Sie sich in der Bibel auskennen; es geht viel eher darum, wie sehr Sie seine Wahrheit Tag für Tag ausleben. Wie echt ist Ihr Glaube? Wenn Sie ihn täglich ausüben, werden Sie, wenn das Erdbeben kommt, darauf vorbereitet sein, es zu überstehen und hinterher umso gestärkter daraus hervorzugehen. Die Bibel offenbart die Geheimnisse, wie man Gottes Wort in die Tat umsetzt und ein unzerstörbares Fundament errichtet.

Erstens brauchen Sie ein solides Zentrum in Ihrem Leben. In Matthäus 22,37–39 offenbart Jesus dieses solide Zentrum im größten Gebot: «Jesus antwortete ihm: ‹Du sollst den Herrn, deinen Gott, lieben von ganzem Herzen …› Das ist das erste und wichtigste Gebot. Ebenso wichtig ist aber das zweite: ‹Liebe deinen Mitmenschen wie dich selbst!›» In einer Ehe neigt man so leicht dazu, im Ehepartner die Quelle des eigenen Glücks zu sehen, von der man erwartet, dass sie die eigenen Bedürfnisse nach Erfüllung, Ziel und Sinn befriedigt. Aber kein Mensch ist dazu ausgerüstet, einen anderen auf dieser Ebene zu tragen. Wenn Sie von Ihrem Partner erwarten, dass er Bedürfnisse befriedigt, die nur Gott befriedigen kann, setzen Sie diese Person und die Beziehung einem zu hohen Druck aus.

Wenn in dem Moment, wo das Erdbeben der Probleme hereinbricht, irgendetwas anderes als Gott das Zentrum Ihres Lebens bildet, dann wird Ihr Zentrum nicht stark genug sein, um Sie zusammenzuhalten. Wenn Sie ein solides Zentrum haben,

haben Sie ein solides Leben. Ist das Zentrum schwach, wird Ihr Leben bröckeln.

Wenn Sie das Gefühl haben, Ihr Leben bricht zusammen, müssen Sie innehalten und sich anschauen, was das Zentrum Ihres Lebens ausmacht. Es ist nie zu spät, um Gott zu bitten, zum Zentrum Ihres Lebens zu werden, und seine offenbarte Wahrheit als solides Fundament zu nehmen, auf dem Sie aufbauen. Dann mag die Erde beben und sich aufbäumen, und Beziehungen und Unternehmen mögen um Sie herum zusammenbrechen, mit Gott als Ihrer unerschütterlichen Basis werden Sie trotzdem fest stehen. «Denke bei jedem Schritt an ihn; er zeigt dir den richtigen Weg und krönt dein Handeln mit Erfolg» (Sprüche 3,6). Gott möchte das Fundament für jeden Bereich Ihres Lebens sein: für Ihre Ehe, Ihre Familie, Ihr Geschäft und Ihre Finanzen.

«Jeder Tag zählt»-Moment

Worum dreht sich Ihr Leben in der letzten Zeit? Wer oder was ist das Zentrum Ihres Lebensrades? Ihre Familie? Die Arbeit? Ein Traum? Ein Ziel? Auf welche Weise hat dieses Zentrum Sie bisher getragen? Auf welche Weise hat es Sie für Erschütterungen durch Umstände anfällig gemacht?

Gemeinsam wachen

Ein weiterer wichtiger Faktor, um Ihr Fundament fest zu machen, besteht darin, eine Gemeinschaft zu haben, die Anteil nimmt und sich gegenseitig stützt. Sie brauchen ein Team von Leuten, die Sie lieben, weil Sie der sind, der Sie sind, und nicht, weil Sie tun, was Sie tun. Sie brauchen Freunde in Ihrem Leben, die kommen, wenn alle anderen gehen. Woher wissen Sie, wer Ihre Freunde sind? Ganz einfach – wenn Sie eine harte Zeit durchmachen, sind sie zur Stelle. Sie stehen nicht nur bei Ihnen auf der Matte, solange alles glattgeht. Sie haben manche Bekanntschaften in Ihrem Leben, die Sie vielleicht «Freunde» nennen, und wahrscheinlich denken Sie mit Zuneigung an sie und sind gern mit ihnen zusammen. Doch wenn es zu beben beginnt, halten Bekannte das Rütteln nicht aus. Sie verschwinden und lassen Sie in den Trümmern stehen. Echte Freunde kommen gerade dann und fangen Sie auf, wenn die Zeiten hart werden.

Gott hat einen Weg bereitet, dieses Bedürfnis nach Gemeinschaft, das wir alle haben, zu befriedigen: die Gemeinde. Wenn einer oder eine Familie ein Erdbeben erlebt, dann versammeln wir anderen uns und helfen ihnen, stark zu bleiben, unterstützen sie beim Wiederaufbau und kümmern uns um sie. «Zwei haben es besser als einer allein, denn zusammen können sie mehr erreichen. Stürzt einer von ihnen, dann hilft der andere ihm wieder auf die Beine. Doch wie schlecht steht es um den, der alleine ist, wenn er hinfällt! Niemand ist da, der ihm wieder aufhilft! ... Einer kann leicht überwältigt werden, doch zwei sind dem Angriff gewachsen. Man sagt ja auch: ‹Ein Seil aus drei Schnüren reißt nicht so schnell!›» (Prediger 4,9–10.12). Gott hat uns geschaffen, um in Gemeinschaft zu leben, uns gerne gegenseitig in der Not zu helfen und die Hilfe dankbar anzunehmen, wenn wir selbst sie nötig haben.

«JEDER TAG ZÄHLT»-MOMENT

Wer hat Sie bisher verlässlich ermutigt, herausgefordert und aufgefangen? Wenn Sie nur noch einen Monat zu leben hätten, was würden Sie diesen Leuten sagen wollen?

Zuflucht vor dem Sturm

Wenn Sie plötzlich von Erdbeben durchgerüttelt werden, vergessen Sie nie, dass Sie eine Zuflucht vor dem Sturm haben. Sie können sich zur Quelle jenes Friedens flüchten, der alles Verstehen übersteigt. Gott sagt uns: «Wenn du keinen Ausweg mehr siehst, dann rufe mich zu Hilfe! Ich will dich retten, und du sollst mich preisen» (Psalm 50,15). Gott möchte, dass Sie sich zuerst an ihn wenden, wenn es dick kommt. Wir jedoch versuchen alle unsere Probleme zu lösen, und erst wenn es keinen anderen Ausweg mehr gibt, unser Leben schon um uns herum zu bröckeln beginnt und sämtliche Möglichkeiten erschöpft sind, wenden wir uns endlich an Gott und sagen: «Nun, jetzt bleibt mir wohl nichts anderes mehr übrig, als zu beten!»

Doch diese Formel steht auf dem Kopf; das Gebet sollte unsere erste Reaktion sein, nicht unser letzter Ausweg. Gott sagt: «Wende dich zuerst an mich und bete darüber, denn ich bin ganz nahe bei dir.» Woher wissen Sie, ob Gott wirklich im Zentrum Ihres Lebens steht? Sie merken es daran, dass Sie aufhören, sich Sorgen zu machen! Wann immer Sie anfangen, sich um irgendetwas zu sorgen, ist das ein Signal, dass Gott vom ersten Platz verdrängt wurde und dass sich etwas anderes an seiner Stelle ins Zentrum Ihres Lebens geschoben hat. Wo immer Sie in einem Lebensbereich Gott an die erste Stelle setzen, hören Sie auf, sich darüber Sorgen zu machen. Steht Gott in Ihrer Ehe nicht an erster Stelle, werden Sie sich um Ihre Beziehung sorgen. Steht er in Ihren Finanzen nicht an erster Stelle, werden Sie sich über Ihren Kontostand die Haare raufen. Steht er in Ihrem Geschäft nicht an erster Stelle, werden Sie nachts nicht schlafen können, weil Sie immerzu ans Büro denken müssen. Wann immer wir anfangen uns Sorgen zu machen, haben wir unsere Zuflucht verloren und sind den Elementen ausgesetzt, die unseren Glauben erschüttern können.

Solange Sie einen Puls haben, werden Sie auch Probleme haben. Aber eines kann ich Ihnen sagen: Jesus Christus wird Sie durch jedes Problem begleiten, und er wird Sie niemals im Stich lassen. Schauen Sie, was David in Psalm 94 sagt: «Herr, wenn du mir nicht geholfen hättest, dann wäre ich jetzt tot – verstummt für immer! Sooft ich dachte: ‹Jetzt ist alles aus!›, halfst du mir in Liebe wieder auf. Als quälende Sorgen mir Angst machten, hast du mich beruhigt und getröstet» (Vers 17–19).

Vielleicht stecken Sie gerade mitten im größten Erdbeben Ihres Lebens und werden bis in Ihre Grundfesten erschüttert.

Sie wissen, dass Sie es nicht verursacht haben, und fragen sich, warum Gott es wohl zugelassen hat. Vielleicht werden Sie die Antwort diesseits der Ewigkeit nie erfahren. Aber wenn Sie entschlossen sind, Gott zu lieben und zu kennen, wenn Sie seinem Sohn Ihr Herz anvertraut haben, dann wird er Sie in seinen Armen halten und niemals loslassen.

Wenn wir vor einem Problem stehen, ist unsere erste Reaktion meistens: «Gott, hol mich aus dieser Situation heraus. Ich brauche jetzt ein Wunder. Gott, löse dieses Problem, und beeil dich bitte!» Doch Gott antwortet uns oft mit seiner Präsenz statt mit Präsenten. Er sagt: «Ich werde dich nicht einfach da herausholen. Es gibt keinen magischen Notfallknopf und keine Sofortlösung. Folgendes habe ich vor: Ich werde dich halten, und ich werde mit dir gehen, bis du wieder festen Boden unter den Füßen hast. Ich bin hier bei dir, wenn die Erde bebt, aber auch in den Zeiten, wo alles in Ordnung ist.»

Der Sänger Billy Joel rief einmal von Kalifornien aus seine Tochter an ihrem zwölften Geburtstag an und sagte: «Schatz, es tut mir so leid, dass ich an diesem besonderen Tag nicht bei dir sein kann, aber ich habe dir etwas ganz Schönes geschickt. Ich sage dir noch nicht, was es ist, aber heute am Spätnachmittag müsste dein Geschenk bei dir ankommen. Halt Ausschau danach!» Später am selben Tag hörte seine Tochter es an der Tür klingeln. Sie ging hinaus zur Eingangstreppe und sah ein riesiges Geschenkpaket mit einer großen Schleife. Was das sein mochte, konnte sie sich nicht denken. Sie fing an, es auszupacken und die Verpackung aufzureißen – und heraus kam Billy Joel selbst! Das war seine Überraschung. Das beste Präsent, das sie hätte bekommen können, war die Präsenz ihres Vaters.

Auf die gleiche Weise hat auch Gott Ihnen schon längst sein größtes Geschenk gemacht. Ich weiß nicht, vor welchen Herausforderungen Sie in Ihrem Leben gerade stehen, aber Gott weiß es. Er versteht, wie Sie sich fühlen. Er weint mit Ihnen in Ihrer Not. Er hat die Macht, Ihrem Leben eine neue Richtung zu geben.

Damit es fürs Leben hält

1. Schildern Sie, wie Sie das letzte Mal die Erschütterungen eines Erdbebens in Ihrem Leben gespürt haben – Ihre jüngste Prüfung. Inwiefern hat Sie das herausgefordert und Ihr Leben auf den Kopf gestellt? Wie haben Sie sich dadurch verändert? Würden Sie sagen, dass Ihr Glaube und Ihre Beziehung zu Gott durch die Nachwirkungen stärker oder schwächer geworden sind?

2. Wen sehen Sie als einen echten Freund an? Nicht nur als einen Bekannten, mit dem Sie sich gut verstehen, sondern als jemanden, auf den Sie sich in der Krise oder in der Not verlassen könnten? Wenn Ihnen niemand einfällt, denken Sie daran: Der sicherste Weg, echte Freunde zu finden, ist, ein echter Freund zu sein. Wer braucht heute Ihre Hilfe oder Ermutigung?

3. Machen Sie sich eine Liste der Geschenke, die Sie sich von Gott wünschen. Das kann ein anderer Job sein, eine neue Beziehung oder die Wiederherstellung Ihrer Gesundheit. Nehmen Sie sich etwas Zeit, um darüber nachzudenken, was es bedeuten würde, sich noch mehr nach Gottes Gegenwart zu sehnen als nach diesen Dingen.

Tag 21

Mulligan

Mit Integrität ins Spiel gehen

Geben Sie Acht auf das geheime Theater Ihres Herzens.
Schauen Sie sich dort nichts an, wovon Sie nicht wollen,
dass es in der Wirklichkeit geschieht.
Roy H. Williams

Der Unterschied zwischen Schule und Leben? In der
Schule lernt man eine Lektion und macht dann eine
Prüfung. Im Leben macht man eine Prüfung, die einen
eine Lektion lehrt.
Tom Bodett

Wenn Sie nur noch einen Monat zu leben hätten, würden Sie höchstwahrscheinlich Ihr Leben überdenken und Ihren Charakter unter die Lupe nehmen wollen. Sie würden alles tun wollen, was Sie können, um aus den Fehlern in Ihrer Vergangenheit zu lernen, alle Falten auszubügeln, die entstanden sind, und Ihre restlichen Tage in Frieden leben. Sie würden wollen, dass Ihr Leben ganz und heil ist, nicht gespalten und fragmentiert, wie wir es oft erleben, wenn wir nur lustlos unsere Rituale abarbeiten und uns mit weniger zufriedengeben, als uns zugedacht ist. Würden Sie bewusst und leidenschaftlich leben und wären Sie vollkommen lebendig, so würden Sie mit Integrität leben wollen.

Dieses Wort wird heute viel benutzt, besonders in politischen Kreisen, aber was bedeutet es eigentlich? In Integrität steckt das Wort «integer». Wie Sie vielleicht noch aus dem Mathematikunterricht wissen, ist ein Integer schlicht eine ganze Zahl, im Unterschied zu einer Bruchzahl (im Englischen, nicht im Deutschen; Anm. des Verlags). Integrität bedeutet also

Ganzheit, im Gegensatz zur Fragmentierung oder Gebrochenheit des Lebens.

Wenn es Ihnen an Integrität fehlt, dann verhalten Sie sich in der Gemeinde auf eine Weise und im Beruf oder in der Schule ganz anders. Wenn Sie mit Ihren Freunden zusammen sind, verhalten Sie sich auf eine Weise, zu Hause bei Ihrer Familie ganz anders. Ein echtes Zeichen für Reife und Charakterstärke ist es, immer dieselbe Person zu sein, egal, wo wir uns befinden oder mit wem wir zusammen sind. Integrität ist Ganzheit, innere Übereinstimmung durch und durch. «Besser ein Armer, der in seiner Lauterkeit lebt, als ein Verschlagener, der auf zwei Wegen geht und der dabei reich ist» (Sprüche 28,6; Elberfelder).

Wie wir an diesem Sprichwort sehen, ist für Integrität kein Preis zu hoch. Wenn Sie Integrität haben, erfüllt sie Ihr Leben mit Frieden, Leidenschaft und Sinn. Wenn Sie immer dieselbe Person sind, egal ob im Büro, in der Gemeinde, bei Ihrer Familie, mit Ihren Kumpels beim Fußballspiel oder mit Ihren Freundinnen im Café, dann wird Ihr Leben von einer ruhigen Klarheit erfüllt sein. Sie müssen sich nicht dauernd positionieren und posieren, sich drehen und wenden und rätseln, wer Sie in den verschiedenen Rollen und Umgebungen Ihres Lebens sein sollten.

Der Sport scheint in den meisten von uns sowohl das Beste als auch das Schlechteste zum Vorschein zu bringen. Einer der Orte, wo Integrität für mich am offensichtlichsten wird, ist der Golfplatz. Als begeisterter Golfer kann ich eine Menge über jemanden herausfinden, wenn ich achtzehn Löcher mit ihm spiele. Auf dem Golfplatz sehe ich, wie kampflustig jemand ist, wie kreativ, wie ehrlich, wie gut er mit Widrigkeiten zurechtkommt. Ich stimme John Wooden zu, wenn er sagt: «Der Sport bildet den Charakter nicht. Er offenbart ihn.» Während das Golfspiel uns einen ziemlich akkuraten Spiegel für die Integrität eines Menschen liefert, bietet es uns zugleich Einsichten, wie wir in unserem Leben mehr Integrität entwickeln können.

Alleskönner

Die Profi-Golfer, die die meisten Turniere gewinnen, sind die Alleskönner. Nehmen Sie zum Beispiel Tiger Woods. Er kann den Ball sehr weit abschlagen und dabei präzise die Richtung halten. Zugleich hat er auch ein ungemein gutes kurzes Spiel. Er kann hervorragend putten. Nehmen Sie das alles zusammen, und Sie haben den besten Spieler der Welt. Er ist ein Alleskönner. Wenn Sie sich die PGA-Champions einer Saison ansehen, werden Sie wahrscheinlich feststellen, dass die Sieger immer Alleskönner sind. Sie mögen in einem Bereich ganz besondere Stärken haben, aber insgesamt haben Sie die Fähigkeiten, die nötig sind, um in jeder Phase des Spiels gut zu sein.

Genauso ist es auch mit unserer persönlichen Integrität. Wenn wir in einem ungeteilten, ungebrochenen Zustand von Stärke und Frieden leben wollen, müssen wir Alleskönner sein. Wir müssen uns bemühen, unsere Kernwerte und Kernüberzeugungen in alle unsere Aktivitäten zu integrieren, nicht nur in manche davon. Wir müssen uns selbst und Gott in jedem Bereich unseres Lebens treu sein.

Vielen Menschen jedoch fällt es viel leichter, ihr Leben in verschiedene Bereiche aufzuteilen und damit ihre Inkonsequenz zu rechtfertigen. Nehmen Sie die kürzlich passierte wahre Geschichte von einem Mann und seiner Freundin, die in ein Fastfood-Restaurant gingen. Sie kauften sich einen Eimer Hähnchenteile für ein Picknick, doch der Kassierer gab ihnen aus Versehen einen Eimer mit den Tageseinnahmen. Als sie im Park ankamen und ihren Eimer öffneten, fanden Sie statt Hähnchenschenkeln und Flügeln achthundert Dollar vor. Der Mann fuhr sofort wieder ins Restaurant und gab den Eimer Bargeld zurück.

Der verzweifelte Inhaber war so erleichtert, als das Paar zur Tür hereinkam und die achthundert Dollar zurückgab, dass er sagte: «Lassen Sie mich bei der Zeitung anrufen. Ich finde, Ihr Bild muss in die Zeitung, Sie sind wohl die ehrlichsten Menschen, die mir je begegnet sind.» Worauf der Mann hastig antwortete: «Oh nein, nein, nein.» Dann beugte er sich hinüber und flüsterte dem Inhaber zu: «Ich möchte nicht, dass unser Bild in die Zeitung kommt, denn wissen Sie, diese Frau, mit der ich zusammen bin, ist mit jemand anderem verheiratet.»

Man kann also in einem Bereich seines Lebens durchaus ehrlich sein, aber wenn man in einem anderen unehrlich ist, hat man keine Integrität. Man kann in vier oder fünf Beziehungen ehrlich sein, aber wenn man in einer Beziehung unehrlich ist, hat man keine Integrität. Gott will, dass wir Alleskönner sind und uns an Ehrlichkeit, Fairness, Anstand und Wahrheit halten, egal, wo wir uns aufhalten oder mit wem wir zusammen sind.

«Jeder Tag zählt»-Moment

In welchen Bereichen Ihres Lebens nehmen Sie am ehesten eine Abkürzung oder lassen Ihre Wertvorstellungen außer Acht? In Beziehungen? In Finanzen? Im geistlichen Bereich? Welchen Teil Ihres Lebens finden Sie besonders schwer in die anderen Teile integrierbar?

Ein wahrer Schwung

In dem Golffilm «Die Legende von Bagger Vance» versucht der mythische Titelheld, ein Caddy, einem heruntergekommenen Golfer zu helfen, seinen idealen Schwung zu finden. Bagger nennt das den einzig wahren, authentischen Schwung, den man findet, indem man seine natürlichen Stärken nutzt und seine Schwächen ausgleicht. Jeder von uns hat diesen einen wahren, authentischen Schwung. Doch das Problem ist, dass wir die Leute beeindrucken wollen. Wir zielen beim Abschlag auf Showeffekte, statt nach unserem einzigartigen Schwung zu suchen.

Wenn man etwas nur tut, um ein Image aufrechtzuerhalten und Leute zu beeindrucken, kostet das ungemein viel Kraft und Anstrengung. Es trocknet Ihre wahre Leidenschaft aus, lenkt Sie von Ihrem gottgegebenen Ziel ab und raubt Ihnen den persönlichen Frieden.

Oft verspüren Menschen am Ende ihres Lebens große Reue, weil sie wissen, dass sie ihre Werte und das, was Gott ihnen mitgegeben hat, nicht konsequent ausgelebt haben. Zu spät lernen sie, dass das Geheimnis der Leidenschaft darin besteht, Gottes Absichten für ihr Leben treu zu bleiben. Sie müssen entscheiden, ob Sie die Leute beeindrucken oder beeinflussen wollen. Die Menge lässt sich vom Image beeindrucken, doch Einfluss auf Menschen nehmen können Sie nur, indem Sie die Maske abnehmen, echt sind und Ihre Fehler und Unzulänglichkeiten zugeben.

Integrität ist das Gegenteil von Image. Integrität haben Sie, wenn Ihr Privatleben zu Ihrem öffentlichen Image passt. «What you see is what you get», «was du siehst, kriegst du auch» – das ist Integrität. Integrität zeigt sich daran, wer Sie sind, wenn keiner hinschaut, wenn niemand da ist, den Sie beeindrucken könnten. Wenn Sie auf Geschäftsreise sind und in einem Hotel übernachten, das Pornokanäle anbietet. Wenn der Kassierer Ihnen einen Schein zu viel herausgibt. Wenn es sehr einfach wäre, einen anderen Betrag in die Zeile der Steuererklärung einzutragen. Integrität erfordert, dass Sie Ihren wahren Charakter mitten auf die Bühne stellen und sich entscheiden, in jedem Moment zu offenbaren, wer Sie wirklich sind und was Sie wirklich glauben. «Ich weiß, mein Gott, dass du unser Herz kennst und dich freust, wenn wir aufrichtig sind» (1. Chronik 29,17). Gott freut sich, wenn wir Alleskönner sind, die ihn mit ihrem ganzen Leben ehren wollen.

Eine schlimme Lüge

Als ich klein war, haben mein Kusine und ich an langen, heißen Sommertagen gerne Bienen gefangen. Jeder mit einer leeren Kaffeebüchse in der Hand, schon vorbereitet mit Löchern im Plastikdeckel, liefen wir zur Tür hinaus. Dann wanderten wir durch die Nachbargärten, und jeder wollte der Erste sein, der eine Biene über den Blüten schweben sah.

Die erste Biene war immer leicht zu fangen; eine faule, arglose Biene zu fangen, ist eine Kleinigkeit. Knifflig wurde es dann, die nächsten Bienen zu erwischen, ohne die bereits gefangenen entkommen zu lassen. Ich fühlte mich mächtig stark, wenn ich diese summende, vibrierende Büchse umklammerte, aber wann immer ich den Deckel einen Spalt öffnete, spürte ich die Gefahr im Innern. Irgendwann versuchte ich dann eine Biene zu viel einzufangen, und der ganze wütende Schwarm entkam, während ich die Büchse fallen ließ und rannte, was die Beine hergaben.

Lügen hat viel mit Bienenfangen gemein. Am Anfang ist es ganz einfach. Warum macht man sich die Sache nicht ein bisschen leichter, indem man die Wahrheit ein wenig dehnt? Doch die erste Lüge führt unweigerlich zu weiteren, weil man unter den Zwang gerät, die erste Unwahrheit zu verschleiern. Mit jeder Lüge, die man in die Büchse packt, riskiert man, dass die anderen herauskommen, und die Büchse voller Lügen, die man mit sich herumschleppt, wird immer gefährlicher. Irgendwann, wenn man gerade eine neue Lüge hinzufügt, entkommen sie alle, der Deckel hält nicht mehr, und Sie und andere bekommen eine Menge Stiche ab.

Viele Ehen zerbrechen an einem Mangel an Vertrauen. Die Partner vertrauen einander nicht, weil sie einander anlügen – übers Geld, über andere Beziehungen, über ihre Motive. Ob nun in einer Geschäftsbeziehung oder im Umgang mit Ihren Kindern, wann immer Sie die Bereitschaft zum Lügen zeigen, verlieren Sie das Vertrauen des anderen und untergraben Ihre Beziehung für Jahre.

Wie vermeiden Sie die Falle einer schlimmen Lüge? Genau so, wie Sie auf dem Golfplatz aus einer Sandfalle, einem Bunker, herauskommen. Jeder Golfer wird Ihnen sagen, dass Sie das Schlagblatt in einem offenen Winkel zum Ball führen müssen, wenn Sie aus einem Bunker herausschlagen wollen. Im Leben müssen Sie sich öffnen und die Wahrheit sagen. Verstecken Sie sich nicht vor Problemen. Kehren Sie nichts unter den Teppich. Schlucken Sie Ihre wahren Gefühle nicht herunter. Sagen Sie die Wahrheit, die ganze Wahrheit und nichts als die Wahrheit.

Wenn Sie die Wahrheit sagen, sollte das liebevoll geschehen, um die Beziehung aufzubauen und dem anderen zu helfen; nicht um ihm den Boden unter den Füßen wegzuziehen und ihn runterzumachen. Sich zu benehmen wie Jury-Mitglieder bei «Pop Idol» bzw. «Deutschland sucht den Superstar» ist ja schön und gut – irgendjemand muss den Leuten ja sagen, dass sie nicht singen können! –, aber nur, wenn Sie dabei das Wohl des anderen im Auge haben. Sagen Sie die Wahrheit, nicht um den anderen zu verletzen, sondern um Vertrauen aufzubauen und die Beziehung stärker zu machen.

Genau betrachtet ist der eigentliche Grund, warum wir lügen, der, dass wir nicht genug lieben. Lügen ist der einfache Ausweg, die selbstsüchtige Bequemlichkeit. Man wählt damit um der eigenen Bequemlichkeit willen den Weg des geringsten Widerstandes. Doch wenn Sie Liebe riskieren wollen, werden Sie die Wahrheit sagen. Je mehr Sie lieben, desto weniger werden Sie lügen. Je mehr Sie lieben, desto mehr Mut werden Sie haben, die Wahrheit zu sagen.

Das heißt auch, den Mut zu haben, die Wahrheit über uns selbst zuzugeben; einzugestehen, wo wir versagt haben und um Vergebung bitten müssen. Besonders im Blick auf unsere eigenen Fehler kann die Wahrheit sich unerträglich anfühlen – übermächtig, schmerzhaft und belastend. Wir denken: «Könnte ich doch nur noch einmal wählen.» Oder: «Was wäre, wenn ich nicht ...» Oder: «Warum habe ich ...» Doch alles Bedauern hilft uns nicht, zu integren Menschen zu werden, wenn wir es nicht in Buße verwandeln. Wir müssen uns nach allen Seiten für die Wahrheit öffnen und aus einer Position der Ehrlichkeit heraus handeln.

«Jeder Tag zählt»-Moment

Wann fällt es Ihnen schwer, Ihr Wort zu halten? Wem gegenüber? Ihrem Ehepartner? Ihren Kindern? Kollegen? Eltern? Freunden? Anderen? In welchen Beziehungen oder Situationen verwickeln Sie sich am ehesten in schlimme Lügen? Wenn Sie nur noch einen Monat zu leben hätten, wem würden Sie dann heute die Wahrheit sagen müssen?

Punkte zählen

Wir dürfen nicht vergessen, dass letzten Endes Gott die Punkte zählt. Wenn ich den Golfparcours meines Lebens durchgespielt habe, wird Gott dort sein und seine perfekte Spielstandskarte als den Maßstab hochhalten, an dem sich alles messen lassen muss. Und unsere Karte wird nie der seinen gleichkommen. Wir sind nicht heilig, perfekt, gerecht oder schuldlos. Er ist es.

Im Leben gibt es nur Einen, der je über diese Erde ging und eine 18 erzielt hat – ein Schlag für jedes Loch: Jesus. Er hat das einzige vollkommen integre Leben gelebt. Er hat nie gesündigt. Er hat nie etwas Falsches getan. Er hat immer das getan, was er tun sollte. Er hatte nie einen falschen Gedanken oder eine falsche Einstellung. Er war vollkommen.

Vielleicht schneiden Sie in Ihrem Leben mit einem Par (die Schlagzahl, die ein professioneller Spieler durchschnittlich benötigt, um ein Loch bzw. eine Spielrunde zu absolvieren) ab – Sie sind für andere da, setzen Ihre Zeit, Ihre Kraft und Ihr Geld für Menschen in Not ein. Aber mit Gott können Sie sich immer noch nicht vergleichen. Von einer 18 ist Ihr Punktestand weit entfernt. Und die Wahrheit ist, dass wir nie die 18 erreichen werden, weil wir alle versagt haben. Die Bibel sagt, wir haben alle Fehler gemacht. Wir alle haben im Leben etwas vermasselt.

Gott führt die Punktekarte, und sie stimmt genau. Seinem perfekten Punktestand werden wir nicht nahekommen. Aber es gibt eine gute Nachricht: Jesus gewährt uns den ultimativen Mulligan, und wenn Sie Golf spielen, wissen Sie: Ein Mulligan bedeutet, dass Sie einen Schlag wiederholen dürfen. Wenn Sie abschlagen und der Ball schräg in den Wald saust, können Sie sagen: «Ich nehme meinen Mulligan gleich hier.» Jesus gewährt uns den ultimativen Mulligan, denn er lässt uns nicht nur wiederholen, sondern er steckt uns sogar das Tee ein, und dann schlägt er für uns ab. Vor über zweitausend Jahren, als er an jenem Kreuz starb, nahm er meine Punktekarte – alle meine Bogeys, Double Bogeys und Triple Bogeys – und nagelte sie ans Kreuz. Er nahm meinen Platz ein. Das tut er für jeden von uns, wenn wir bereit sind, das

Geschenk der Beziehung zu ihm anzunehmen. Er ersetzt unsere Punktekarte durch seine.

Dann stehen wir mit der perfekten Punktekarte von Jesus vor Gott, wenn er uns willkommen heißt und unsere Ankunft an einem Ort feiert, der besser ist, als es in irgendeinem illustren Kreis von Siegern je sein könnte. «Freilich lässt sich die Erlösung, die uns Christus geschenkt hat, nicht mit der Sünde Adams vergleichen ... durch Jesus Christus aber erfuhren wir in überreichem Maß Gottes Barmherzigkeit und Liebe» (Römer 5,15). Die gute Nachricht ist, dass wir durch das Kreuz das Geschenk unseres Lebens empfangen haben. Verdient haben wir es nicht, und wir könnten es uns auch nie erarbeiten. Doch er liebt uns, liebt uns einfach so, wie wir sind, was immer wir auch getan haben. Er kann uns wiederherstellen. Er kann unser Leben ganz machen, in wie viele Stücke wir auch zerbrochen sind oder wie wenige Tage uns auch noch bleiben mögen. Er ist die Quelle des integren Lebens, nach dem wir uns sehnen und für das wir geschaffen sind.

Damit es fürs Leben hält

1. Nehmen Sie sich ein Blatt Papier und zeichnen Sie einen großen Kreis in die Mitte. Teilen Sie den Kreis in eine Torte mit acht Stücken. Dann beschriften Sie jeden Abschnitt mit einem Bereich Ihres Lebens (zum Beispiel Familie, Beruf, Hobbys, Ehe, Finanzen, Gemeinde etc.). Leben Sie in jedem dieser Bereiche Ihre Werte aus?

2. Zeichnen Sie nun einen kleineren Kreis in die Mitte der Torte und schreiben Sie «Gott» in den kleineren Kreis. Das stellt Gott in einem integren Leben dar. Gott will nicht nur ein Tortenstück von Ihrem Leben; er will der erste Teil von jedem Tortenstück sein. Ob es Ihre Hobbys sind oder Ihre Ehe, Gott möchte Ihr erster Gedanke sein bei allem, was Sie tun.

3. Wo würden Sie sich auf einer Integritäts-Messlatte selbst einstufen? Sind Sie zu Hause und im Büro dieselbe Person? Bei Ihrer Familie und bei Ihren Freunden? Bitten Sie Gott, Ihnen die Augen für Bereiche zu öffnen, die verändert werden müssen, und um die Charakterstärke, es auch zu tun.

Tag 22

Verkehrszeichen

Ein persönliches Wunder erleben

Wunder erzählen in kleiner Schrift genau dieselbe Geschichte noch einmal, die über die ganze Schöpfung hin in so großen Buchstaben geschrieben steht, dass manche von uns sie nicht entziffern können.
C. S. Lewis

Versuche Großes für Gott, erwarte Großes von Gott.
William Carey

Mir sind schon Hunderte von Leuten begegnet, die mich gefragt haben, wie sie denn während solcher harten, trockenen Zeiten im Leben, in denen nichts richtig zu laufen scheint, Glauben praktizieren können. Viele von ihnen sagen, es müsste ein Wunder geschehen, damit ihr Leben wieder in Ordnung kommt – damit ihre Ehen überleben, ihre Geschäfte Erfolg haben, ihre Kinder wieder nach Hause kommen.

Im Gespräch mit solchen Leuten versuche ich immer zwei Dinge klarzustellen: erstens, dass Gott Fachmann für Wunder ist, und zweitens, dass es dafür keine Formeln oder Zauberworte gibt. Er ist kein Flaschengeist, der dazu da ist, unsere Wünsche zu erfüllen.

Wenn Sie nur noch einen Monat zu leben hätten, wären Sie vielleicht in Versuchung, Gott um ein Wunder anzuflehen, das Ihr Leben verlängert. Und obwohl natürlich unser Leben in seiner Hand liegt und er zweifellos auch körperliche Heilung schenken kann, hat das Wunder, das Sie wirklich brauchen, vielleicht viel mehr mit Ihren Prioritäten und Beziehungen zu tun.

Vielleicht wünschen Sie sich ein finanzielles, körperliches

oder beziehungsmäßiges Wunder in Ihrem Leben. Wunder sind nicht nur möglich, sie sind viel häufiger, als wir denken. Wir sind Gott sehr wichtig, und er möchte in unserem Leben wirken. Das Schwierige ist, daran zu denken, wenn wir an eine Wegscheide kommen und uns entscheiden müssen, wie wir reagieren werden. Der große Baseball-Trainer Yogi Berra sagte einmal: «Wenn du an eine Weggabelung kommst, dann nimm sie.» Das hilft uns nicht viel weiter. Ob wir nun einen schmerzlichen Verlust zu verkraften haben oder eine Wahl zwischen zwei guten Möglichkeiten treffen müssen, ein Wunder können wir nur erleben, wenn wir uns auf Gott zubewegen. Eine Formel gibt es sicher nicht, aber immerhin finden wir in der Bibel vier Verkehrszeichen, die uns helfen können, jene Weggabelungen zum Beginn einer erfüllenden, wunderbaren Reise zu machen.

Einbahnstraßen

Eine der besten Illustrationen für diese vier Leitlinien ergibt sich aus der alttestamentlichen Geschichte von Elisa und der Witwe. Hier sehen wir den Prozess, den Gott immer anwendet, wenn er in unserem Leben ein Wunder tun will. Es beginnt mit einer Notsituation und einem Flehen um Hilfe. «Eines Tages klagte die Witwe eines Prophetenjüngers Elisa ihre Not: ‹Herr, du hast doch meinen verstorbenen Mann gekannt. Du weißt, dass er dem Herrn in allem gehorcht hat. Aber nun ist einer gekommen, dem wir noch Geld schulden, und hat gedroht, meine beiden Söhne als Sklaven zu nehmen, wenn ich nicht sofort bezahle›» (2. Könige 4,1).

Gleich nach einem schrecklichen Verlust steht diese arme Witwe nun vor einer unmöglichen Situation. Sie hat ihren Mann verloren, und deswegen steckt sie finanziell in der Klemme. Die Gläubiger stehen auf der Matte und drohen, ihr das Kostbarste zu nehmen, was sie hat – ihre Kinder –, falls sie nicht bezahlt. Ihre Lage scheint ausweglos, doch in ihrer Reaktion auf die Situation offenbart sie das erste Verkehrszeichen.

Wenn Sie wollen, dass Gott in Ihrem Leben ein Wunder tut, müssen Sie sich klarmachen, dass es zwei Einbahnstraßen gibt, auf die Sie sich begeben müssen, um den Weg für das Wunder frei zu machen. Erstens, Sie müssen Ihre Not eingestehen. Wenn Sie wollen, dass Gott in Ihrem Leben wirkt, müssen Sie zugeben, dass Sie ihn brauchen. Wunder geschehen niemals, solange Sie nicht anerkennen, dass die Lage ohne Gott ausweglos ist. Natürlich mögen wir es gar nicht, es zugeben zu müssen, wenn wir ein Problem haben, geschweige denn, dass wir es nicht selbst lösen können. Lieber verbergen wir unsere Schwierigkeiten vor anderen, tun so, als wären sie nicht da, und versuchen Sie allein in den Griff zu bekommen. Wir beklagen uns zwar oft über sie, aber das ist nicht dasselbe, wie uns verwundbar zu machen und zu sagen, dass wir ihnen nicht gewachsen sind. Aber Gott wird in der Regel nicht in unserem Leben wirken, solange wir nicht zugeben, dass sein Eingreifen unbedingt notwendig ist, und ihn nicht mitten in die Situation hinein einladen.

Die Witwe in der Geschichte gibt zu, dass sie Hilfe braucht. Sie geht in diese Einbahnstraße hinein, weil sie erkennt, dass kein anderer Weg sie dahin bringt, wohin sie will. Doch nach Elisas Antwort zu urteilen ist sie eher in eine Sackgasse geraten: «Was kann *ich* für dich tun?», fragte er (vgl. 2. Könige 4,2). Seine Antwort hört sich für mich im ersten Moment ziemlich grob an, so als wäre er frustriert darüber, dass diese Frau ihn belästigt. Aber noch etwas anderes wird hier deutlich. Ich glaube, Elisa wollte sie einfach davon abhalten, ihr Vertrauen auf ihn zu setzen. Er sagte: «He, ich kann dir nicht helfen, aber ich kenne jemanden, der es kann. Ich kenne den Gott, der ein Wunder tun kann.»

Wir können einen entscheidenden Moment nur in ein Wunder verwandeln, wenn wir zwei Einbahnstraßen betreten. Die erste Einbahnstraße – das Eingeständnis unserer Not – führt in die zweite Einbahnstraße: den Gang zu Gott, der der Einzige ist, der uns in die richtige Richtung führen kann. Wohin gehen Sie, wenn Sie ein Problem haben? Rufen Sie bei der Hellseher-Hotline an, oder konsultieren Sie Ihr Horoskop? Die Leute probieren alles Mögliche aus, wenn sie in Not sind, und es scheint, je verzweifelter wir sind, desto verrückter werden die Quellen, aus denen wir uns Hilfe holen wollen. Doch es gibt nur eine Quelle, die die Wunder bewirken kann, die wir brauchen. Wir können zu Gott gehen, dem Einzigen, der die Macht, die Weisheit und die Liebe besitzt, um zu unserem Besten zu handeln.

«Jeder Tag zählt»-Moment

Wie schwer fällt es Ihnen, Ihre Not einzugestehen? Was sind im Moment die drei größten Nöte in Ihrem Leben? Wer weiß davon? Was hält Sie davon ab, den Leuten, denen Sie wichtig sind, davon zu erzählen? Was hält Sie davon ab, sie an Gott abzugeben?

Anhalten, Hinschauen, Zuhören

Jetzt sind wir bereit für das zweite Verkehrszeichen – ein Stoppschild. Nach seiner ersten Reaktion stellt Elisa eine weitere seltsame Frage: «Hast du noch irgendwelche Vorräte im Haus?» (2. Könige 4,2). Diese Frage stellt Gott immer, bevor er ein Wunder in unserem Leben tut. So wie diese bedürftige Witwe sind auch wir oft so verzweifelt über das, was uns fehlt, dass wir die Möglichkeiten, die er uns bereits gegeben hat, ganz übersehen.

Gott hatte dieser Frau schon den Anfang ihres Wunders geschenkt; sie erkannte es nur nicht. Wir müssen anhalten und schauen, was da ist und womit wir arbeiten können. Gott beginnt immer da zu wirken, wo wir sind, und mit dem, was wir haben; er hebt nicht einfach den Zauberstab und macht mit einem Streich alles zu eitel Freude und Sonnenschein. Sondern er fragt uns: «Nun, was hast du denn, was zu gebrauchen ist? Hör auf, dich zu sorgen, und schau erst mal richtig hin!»

Sie müssen also alles nehmen, was Sie haben, und es ihm geben. Ihre Zeit, Ihr Talent, Ihre Möglichkeiten und Ihre Kraft, wie begrenzt sie auch scheinen mögen, sind Gottes Ansatzpunkt. Ihre Bereitschaft und Ergebung aktivieren Gottes Eingreifen und seinen Segen.

Wenden erlaubt

Wenn Sie erleben wollen, wie Gott Ihre Umstände in seine Absichten für Ihr Leben verwandelt, müssen Sie auch dem dritten Verkehrszeichen folgen und einen «U-Turn», eine Kehrtwendung von der negativen Richtung in die positive machen. Wenn Probleme auftauchen, ist unsere erste Reaktion meist erst einmal negativ. Mit pauschaler Übertreibung verkünden wir, alles sei schlecht, nichts sei gut und es gebe keine Hoffnung.

So sah auch die Witwe anfangs die Sache. Lesen Sie, wie sie auf Elisas Frage antwortet: «Nichts mehr ... nur noch einen kleinen Krug mit Olivenöl» (2. Könige 4,2; Gute Nachricht Bibel). So negativ fängt sie an, doch gleich darauf macht sie eine Kehrtwendung ins Positive. Es wäre nur natürlich gewesen, wenn diese Frau gesagt hätte: «Ich habe gar nichts mehr. Punkt. Ende der Geschichte. Ich habe überhaupt nichts.» Doch stattdessen wendet sie es ins Positive, indem sie hinzufügt: «... nur noch einen Krug mit Olivenöl.»

Dieser Richtungswechsel erfordert Glauben. Sie gibt zu, dass es doch noch etwas gibt, ein Fünkchen einer Möglichkeit. Dadurch zeigt sie Glauben, und daran entzündet sich Hoffnung. Sie flüchtet sich nicht in Verleugnung, aber sie will auch noch nicht aufgeben. Glaube ignoriert die gegenwärtige Realität nicht. Aber er erkennt an, dass bei Gott alles möglich ist. So zu tun, als gäbe es ein Problem gar nicht, ist kein Glaube – das ist entweder Dummheit oder Verleugnung. Glaube bestreitet das Problem nicht; er hilft einem, es aus einer neuen Perspektive zu sehen, nämlich mit den Augen Gottes.

Wenn Sie nicht mit den Augen des Glaubens hinschauen, werden Sie diese kleinen Segnungen übersehen und ebenso wie diese Frau am Anfang sagen: «Ich habe nichts im Haus. Meine Not ist riesengroß, ich habe ernsthafte Probleme. Ich kann überhaupt nichts Gutes in meiner Situation erkennen.» Um die Sache ins Positive zu kehren und Gottes Blickwinkel zu entdecken, müssen Sie mit den Augen des Glaubens hinschauen. Sobald Sie das tun, gibt plötzlich Ihre veränderte Haltung Gott den Raum, ein Wunder in Ihrem Leben zu tun.

Gott nimmt gerne das kleine bisschen, das wir haben, und vervielfacht es, denn dadurch bekommt er allein die Ehre. Gott nimmt gerne das Gewöhnliche und macht daraus das Ungewöhnliche, denn indem er das tut, offenbart er, wer er ist. Oft dämpfen wir seine Fähigkeit, ein Wunder zu tun, während wir noch dafür beten. Wir fahren uns fest, indem wir negative Aussagen machen, anderen die Schuld geben und uns sorgen. Nichts davon hilft uns, zu glauben und unsere Perspektive zu ändern. Wir können nicht erkennen, was Gott tut, wenn wir in unserer eigenen Negativität baden. Wir müssen diese Kehrtwendung vollziehen und auf Gott schauen statt auf das Problem.

«Jeder Tag zählt»-Moment

Was ist der Unterschied zwischen einer Kehrtwendung, wie die Witwe in dieser Geschichte sie macht, und reinem Optimismus? Inwiefern bedeutet das Suchen von Gottes Perspektive mehr als nur auf den Sonnenschein zu hoffen, der auf den Regen folgt?

Vorfahrt achten

Das vierte Verkehrszeichen auf der Straße zu einem Wunder ist das wichtigste: das Vorfahrtszeichen. Wenn Sie den anderen drei Zeichen folgen, diesem aber nicht, dürfen Sie nicht mit einem Wunder rechnen. Es ist wesentlich, dass wir mit den Segnungen, die er uns bereits gegeben hat, anfangen, anderen zu dienen.

In der Geschichte mit der Witwe äußerte Elisa eine sehr ungewöhnliche Bitte: «‹Gut›, sagte er, ‹geh und leih dir von deinen Nachbarinnen leere Krüge aus, aber nicht zu wenige! Dann geh mit deinen Söhnen ins Haus, und verriegle die Tür! Als Nächstes gießt du dein Öl in die Gefäße. Sobald eins voll ist, stell es zur Seite!›» (2. Könige 4,3–4). Das ist wirklich eine merkwürdige Aufforderung des Propheten an die Witwe. «Geh und leih dir alle Behälter, die du finden kannst.» Seltsam, aber offenbar war es das, was Gott von ihr wollte. Und genau dazu fordert Gott auch uns auf, wenn wir ein Wunder in unserem Leben sehen wollen. Er fragt: «Was hast du im Haus? Was hast du Brauchbares da?» Und dann folgt gleich die nächste Aufforderung: «Such nach leeren Gefäßen, die du füllen kannst.»

Das ist genau das Gegenteil meiner instinktiven Reaktion auf eine Notlage. Wenn ich ein Problem habe, ist meine Haltung: «Um die Bedürfnisse anderer kann ich mich jetzt nicht kümmern. Ich bin ja selber bedürftig. Ich habe jetzt keine Zeit für andere. Mir ist alles zu viel, ich muss mich erst einmal um mich selber kümmern.» Mein erster Gedanke ist, das bisschen Zeit, Material und Kraft, das ich habe, zu horten. Meist bemerken wir die leeren Gefäße gar nicht, von denen wir jeden Tag umgeben sind, weil wir geblendet sind von unseren eigenen Problemen und Sorgen. Aber wenn Sie bewusst hinschauen, werden Sie überall leere Gefäße sehen: am Arbeitsplatz, in Ihrer Familie, in Ihrer Nachbarschaft, in Ihrer Gemeinde. Kinder sind von Natur aus leere Gefäße, die nur darauf warten, mit Ihrer Zeit, Kraft, Liebe und Aufmerksamkeit gefüllt zu werden.

Gott fordert uns auf, zu geben, was wir haben, wie wenig es auch sein mag. Er bittet uns, vor uns selbst zuerst an andere zu denken, ihm gleichzeitig zu vertrauen, dass er sich um unsere Bedürfnisse kümmert, und uns von ihm gebrauchen zu lassen, um die Bedürfnisse anderer zu befriedigen.

Das ist ein Paradox, dass wir vielleicht nie vollkommen verstehen werden. Wenn wir den Blick von uns selbst weg und auf Gott richten und beginnen, unser Leben in andere zu investieren und seiner Wegweisung zu folgen, dann wird er anfangen, seine Wunder über uns auszuschütten. So widersinnig es uns auch vorkommen mag, der beste Rat, den ich Ihnen geben kann, wenn Sie ein Problem haben, ist, nach leeren Gefäßen Ausschau zu halten, in die Sie sich ergießen können. Es hat eine gewisse Logik. Warum sollte Gott uns segnen wollen, wenn wir nicht bereit sind, andere zu segnen? Wir werden gesegnet, damit wir ein Segen sind. Wenn Sie Schritte tun, um anderen zu helfen, wird er Schritte tun, um Ihnen zu helfen.

Wenn Sie einen anderen Menschen aus dem Schlamassel ausgraben, haben Sie gleich eine Grube, in der Sie Ihre eigenen Sorgen versenken können. Gott wartet ab, ob Sie den Glauben haben, loszugehen und einem anderen in seiner Not zu helfen und dabei ihm zu vertrauen, dass er sich um Ihre Bedürfnisse kümmert. Es ist so unnatürlich, dass es übernatürlich sein muss.

Wenn Sie Wunder in Ihrem Leben sehen wollen, dann suchen Sie nach leeren Gefäßen, in die Sie Ihr Leben gießen können. Elisa sagt dieser Frau, dass sie etwas tun muss, um ihr Wunder zu bekommen. Sie muss losgehen und alle leeren Gefäße holen, die sie finden kann, und sie nach Hause bringen. Aber schauen Sie, was passiert, als sie das tut: «Bald waren alle Gefäße voll, und als die Mutter rief: ‹Gebt mir noch einen Krug!›, antwortete einer ihrer Söhne: ‹Wir haben keine leeren mehr!› Von da an vermehrte sich das Öl nicht mehr» (2. Könige 4,6). Gehorsam bringt Segen. Das Wunder, das Gott uns sendet, sieht vielleicht anders aus als das, worum wir gebeten haben, aber am Ende werden wir erkennen, dass er uns mehr gegeben hat, als wir uns je vorstellen konnten.

Irgendwie, auf irgendeine Art, handelt Gott durch unsere Erwartungen. Er wirkt in unserem Leben etwa so stark, wie wir es von ihm erwarten. Was also erwarten Sie, das Gott heute in Ihrem Leben tun wird? Gott sagt: «Wenn du mir das bisschen gibst, das du hast, kann ich durch dich große Dinge tun.» In Markus 10,27 wird uns versichert, dass bei Gott alles möglich ist. Das schließt alles ein, was Sie genau in diesem Augenblick brauchen. Aber Sie müssen zugeben, dass Sie Hilfe brauchen. Sie müssen zu Gott gehen, dann eine Kehrtwendung von Ihren negativen Erwartungen vollziehen und anfangen, auf Gott zu schauen statt auf Ihre Grenzen. Geben Sie ihm die Vorfahrt und gießen Sie Ihr Leben in leere Gefäße. Vertrauen Sie dabei darauf, dass *er* Ihnen geben wird, was Sie wirklich brauchen. Das ist die Straßenkarte für die Lebensreise, für die Sie geschaffen sind, ein Leben voller Wunder.

Damit es fürs Leben hält

1. Schildern Sie, wie Sie in Ihrem Leben einmal ein Wunder Gottes erlebt oder miterlebt haben. Wo erkennen Sie in dieser Situation die vier Verkehrszeichen im Wirken Gottes? Hier sind sie noch einmal zur Erinnerung: Einbahnstraßen (zugeben, dass Sie in Not sind und Gott der Einzige ist, der Ihnen helfen kann), ein Stoppzeichen (anhalten und darüber nachdenken, welche Mittel wir bereits haben), eine Kehrtwendung (vom Negativen zum Positiven im Glauben) und ein Vorfahrtsschild (Gott gehorchen und die leeren Gefäße um uns herum füllen).

2. Denken Sie an Ihre augenblicklichen größten Bedürfnisse. Welche Mittel haben Sie, mit denen Gott vielleicht anfangen könnte zu arbeiten? Machen Sie eine Bestandsaufnahme Ihres Lebens und übersehen Sie nicht den kleinen Rest Öl, der scheinbar gar nichts mit Ihrem Bedürfnis zu tun hat.

3. Machen Sie sich eine Liste der «leeren Gefäße», die es zurzeit in Ihrem Leben gibt: Menschen in Ihrer Nähe, die Ihren Zuspruch, Ihre Mittel, Ihre Liebe und Ihre Aufmerksamkeit brauchen. Wessen Not erscheint Ihnen am dringlichsten? Bitten Sie Gott um Leitung und suchen Sie eine Möglichkeit, diese Woche für diese Person da zu sein.

Viertes Prinzip

Lass unerschrocken los

Tag 23

Sandburgen

Ein bleibendes Vermächtnis schaffen

Der beste Gebrauch des Lebens ist, es für etwas einzusetzen, das es überdauern wird.
William James

Sagen wir unseren jungen Leuten, dass die besten Bücher noch zu schreiben sind; dass die besten Bilder noch nicht gemalt wurden; dass die besten Staatsformen erst noch zu bilden sind; dass das Beste für sie zu tun bleibt.
John Erskine

Ich schaue gern meinen Kindern beim Sandburgenbauen zu, wenn wir am Strand sind. Jetzt, wo sie älter sind, kommt das nicht mehr so oft vor, aber früher haben sie stundenlang gesessen, gegraben und geglättet, geschaufelt und geklopft, haben versucht, die Türmchen genau richtig hinzukriegen, einen schönen breiten Graben angelegt und ihn dann mit Meerwasser aus ihren Sandeimern gefüllt. Ich weiß noch, wie schockiert sie als ganz kleine Kinder immer waren, wenn die Flut herankam. Die Wellen stiegen höher und höher, bis der Schaum die Ränder ihrer Burg benetzte und sie schließlich fortgespült wurde. Es brauchte mehrere Versuche, bis meine Kinder begriffen, dass ihre Sandburgen nicht von Dauer waren – sie konnten nicht standhalten.

Leider habe ich schon allzu viele Menschen gesehen, die am Ende ihres Lebens dasselbe Gefühl hatten. Sie haben nonstop gearbeitet, immer in Hektik und mit übervollem Terminkalender. Irgendwann zwingt sie ihr Körper dann schließlich, langsamer zu treten und sich anzuschauen, was bei all ihren Anstrengungen herausgekommen ist. Die harte Wirklichkeit, die sie dann oft erkennen müssen, ist, dass vieles von dem, wonach sie gestrebt haben, keinen Bestand haben wird. Nach ihrem Tod wird alles fortgespült wie eine Sandburg bei Flut.

Zu Beginn dieses letzten Abschnitts, in dem wir uns mit dem Prinzip des unerschrockenen Loslassens beschäftigen, ist es ungemein wichtig, dass wir uns, bevor es zu spät ist, bewusst machen, welche Investition nötig ist, um ein bleibendes Vermächtnis zu hinterlassen. Wenn Sie nur noch einen Monat zu leben hätten, könnten Sie noch ein paar Veränderungen vornehmen, um das, was Sie hinterlassen, zu verbessern. Doch wie viel besser ist es zu wissen, dass Sie Tag für Tag über viele Monate und Jahre hinweg Ihr Vermächtnis aufbauen und dass alles, wofür Sie arbeiten, Bestand für die Ewigkeit hat.

Der einzige Weg, um ein solches bleibendes Vermächtnis zu erschaffen, ist, Ihre wertvollsten Ressourcen in die Investitionen mit dem größten Ertrag zu stecken: in Menschen. Unsere Beziehungen sind die einzigen Investitionen, die von keinem Feuer und keiner Naturkatastrophe zerstört werden und nicht an der Börse verloren gehen können.

Wie viele von uns nutzen unsere Ressourcen, um ein dauerhaftes Fundament unter unsere Sandburgen zu legen? Wenn wir wirklich ein Vermächtnis von Ewigkeitswert hinterlassen wollen, dann müssen wir weiter schauen als nur bis zu unserem Eigenheim, unserem Aktienpaket und dem Schmuck, den wir vererben werden. Wenn wir ein Vermächtnis hinterlassen wollen, das die Wellen der Zeit nicht fortspülen können, müssen wir das Leben, das wir gegenwärtig bauen, vor Ort unter die Lupe nehmen. Wir müssen die Burg, die wir bauen, ehrlich begutachten, um sicherzugehen, dass wir nicht auf abrutschenden Sand bauen.

Der erste Aspekt dieser Inspektion vor Ort sollte eine Bewertung der Einflüsse sein. Wenn ich meine Zeit so verbringen will, dass ich auf dieser Erde ein Vermächtnis hinterlasse, dann muss ich den Einflusstest bestehen. Sie mögen mehr oder weniger Gelegenheiten haben als ich, aber wir alle bekommen nur eine begrenzte Zahl von Gelegenheiten, Einfluss auf andere zu nehmen und etwas in ihrem Leben zu bewirken. Gott hat in jeden von uns die Fähigkeit «investiert», andere beeinflussen zu können, und für diese Investition erwartet er einen Ertrag. Er möchte, dass wir unsere Gelegenheiten nutzen, anstatt den Kopf in den Sand zu stecken und unsere Verantwortung für das Gute, das wir im Leben anderer bewirken könnten, zu ignorieren.

Manchmal sind Leute mehr daran interessiert, sich einen Namen zu machen, als daran, eine Wirkung auf andere zu haben. Sie denken: «Wenn die Leute meinen Namen kennen, dann bin ich jemand und habe ein erfülltes Leben.» Abraham Lincoln bemerkte dazu weise: «Machen Sie sich keine Gedanken, wenn niemand Sie erkennt, aber streben Sie danach, der Anerkennung wert zu sein.»

Wenn wir versuchen, uns einen Namen zu machen, ist das so, als schrieben wir ihn in den Sand. Die Wellen der Zeit werden ihn irgendwann fortspülen. Eines Tages werden die Namen jedes Rockstars, Filmstars, Profisportlers, Politikers, Präsidenten, jedes Königs und jeder Königin vergessen sein. All die Menschen, die heute berühmt sind, wird irgendwann niemand mehr kennen, denn die Wellen der Zeit branden unaufhörlich ans Ufer. Sie werden jeden Namen fortspülen, bis auf einen – den Namen, der auf einer Holztafel eingeritzt worden war, die dann an ein Kreuz geheftet wurde. In Philipper 2,10 lesen wir: «... dass in dem Namen Jesu sich beugen sollen aller derer Knie, die im Himmel und auf Erden und unter der Erde sind» (Luther).

Mein Leben, meine Zeit gehören nicht mir selbst. Sie gehören Christus, und sein Name ist es, der Bestand haben wird. Nur indem ich so lebe, dass ich andere für ihn beeinflusse, kann ich ein bleibendes Vermächtnis hinterlassen. Sie und ich werden eines Tages vergessen sein. Nur das, was wir für Gott tun, um den Zweck zu erfüllen, für den er uns gemacht hat, wird bleiben.

«Jeder Tag zählt»-Moment

Wofür möchten Sie in Erinnerung bleiben? Was tun Sie im Moment für dieses Ziel? Wie lange wird dieses Vermächtnis Bestand haben?

Die Flut der Zeit

Um ein bleibendes Vermächtnis zu hinterlassen, müssen wir nicht nur den Einflusstest bestehen, sondern auch die Wohlstandsinspektion. Wenn Sie Wirkung für die Ewigkeit haben wollen, müssen Sie darüber nachdenken, wie Sie Ihre materiellen Güter gebrauchen wollen. Vielleicht sind Sie jetzt versucht zu denken: «Moment mal, ich komme gerade so über die Runden. Ich bin alles andere als wohlhabend! Das gilt ja wohl nur für reiche Leute.» Ich verstehe Ihren Einwand, aber wenn Sie dieses Buch lesen, dürften Sie höchstwahrscheinlich in den Augen des größten Teils der Welt ziemlich wohlhabend sein.

Ob Sie den Wohlstandstest bestehen oder nicht, hängt nicht so sehr davon ab, wie viel Geld Sie haben, als vielmehr davon, was Sie damit machen. Jesus erzählte einmal eine Geschichte von einem Mann, der bei diesem Test kläglich versagte. Er war Geschäftsmann und hatte seine Scheunen voll bis unters Dach, und er sagte sich: «Ich werde mein Geschäft vergrößern und noch mehr Erfolg haben.» Schauen Sie sich nur einmal die Konsequenzen an: «‹Dann will ich mich zur Ruhe setzen. Ich habe für lange Zeit ausgesorgt. Jetzt lasse ich es mir gut gehen. Ich will gut essen und trinken und mein Leben genießen!› Aber Gott sagte zu ihm: ‹Du Narr! Noch in dieser Nacht wirst du sterben. Wer bekommt dann deinen ganzen Reichtum, den du angehäuft hast?› So wird es allen gehen, die auf der Erde Reichtümer sammeln, aber mit leeren Händen vor Gott stehen» (Lukas 12,19–21).

Gott sagte: «Nein, du wirst dein Geschäft nicht vergrößern. Es ist vorbei. Du bist aus dem Rennen. Das Leben, das du dir aufgebaut hast, hat den Wohlstandstest nicht bestanden. Ich habe dich gesegnet, und du hast allen Segen für dich selber verbraucht. Du bist an der wichtigsten Bewertung deines Lebens gescheitert.» Jeder von uns muss den Wohlstandstest bestehen, weil Gott uns eines Tages dafür zur Rechenschaft ziehen wird, wie wir die Güter, die uns anvertraut sind, verwendet haben.

Es ist nichts Falsches daran, Güter und Wohlstand zu besitzen, solange wir uns bewusst sind, dass all diese materiellen Dinge nur Sandburgen sind. Wenn Kinder am Strand Sandburgen bauen, sind sie nicht am Boden zerstört, wenn die Flut kommt und ihr Werk fortspült. Kinder machen sich keinen Kopf darum; sie haben einfach Spaß daran, die Sandburgen zu bauen. Wir sollten den materiellen Besitz, den Gott uns gibt, genießen, aber nie zu sehr unser Herz daran hängen. Sonst wird es uns niederschmettern, wenn die Flut der Zeit ihn uns nimmt.

Die einzige Möglichkeit, den Wohlstandstest zu bestehen, liegt im Geben. Wir müssen lernen, eher Geber zu sein als Nehmer, damit wir etwas Positives bewirken können. Wenn wir alles, was wir besitzen und verdienen, nur für uns selbst behalten, fallen wir beim Wohlstandstest durch. Gott möchte, dass wir Kanäle für seine Segnungen sind, und wenn er feststellt, dass er uns vertrauen kann, weil wir ihm in diesem Bereich gehorchen, dann weiß er, dass er uns auch weiterhin segnen kann.

Andererseits, warum sollte Gott uns noch weiter segnen wollen, wenn wir nur alles horten, was er uns gibt? Wenn wir uns fest an das klammern, was er uns anvertraut, dann sind wir wie der Mann, der sich größere Scheunen bauen wollte. Nur wenn wir das, was er uns gibt, dankbar zum Segen der Menschen in unserem Umfeld einsetzen, können wir uns ein Lagerhaus für die Schätze der Ewigkeit bauen.

«Jeder Tag zählt»-Moment

Denken Sie an den Besitz, den Sie eines Tages zurücklassen werden. Wer wird ihn erben? Denken Sie daran, dass uns eigentlich nicht wirklich etwas gehört. Wir sind nur Haushalter dessen, was Gott uns gegeben hat.

Die Schatzinsel

Schließlich gibt es noch das Gehorsams-Examen. Paulus schreibt in Epheser 5,15–17: «Achtet also genau darauf, wie ihr lebt: nicht wie unwissende, sondern wie weise Menschen. Dient Gott, solange ihr es noch könnt, denn wir leben in einer schlimmen Zeit. Seid nicht verbohrt; sondern begreift, was der Herr von euch will!» Dies ist vielleicht das größte Geheimnis in Bezug darauf, wie man ein gewichtiges Vermächtnis hinterlassen kann: Versuchen Sie zu verstehen, was der Herr von Ihnen will – und dann tun Sie es. Gehorchen Sie Gott, denn er gibt Ihnen gerade genug Zeit, um alles zu tun, was Sie tun müssen, sowohl an jedem Tag als auch in Ihrem ganzen Leben.

Wohlgemerkt, er gibt Ihnen nicht genug Zeit, alles zu tun, wovon andere meinen, dass Sie es tun sollten. Um herauszufinden, was Gott von Ihnen will, müssen Sie Zeit mit ihm verbringen und auf ihn hören. Und dann müssen Sie ihm gehorsam sein.

Es gibt Tausende von Dingen, die wir im Leben tun können, aber es gibt nur einige wenige Dinge, von denen Gott will, dass wir sie erreichen. Solange ich nach seinem Plan für mich lebe, fügt sich alles zusammen. Es kommt mir vor, als ob er meine Zeit vervielfacht und ich viel produktiver sein kann. Gehorsam führt immer zum Segen Gottes. Wenn Sie Ihren Einfluss und Ihren Wohlstand nutzen, um Gott zu gehorchen, wird er Sie in die Lage versetzen, ein bleibendes Vermächtnis zu hinterlassen.

Damit es fürs Leben hält

1. Listen Sie die drei hier beschriebenen Beurteilungen – Einfluss, Wohlstand und Gehorsam – auf und geben Sie sich selbst für jede davon eine Note. Welcher Bereich macht Ihnen am meisten Mühe? Wie müsste Ihr Leben aussehen, damit Sie in jedem davon eine 1+ bekommen?

2. Gehen Sie Ihren Terminkalender für den letzten Monat durch. Wie viel von Ihrer Zeit haben Sie für Ihre zeitlichen Ziele verwendet? Wie viel für Ihr ewiges Vermächtnis? Schauen Sie sich Ihre Kontoauszüge und Ihre Kreditkartenabrechnungen an. Wie viel von Ihrem Geld haben Sie für zeitliche Dinge ausgegeben? Wie viel haben Sie in die Ewigkeit investiert? Denken Sie darüber nach, wie Sie in der kommenden Woche zumindest eine Investition in Ihr ewiges Vermächtnis tätigen können.

3. Schreiben Sie Ihren eigenen Nachruf. Fangen Sie damit an, wie Ihr Leben bisher gelaufen ist, und setzen Sie es dann bis weit in die Zukunft fort. Wofür wollen Sie in Erinnerung bleiben, wenn Sie diese Welt verlassen? Welches Vermächtnis werden Sie in Ihren Beziehungen hinterlassen?

Tag 24

Die Saat

Pflanzen für die Zukunft setzen

Die Erschaffung von tausend Wäldern liegt in einer Eichel.
Ralph Waldo Emerson

Glaube heißt glauben, was du nicht siehst; der Lohn dieses Glaubens ist zu sehen, was man glaubt.
Augustinus

Als ich ein Junge war, hatte ich ein Lieblingsversteck hoch oben in den Ästen eines Baums in unserem Garten. Ich fand es herrlich, dort oben auf den kräftigen Ästen zu hocken und Ausschau zu halten, vor aller Welt verborgen. Noch heute ist einer meiner Lieblingsplätze zum Nachdenken unter einem wunderbaren, mächtigen Baum im Schatten seiner weit ausgestreckten, laubreichen Glieder.

Manche der größeren Hartholzbäume in unserer Gegend wurden vor über hundert Jahren von Siedlern gepflanzt. Offenbar hatten sie die Vision, schattige Plätze zu schaffen, an denen ihre Nachkommen wohnen oder das Holz schlagen könnten, um sich solide, sturmfeste Häuser zu bauen. Bedenkt man, dass die meisten dieser Siedler nicht mehr erlebten, wie diese Bäume zur Reife gelangten, so kann man vor ihrer Fürsorge für ihre Nachkommen nur den Hut ziehen.

Wenn wir darüber nachdenken, was es bedeutet, unsere Entscheidungen so zu treffen, als hätten wir nur noch einen Monat zu leben, bleibt die Frage: Ist es möglich, so zu leben, dass die Auswirkungen unseres Lebens für immer spürbar bleiben? Ich halte das nicht nur für möglich; ich glaube, dass genau dies das Leben ist, für das wir geschaffen wurden. Der Psalmist zeigt auf, wie man ein Leben führt, das einen selbst überdauert: «Eine Generation soll der anderen von deinen großen Taten erzählen und schildern, wie machtvoll du eingegriffen hast» (Psalm 145,4). Dieser Wahrheit eingedenk lassen Sie uns nun betrachten, was alles dazugehört, um mächtige Eichen für die Ewigkeit zu pflanzen.

«Jeder Tag zählt»-Moment

Welcher Gegenstand stellt für Sie ein bleibendes Vermächtnis dar – ein Haus für die Familie? Der Ring Ihrer Großmutter? Das Ansehen Ihrer Familie? Ihr Lieblingsberg? Der Ozean? Oder etwas anderes?

Geistliche Gärtnerei

Es mag naheliegend erscheinen, sich als Erstes einmal anzuschauen, was Sie eigentlich pflanzen wollen. Aber die Bedeutung dieser Frage wird oft übersehen. Wir sind zwar alle mit großartigen Gaben und Möglichkeiten ausgestattet, aber die Ernte, die wir produzieren werden, hängt sehr stark von der Art der Samen ab, die wir einpflanzen – und wo wir sie einpflanzen. Unter dem Strich kommt alles auf die Kraft des Samens an.

In Matthäus 13 lesen wir, wie Jesus das Gleichnis vom Sämann erzählt: «Ein Bauer säte Getreide aus. Dabei fielen ein paar Saatkörner auf den Weg. Sofort kamen die Vögel und pickten sie auf. Andere Körner fielen auf felsigen Boden, wo nur wenig Erde war. Dort ging die Saat zwar schnell auf, aber als die Sonne heiß brannte, vertrockneten die Pflänzchen, weil ihre Wurzeln in der dünnen Erdschicht zu wenig Nahrung fanden. Einige Körner fielen zwischen die Disteln, doch diese hatten die junge Saat bald überwuchert, so dass sie schließlich erstickte. Die übrige Saat aber fiel auf fruchtbaren Boden und brachte das Dreißigfache, das Sechzigfache, ja sogar das Hundertfache der Aussaat als Ertrag» (Vers 3–8).

Zuallererst ist dies ein Gleichnis über den Glauben, denn der Bauer glaubt an seinen Samen und dessen Fähigkeit, Getreide hervorzubringen. Im Grunde pflanzt er eine Saat des Glaubens. Wenn wir ein Leben führen wollen, das uns selbst überdauert, muss jeder von uns ständig Glaubenssamen pflanzen. Das Gleichnis bezieht sich zwar in erster Linie auf Gott, der stets Glauben in unser Leben sät, doch zugleich sind wir auch eingeladen, darüber nachzudenken, was wir einpflanzen, besonders wenn wir ein Leben führen wollen, das noch für Generationen nach uns Erträge bringt.

Jeden Tag, jeden Moment, mit jeder Ihrer Handlungen sind Sie dabei, etwas zu pflanzen. Die Frage ist also, was genau pflanzen Sie eigentlich? Was ist die Gesamtwirkung Ihrer Worte, Taten und Absichten auf die Menschen in Ihrem Umfeld und auf diejenigen, die nach Ihnen kommen? Was für eine Ernte wird man aus dem, was Sie Tag für Tag pflanzen, eines Tages einbringen? Von außen mag es schwierig sein, zwischen einem Samenkorn und einem Kieselstein zu unterscheiden. Doch innerlich sind sie natürlich grundverschieden. Im Samenkorn ist Leben; im Kieselstein ist nichts als Stein. Im Samenkorn liegen Kraft und Potenzial; es bringt Leben hervor. Leider verbringen manche von uns ihre Zeit damit, Steine zu pflanzen – kein Potenzial, kein Leben, keine Frucht.

Leute, die Ihr Leben von außen betrachten, mögen tief beeindruckt sein, weil Sie «große Dinge» pflanzen: ein prall gefülltes Bankkonto, große Erfolge, hohe Ziele, einen gewichtigen Ruf. Allem Anschein nach sind Sie ein erfolgreicher Bauer. Aber was für eine Frucht werden all diese «großen Dinge» erbringen?

Es spielt keine Rolle, wie bedeutend die Liste Ihrer Tätigkeiten ist oder was für ehrgeizige Pläne Sie haben. Wenn Sie nichts anderes tun, als Dinge anzuhäufen und bei den Leuten Eindruck zu schinden, dann wird Ihr Einfluss in dem Moment, wo Sie sterben, vorbei sein. Die Größe des Steins spielt nämlich keine Rolle. Ob es nun ein Kieselstein ist oder ein Felsbrocken, sobald Sie ihn in der Erde einpflanzen, wird man nie wieder etwas von ihm sehen. Null Einfluss.

Der entscheidende Test, um herauszufinden, ob wir echte Samen oder nur Steine pflanzen, ergibt sich aus unserer Motivation für das Pflanzen. Säe ich, um meine eigenen Bedürfnisse zu befriedigen oder die Bedürfnisse anderer? In Johannes 12,24 erklärt Jesus: «Ich sage euch die Wahrheit: Ein Weizenkorn, das nicht in den Boden kommt und stirbt, bleibt ein einzelnes Korn. In der Erde aber keimt es und bringt viel Frucht, obwohl es selbst dabei stirbt.» Das Samenkorn muss in die Erde, und in der Stille der Erde stirbt es. Dort unten, ganz allein, öffnet es sich und bringt Leben hervor. Ebenso müssen auch wir für uns selbst sterben – für unsere eigensüchtigen Wünsche und Ziele und Träume –, damit wir eine selbstlose Saat anpflanzen können.

Menschen sind nach dem Bild Gottes als geistliche Wesen geschaffen, die ewig leben werden, entweder bei ihm oder getrennt von ihm. Wenn wir in das Leben anderer Menschen investieren, wird unser Vermächtnis zu einer riesigen Eiche, die noch Generationen nach uns Leben spenden wird.

«Jeder Tag zählt»-Moment

Was haben Sie in der letzten Woche getan, das für den Rest dieses Jahres Bestand haben wird? Für zehn Jahre? Für die Ewigkeit? Wie viel Zeit haben Sie diese Woche damit verbracht, Gottes Wort zu lesen, verglichen mit der Zeit, die Sie zum Zeitunglesen oder Fernsehen verwendet haben?

Bodenproben

Die meisten Bauern werden Ihnen sagen, dass die Frage, *wo* Sie etwas pflanzen, fast ebenso wichtig ist, wie *was* Sie pflanzen. Ein Saatkorn hat Potenzial, aber wenn es in schlechte Erde gepflanzt wird, kann es trotzdem keine Frucht bringen. Der Boden im Gleichnis Jesu steht für verschiedene Arten von Menschenleben, und der erste Boden veranschaulicht ein abgestumpftes Leben. Jesus beschreibt es so: «Wer die Botschaft von Gottes neuer Welt hört, sie aber nicht versteht, bei dem kommt der Satan und reißt die Saat aus seinem Herzen. Damit ist der gemeint, bei dem die Körner auf den Weg fielen» (Matthäus 13,19).

Dieses Bild beschreibt Menschen, die sich überhaupt nicht für geistliche Dinge interessieren. Sie leben nur für sich selbst und pflanzen selbstsüchtige Samen. Die Auswirkung ihres Lebens wird wie ein Fußabdruck am Strand sein – heute ist er da, morgen nicht mehr zu sehen.

Die nächste Art Boden steht für ein bequemes Leben. Dieses Bild beschreibt Menschen, die zwar ihr Leben Jesus verschrieben haben, aber in ihrer Beziehung zu ihm nicht in die Tiefe wachsen. Sobald es zu Problemen und Belastungen kommt, geben sie auf. «Wie felsiger Boden ist ein Mensch, der die Botschaft hört und mit großer Begeisterung annimmt. Aber sein Glaube hat keine starke Wurzel und deshalb keinen Bestand. Wenn dieser Mensch wegen seines Glaubens in Schwierigkeiten gerät oder gar verfolgt wird, wendet er sich wieder von Gott ab» (Matthäus 13,20–21).

Solche Leute meinen, wenn sie erst einmal Christen geworden seien, müsste alles in ihrem Leben glatt gehen. Doch im christlichen Leben geht es nicht um Behaglichkeit, sondern um den Charakter. Gott lässt unseren Charakter wachsen, wenn wir uns hinauswagen und Glaubenssamen pflanzen, und dabei werden wir gewöhnlich überbeansprucht, was sich unangenehm anfühlt. Es wird sogar gesagt: «Denn Gott hat nur an den Menschen Gefallen, die ihm fest vertrauen. Ohne Glauben ist das unmöglich» (Hebräer 11,6).

Gott hat uns nie ein behagliches und unbekümmertes Leben versprochen. Was er uns verspricht, ist ein überfließendes Leben voller Freude und ohne Sorge, wenn wir uns täglich mit unseren Bedürfnissen an ihn wenden. Wenn wir ihm vertrauen, ist das Leben ein wagemutiges Abenteuer, indem wir im Glauben vorangehen und vollkommen lebendig werden. Er ist ein großer Gott, der in unserem Leben Erstaunliches tun will.

Wieder andere Samen fallen auf eine Bodenart, die für das hektische Leben steht. Damit sind wahrscheinlich die meisten von uns gemeint. Die Saat beginnt zu wachsen, aber dann nehmen Dornen und Unkräuter überhand, und das junge Pflänzchen wird erstickt. «Der von Disteln überwucherte Boden entspricht einem Menschen, der die Botschaft zwar hört, aber die Sorgen des Alltags und die Verführung durch den Wohlstand ersticken Gottes Botschaft, so dass keine Frucht wachsen kann» (Matthäus 13,22).

Dieses Bild beschreibt Menschen, die anfangen Gott nachzufolgen, sich dann aber mit Dingen umgeben, die keinen Bestand haben werden und kein Leben hervorbringen können. Ihre Tage füllen sich mit zu vielen Dingen – es befinden sich durchaus gute darunter –, die mit dem, was sie als wahr erkannt haben, um ihre Aufmerksamkeit wetteifern. Bald verdrängt die hektische Betriebsamkeit die Zeit für ihre Beziehung zu Gott. Dabei ist es wie in jeder anderen Beziehung auch: Je mehr Zeit wir mit Gott verbringen, desto besser lernen wir ihn kennen.

Die letzte Bodenart ist der üppige, fruchtbare Boden des ganz und gar erfüllten Lebens, das Jesus beschreibt: «Aber es gibt auch fruchtbaren Boden: den Menschen, der Gottes Botschaft hört und versteht, so dass er Frucht bringt, dreißig-, sechzig- oder hundertfach» (Matthäus 13,23).

Dieses Bild beschreibt Menschen, die Gottes Wahrheit aufnehmen, sie tief in ihr Leben einpflanzen und damit eine Wirkung erzielen, die noch nach Generationen zu spüren sein wird. Das ist es, was Gott in Ihrem Leben tun möchte, aber dazu dürfen Sie niemals Ihre grundlegenden Motive aus den Augen verlieren: Warum pflanzen Sie? Was ist Ihre Absicht, was ist Ihr Ziel im Leben? «Glaubt nur nicht, ihr könntet euch über Gott lustig machen! Ihr werdet genau das ernten, was ihr gesät habt» (Galater 6,7).

Wenn Sie zeitliche Dinge säen, werden Sie auch zeitliche Dinge ernten. Wenn Sie ewige Samen säen, werden Sie ewige Früchte ernten. Wenn Sie Großzügigkeit pflanzen, werden Sie Großzügigkeit ernten. Wenn Sie Gnade und Barmherzigkeit pflanzen, werden Sie Gnade und Barmherzigkeit ernten. Was immer Sie im Leben geben, werden Sie auch zurückbekommen. Nach dem Gesetz der Ernte ernten wir das, *was* wir säen, aber wir ernten auch viel *mehr*, als wir gesät haben. Wenn ich einen Kern einpflanze, bekomme ich nicht nur einen Kern oder auch einen Apfel zurück, sondern einen ganzen Baum voller Äpfel, in jeder Erntezeit neu. Ein ganzer Haufen von Segen entsteht aus einem winzigen Samenkorn des Glaubens.

Noch ein Gedanke: So, wie man lange auf Äpfel warten muss, muss man manchmal auch lange Zeit auf die Früchte warten, die man mit seinem Leben sät. Es kann auch vorkommen, dass man gar kein Ergebnis sieht, doch die kommenden Generationen können sich dann daran laben und erfreuen.

Wenn Sie sicher sein wollen, dass Ihr Leben zählt, dann müssen Sie bereit sein, ewige Samen in die furchtbaren Böden des Lebens zu pflanzen. Wenn Sie es sich zur obersten Pflicht machen, Gottes Wort kennen zu lernen und andere selbstlos zu lieben, dann dürfen Sie mit einer Jahrhundert-Ernte der Segnungen in Ihrem Leben rechnen. Wie das schützende Dach einer mächtigen Eiche werden Sie zukünftige Generationen mit der Kraft Ihres zeitlosen Vermächtnisses behüten.

Damit es fürs Leben hält

1. Wie viel Zeit verbringen Sie damit, Gottes Wort zu lesen, zu studieren und zu genießen? Wie viel Zeit würden Sie gerne jede Woche mit dem Wort verbringen? Nehmen Sie sich in den nächsten Tagen bewusst etwas Zeit, um sie allein mit Ihrer Bibel zu verbringen, in dem Wissen, dass dieser Same Frucht bringen wird, wenn Ihr Leben auf dieser Erde schon längst vorüber ist.

2. Machen Sie sich eine Liste Ihrer nicht wesentlichen Engagements, Aufgaben und Verpflichtungen, die zwar vielleicht lohnend sind, aber keinen Bestand für die Ewigkeit haben. Denken Sie darüber nach, wie Sie diese Tätigkeiten nach und nach aus Ihrem Terminkalender tilgen können; wenn nicht für immer, so doch zumindest für eine Weile.

3. Wichtiger als unser Besitz sind unsere Werte. Schreiben Sie die Werte auf, die Sie zu hinterlassen hoffen, und notieren Sie auch, von wem Sie hoffen, dass er bzw. sie diese erben wird.

Tag 25

Stock und Stein

Baumaterial für die Ewigkeit

Der Preis für eine Sache ist die Menge Leben,
die Sie dafür eintauschen.
Henry David Thoreau

Der ist kein Narr, der gibt, was er nicht behalten kann,
um zu gewinnen, was er nicht verlieren kann.
Jim Elliot

Kurz nach der Tsunami-Tragödie von 2004 hatte ich Gelegenheit, die am stärksten betroffene Gegend von Indonesien zu besuchen: Banda Aceh. Trotz meiner Vorbereitungen und Vorinformationen für die Reise war ich gänzlich unvorbereitet darauf, mit welcher Wucht es mich traf, die Verwüstungen mit eigenen Augen zu sehen.

Nach einer viele Meilen langen Fahrt durch den Schlamm kam ich an eine Brücke, deren Anblick sich in mein Gedächtnis eingebrannt hat. Es war eine riesige Stahlbetonbrücke, die einst in eine Ortschaft mit Tausenden von Einwohnern geführt hatte. Sie endete nun abrupt, in der Mitte zerschlagen von einer unvorstellbar großen Welle. Ich stand am Ende und starrte in die Tiefe. Nichts als Meer. Das ganze Dorf war von dem Tsunami ausgelöscht worden. Ich stand auf einer Brücke ins Nichts.

Der riesige Verlust, der sich unter den sanften Wellen unter mir verbarg, nahm mir buchstäblich den Atem. Dann kam mir ein anderer Gedanke. Wir bauen ja alle Brücken mit unserem Leben, aber wo führen sie hin? Alles, was wir auf dieser Erde besitzen, wird eines Tages fortgespült werden. Doch wir werden für immer bleiben – wir sind ewige Wesen.

Einer unserer innersten Wünsche ist es, die Erde in einem besseren Zustand zurückzulassen, als wir sie vorgefunden haben. Wir sind von unserem Schöpfer darauf angelegt, einen wichtigen Zweck zu erfüllen, den niemand außer uns verwirklichen kann. Uns ist eine Sehnsucht einprogrammiert, eine Wirkung zu haben, einen Unterschied auszumachen, der durch die Ewigkeit widerhallen wird, wenn unsere Körper schon längst zu Staub geworden sind. Unser Vermächtnis ist wie eine Brücke; denn offensichtlich möchten wir nicht nur, dass es hält, sondern auch, dass andere darüber zu einem wichtigen Zielort in ihrem Leben gelangen können.

So vieles in dieser Welt kommt uns vorläufig, zerbrechlich und endlich vor. Wenn ganze Ortschaften innerhalb von Minuten hinweggefegt werden können und die New Yorker Zwillingstürme innerhalb von Stunden dem Erdboden gleich werden, fällt es schwer zu glauben, dass irgendetwas, das wir tun, eine bleibende Wirkung haben könnte.

Die meisten von uns erleben das jeden Tag, wenn auch in viel kleinerem Maßstab, in der ewigen Wiederholung unserer Tagesabläufe und alltäglichen Pflichten im Haushalt. Besonders Eltern von kleinen Kindern spüren das sehr stark. Wir spülen das Geschirr, doch schon nach der nächsten Mahlzeit ist alles wieder schmutzig. Wir machen morgens die Betten, doch kaum wird es Abend, wird wieder darin geschlafen. Wir kochen ein Essen, doch bereits nach Stunden oder auch nur Minuten sind die Kinder schon wieder hungrig. Wir wischen klebriges Zeug vom Boden auf, doch ehe wir uns umdrehen, hat schon wieder jemand etwas verschüttet. Wir holen die Kinder von ihren Musikstunden oder vom Sport ab, doch am nächsten Tag bringen wir sie schon wieder hin.

Kürzlich kümmerte sich meine heranwachsende Tochter Megan einen vollen Tag lang um den Haushalt, während ich weg war. Als ich spätabends wieder nach Hause kam, fand ich mein sonst so übermütiges Kind völlig erschöpft vor. Ich fragte sie, wie der Tag gelaufen sei, und sie sagte: «Ich habe den ganzen Tag lang gewaschen und Wäsche zusammengelegt, Essen gemacht, abgespült und geputzt … und *keiner hat es bemerkt.* Ich kam mir genau so vor wie du!»

Es kann schwer sein, sich vorzustellen, dass man eine Brücke in die Ewigkeit baut, wenn das, was man zustande bringt, kaum einen Tag lang zu halten scheint.

«Jeder Tag zählt»-Moment

Welche täglichen Arbeiten, Abläufe oder Aufgaben scheinen sich in Ihrem Leben endlos zu wiederholen? Geschirrspülen? Kochen? E-Mails? Telefonate? Autofahrten? Bitten Sie Gott, er möge Ihnen helfen, nicht zu vergessen, dass jede Kleinigkeit, die Sie tun, von ihm bemerkt wird.

Brandschutzübung

Wir alle möchten gern ein Vermächtnis hinterlassen, möchten wissen, dass unser Leben zählt. Und unser Vermächtnis hängt davon ab, wie wir unsere Tage verbringen. Wie wir gesehen haben, führt das zu der Frage: Wird unser Einfluss über unsere Lebenszeit hinaus anhalten?

Paulus war sich des Zusammenhangs zwischen den Baumaterialien, die wir verwenden, und der Qualität der Konstruktion sehr bewusst. In 1. Korinther 3,12–14 schrieb er: «Nun kann man mit den unterschiedlichsten Materialien weiterbauen. Manche verwenden Gold, Silber, kostbare Steine, andere nehmen Holz, Schilf oder Stroh. Doch an dem Tag, an dem Christus sein Urteil spricht, wird sich zeigen, womit jeder gebaut hat. Dann nämlich wird alles im Feuer auf seinen Wert geprüft, und es wird sichtbar, wessen Arbeit dem Feuer standhält. Hat jemand fest und dauerhaft auf dem Fundament Christus weitergebaut, wird Gott ihn belohnen.» Jeden Tag können wir uns unsere Materialien aussuchen – zeitliche oder ewige –, mit denen wir unser Leben bauen. Wenn Sie sichergehen wollen, dass Ihr Vermächtnis Sie überdauert und es die letzte Brandschutzübung bestehen wird, brauchen Sie drei entscheidende Baumaterialien.

Das erste sind Ihre Überzeugungen – das, wofür Sie stehen. Überzeugungen sind jene Kernwerte aus dem Wort Gottes, die sich nie verändern; sie sind ewig. Trends und Moden, sie kommen und gehen: «Das Gras verdorrt, die Blumen verwelken, aber das Wort unseres Gottes bleibt gültig für immer und ewig» (Jesaja 40,8). Sie brauchen nur ab und zu in die Nachrichten zu schauen, um zu sehen, dass selbst so genannte wissenschaftliche Studien sich in ihrer Deutung dramatisch verändern oder unterscheiden können. Diese Woche ist Kaffee gesund. Nächste Woche führt er zu Bluthochdruck. Diese Woche richten Proteindiäten mehr Schaden als Nutzen an; nächsten Monat sind sie der letzte Schrei. Pop-Psychologie, Modetrends, die Bestsellerliste – sie alle kommen und gehen, auf und ab, immer im Kreis. Doch Gottes Wort ist fest und sicher, es rührt sich keinen Millimeter von der Stelle. Es war vor tausend Jahren die Wahrheit, es ist heute die Wahrheit, und es wird auch in weiteren tausend Jahren immer noch die Wahrheit sein.

Wenn wir ein ewiges Vermächtnis aufbauen wollen, müssen unsere Überzeugungen aus dem Wort Gottes stammen. Wenn unsere Kernwerte aus dem Wort Gottes kommen, werden sie sich nie verändern. Sie sind felsenfest in einer schwankenden Welt. Ihre volle Wirkung können sie jedoch nur entfalten, wenn wir sie auch ausleben. Es muss Übereinstimmung herrschen zwischen dem, was wir glauben, und dem, was wir leben. Mir gefällt, wie Eugene Petersons Bibelübertragung *The Message* das ausdrückt: «Aber wenn du meine Worte nur fürs Bibelstudium benutzt und nicht in dein Leben hineinbringst, dann bist du wie ein dummer Zimmermann, der sein Haus auf einem Sandstrand erbaute» (Matthäus 7,26).

Die Bibel zu studieren reicht nicht; wir müssen sie in unser Leben übertragen, damit sie zur Überzeugung wird. Man glaubt etwas erst dann wirklich, wenn man es auslebt. Es gibt einen entscheidenden Unterschied zwischen einer Meinung und einer Überzeugung: Eine Meinung ist etwas, das man hat; eine Überzeugung dagegen ist etwas, das einen hat. Eine Überzeugung ist ein Kernwert aus dem Wort Gottes, der uns verankert, uns formt, unser Leben durchdringt und so sehr ein Teil von uns wird, dass er uns regelrecht ausmacht.

Charakterstudien

Das nächste ewige Baumaterial zeigt sich in unserem Charakter. Wenn wir sterben, nehmen wir nichts mit außer unserem Charakter, also dem, was uns im Kern ausmacht. Gott hat von Anfang an einen bestimmten Plan verfolgt, nämlich Sie und mich seinem Sohn Jesus Christus ähnlicher zu machen. Sein Plan ist es, die Charakterzüge Christi in unser Leben hineinzulegen. «Wen Gott nämlich auserwählt hat, der ist nach seinem Willen auch dazu bestimmt, seinem Sohn ähnlich zu werden, damit dieser der Erste ist unter vielen Brüdern und Schwestern» (Römer 8,29).

Haben Sie je einem Bildhauer bei der Arbeit zugesehen? Bildhauer haben eine Vision dafür, was in dem Marmorblock oder dem Stein steckt, und diese Vision wollen sie sichtbar machen, Stück für Stück. Jemand erzählte mir, als der große Bildhauer Michelangelo einmal gefragt worden sei, wie er sein Meisterwerk «David» geschaffen habe, habe er geantwortet, er habe einfach alles abgeschlagen, was nicht wie David aussah. So einfach ist das. Und genauso macht es Gott auch in Ihrem Leben. Er schlägt alles an Ihrem Charakter ab, was nicht wie Jesus Christus aussieht – all die charakterlichen Fehler und Mängel. Denn sein Plan ist es, das Bild seines Sohnes in Ihnen vollkommen werden zu lassen.

Um den Charakter Christi in uns zu kultivieren, wendet Gott mehrere Methoden an. Die erste hängt mit den Problemen des Lebens zusammen. So lästig sie auch sind, Probleme dienen immer einem Zweck. Manchmal lässt Gott Ärgernisse zu, jene kleinen Irritationen, die Ihrem Charakter die rauen Kanten abschleifen. Dann wiederum holt er den Presslufthammer hervor und fängt an, riesige Brocken abzuhauen, die nicht nach Jesus aussehen. Wenn wir die Probleme des Lebens als Gelegenheiten annehmen, ihm zu vertrauen und Christus ähnlicher zu werden, dann bleibt uns nicht annähernd mehr so viel Raum, uns Sorgen zu machen, uns selbst zu bemitleiden oder zornig zu werden.

Auch die Stressfaktoren des Lebens benutzt Gott, um unsere Kanten zu glätten. Unter Druck lernen wir Geduld. Die Menschen, die ich kennen gelernt habe, die Christus am ähnlichsten waren, standen unter einem enormen Stress und Verantwortungsdruck. Wenn wir in die Mangel genommen werden, kommt immer das zum Vorschein, was in uns steckt, sei es gut oder schlecht. Wir können unsere Begrenzungen anerkennen und Gott einladen, in unserem Leben zu wirken. Oder wir können uns querstellen und darauf beharren, es auf unsere Art zu machen, obwohl ringsum alle unsere Anstrengungen zunichtewerden.

Schließlich benutzt er gern die Menschen in unserem Leben, um unseren Charakter zu bereichern und uns die selbstsüchtigen Kanten abzuschlagen, die uns daran hindern, andere so zu lieben, wie Christus es tut. Jeder von uns hat in seinem Leben Menschen, die zu lieben schwerfällt. Dass wir jemanden lieben, heißt noch lange nicht, dass die Beziehung glatt laufen wird. Denken Sie daran, dass Gott Menschen als Meißel gebraucht, um alles in unserem Leben abzuschlagen, was nicht wie Christus aussieht, und so unser Leben zu einem Kunstwerk macht.

«Jeder Tag zählt»-Moment

In welchem Bereich Ihres Lebens sind Sie zurzeit dem stärksten Druck ausgesetzt? Wie haben Sie bisher darauf reagiert? Wie könnte Gott diese Situation gebrauchen wollen, um Ihren Charakter aufzubauen?

Brückenbau

Ewige Vermächtnisse sind auf unsere Überzeugungen, unseren Charakter und auf die Menschen aufgebaut, mit denen wir Gemeinschaft haben. Überzeugungen und ein Charakter, die von Gott geprägt sind, haben für immer Bestand, und unsere Beziehungen zu Gottes Leuten werden ebenfalls für immer bestehen. Wenn wir eine Brücke bauen wollen, die zu einem Zielort in der Ewigkeit führt, brauchen wir Teamkameraden: Menschen, die von derselben Leidenschaft für Gott und sein Wort getrieben sind. Sonst werden die Brücken, die wir bauen, mitten in der Luft aufhören, wenn unser Körper stirbt und wir diese Erde verlassen.

Wenn Sie zu beschäftigt sind, um regelmäßig Zeit mit einer Gruppe von Gleichgesinnten zu verbringen, dann sind Sie schlicht und einfach *zu* beschäftigt. Vielleicht erinnern Sie sich an die Schwestern Maria und Marta, die mit Jesus befreundet waren. Eines Abends luden sie ihn zum Abendessen ein, und Marta geriet völlig ins Rotieren, weil sie alles perfekt herrichten wollte. Schließlich war ja der Sohn Gottes bei ihr zu Gast! Maria dagegen setzte sich einfach zu Jesu Füßen hin, hörte ihm zu, entspannte sich und genoss die gemeinsame Zeit. Man kann sich vorstellen, dass Marta über die ganze Situation ziemlich sauer war. Sie war wütend auf Maria, und ich glaube, sie war eigentlich auch wütend auf Jesus, weil er ihre Schwester nicht zurechtwies: «Marta aber war unentwegt mit der Bewirtung ihrer Gäste beschäftigt. Schließlich kam sie zu Jesus und fragte: ‹Herr, siehst du nicht, dass meine Schwester mir die ganze Arbeit überlässt? Kannst du ihr nicht sagen, dass sie mir helfen soll?› Doch Jesus antwortete ihr: ‹Marta, Marta, du bist um so vieles besorgt und machst dir so viel Mühe. Nur eines aber ist wirklich wichtig und gut! Maria hat sich für dieses eine entschieden, und das kann ihr niemand mehr nehmen›» (Lukas 10,40–42).

Jesus hat so eine Art, uns mit aller Behutsamkeit auf die Wahrheit hinzuweisen. Seine Worte müssen die arme Marta verletzt haben. Sie dachte bestimmt: «Herr, siehst du eigentlich, was ich alles tue? Ich rackere mich hier ab, und was erlaubst du Maria? Du weißt es doch, du bist Gottes Sohn. Warum sagst du ihr nicht, dass sie mir helfen soll?» Doch Jesus gab ihr ganz freundlich zu verstehen: «Meine Liebe, du bist auf dem falschen Dampfer. Deine Prioritäten stehen auf dem Kopf, Marta. Maria tut das, was am wichtigsten ist und Bestand haben wird; das Einzige, was Ewigkeitswert hat. Du machst dir das christliche Leben zu kompliziert! Es ist doch eigentlich ganz einfach. Was zählt, ist nur deine Beziehung zu mir und deine Beziehung zu anderen.»

Wenn wir damit rechnen würden, nur noch ein paar Wochen zu leben, wäre die Entscheidung, uns auf Jesus und die Menschen in unserer Nähe zu konzentrieren, klarer und leichter für uns. Wie wir auf vielfältige Weise schon gesehen haben, müssen wir uns, um ein ewiges Vermächtnis aufzubauen, in andere Menschen investieren. Was dabei oft übersehen wird, ist, dass zumindest manche dieser Leute dieselben Ziele haben müssen wie wir. Sie müssen sie nicht unbedingt auf dieselbe Art und Weise verfolgen wie wir (so wie Maria ja auch nicht beim Kochen half, wie Marta es wollte), aber wenn sie Gott nachfolgen und wir ihr Herz kennen, dann können wir darauf vertrauen, dass uns ein starkes Band verbindet.

Die meisten materiellen Güter, die wir zurücklassen, werden nicht viel länger erhalten bleiben als wir selbst. Unser Geld wird ausgegeben werden, unsere Häuser und unser Besitz werden verfallen oder verkauft werden, unsere persönlichen Habseligkeiten werden zu Waren in einem Antiquitätenladen werden. Kürzlich habe ich ein Antiquitätengeschäft gesehen, das sich «Kram von toten Leuten» nannte. Das hört sich lustig an, ist aber eine treffende Beschreibung dessen, was unser gesamter Besitz eines Tages sein wird. Wenn wir aber unser Leben auf Überzeugungen, Charakter und Gemeinschaft bauen, werden wir uns ein ewiges Denkmal errichten, das noch unzähligen Menschenleben für etliche Generationen von Nutzen sein wird. Dann werden wir unser Leben damit verbracht haben, eine Brücke zu bauen, die letzten Endes andere zu Gott führt; und ein befriedigenderes Vermächtnis als das kann es nicht geben.

Damit es fürs Leben hält

1. Nehmen Sie sich Papier und Stift und schreiben die Zahlen eins bis fünf untereinander. Listen Sie daneben fünf Überzeugungen auf, die Sie vertreten und von denen Sie glauben, dass sie zeitlos sind. Dann gehen Sie alle noch einmal durch und denken Sie über ihre jeweilige Grundlage nach. Inwiefern ist sie durch Gottes Wort untermauert? Durch das Leben anderer Menschen? Durch Ihre eigene Erfahrung?

2. Nummerieren Sie wieder von eins bis fünf und listen Sie diesmal Charakterzüge auf, für die Sie gerne nach Ihrem Tod in Erinnerung bleiben möchten. Wo haben Sie erlebt, wie Gott diese Züge in Ihnen kultiviert hat? Auf welche davon scheint er sich im Moment zu konzentrieren?

3. Zum Schluss machen Sie noch eine letzte Liste von eins bis fünf. Schreiben Sie die Namen von fünf Leuten auf, die Ihre Überzeugungen und Ihr Streben nach einem von Gott geprägten Charakter teilen. Wie oft sehen Sie jeden von ihnen? Wie können Sie sie ermutigen? In welchen Bereichen könnten diese Leute Sie stärker «zur Rechenschaft ziehen»?

Tag 26

Karambolage

Auf Kurs bleiben, wenn das Leben zusammenbricht

Glück ist kein Ziel; es ist ein Nebenprodukt.
Eleanor Roosevelt

Als du geboren wurdest, hast du geweint, und alle um dich herum haben gelächelt. Lebe dein Leben so, dass, wenn du stirbst, du lächeln wirst und alle um dich herum weinen werden.
Verfasser unbekannt

Als ich klein war, gehörten zu meinen Lieblingsspielsachen die «SST Smash 'Em Up Derby Cars». Die hatten in der Mitte ein großes Schwungrad mit einer Reißleine. Man zog an der Reißleine und zielte mit den Autos aufeinander, und schon hatte man den schönsten Zusammenstoß. Die Teile flogen kreuz und quer durchs Zimmer. Es war herrlich!

Die «Smash 'Em Up Derby Cars» waren so konstruiert, dass man sie leicht wieder zusammensetzen und gleich darauf das nächste Karambolagerennen starten konnte. Ich erinnere mich noch an den Werbe-Jingle: «Smash, bang, crash 'em up, put 'em back again. SST Smash 'Em Up Derby. Batterien nicht nötig.» Als kleiner Junge fand ich es unglaublich cool, einen mächtigen Zusammenstoß zu inszenieren und dann alle Teile wieder zusammenzusetzen, ohne dass ein Schaden entstand.

Ich wünschte, im Leben wäre es auch so. Aber es ist nicht so einfach, die Teile wieder zusammenzusetzen, wenn es im Leben eine Karambolage gibt. Manchmal gerät unser Leben aus der Spur, und wir geraten auf einen Kollisionskurs und wissen nicht, wie wir die Notbremse ziehen sollen. Meistens fängt es damit an, dass wir vermeintlich in Zeitnot geraten. Unser Terminkalender ist zu voll, wir fühlen uns überfordert, die Wände rücken immer enger zusammen, alles fängt an zusammenzubrechen, und wir merken, dass wir einfach nicht genug Zeit haben, um alles zu schaffen.

Meistens denken wir dann, unser Problem sei das Zeitmanagement, und hoffen, wir könnten's lösen, indem wir uns ein neues elektronisches Spielzeug anschaffen. Aber Zeitmanagement ist nur ein oberflächliches Problem. Wenn wir nur noch einen Monat zu leben hätten, würden wir wahrscheinlich unseren Terminkalender umstellen und uns in die Tiefe bis zu den Wurzeln unseres Unbehagens durchbohren. Dann würden wir einige der grundlegenden Ursachen für die meisten Karambolagen im Leben entdecken. Wenn wir ein bleibendes Vermächtnis hinterlassen wollen, müssen wir mit dem Meisterfahrer auf die richtige Straße einbiegen.

«Jeder Tag zählt»-Moment

Wann haben Sie zum letzten Mal in Ihrem Leben eine Karambolage erlebt, eine Zeit oder eine Erfahrung, bei der Sie sich vorkamen, als ob Ihnen alles aus den Händen gleitet? Wie haben Sie darauf reagiert? Inwiefern werden Sie aufgrund dessen, was Sie durch diese Erfahrung gelernt haben, auf die nächste Karambolage anders reagieren?

Crashkurs

Die erste Ursache für einen Crash ist ein Zusammenstoß der Werte. Was wir als Karambolagen wegen eines übervollen Terminkalenders wahrnehmen, sind meist in Wirklichkeit Zusammenstöße von Werten. Unser Handeln offenbart einen anderen Wertekatalog als das, wovon wir sagen, es sei uns das Wichtigste. Zum Beispiel sagen wir, unsere Gesundheit sei uns wichtig, aber trotzdem ernähren wir uns manchmal falsch oder vernachlässigen den Sport. Oder vielleicht sagen Sie, die Familie sei Ihre oberste Priorität, aber oft bekommt die Arbeit Vorrang vor der Zeit mit Ihrer Familie.

Möglicherweise sagen Sie, Gott sei die Nummer eins bei Ihren Prioritäten, doch in Wirklichkeit bekommt er nur noch die Reste von Ihrer Zeit, Ihrem Talent und Ihren Finanzen. Eine der größten Quellen von Stress und Frust in unserem Leben ist diese Kollision der Werte. Wenn unsere Zeit auf dieser Erde plötzlich auf eine kurze Spanne zusammenschrumpfen würde, würden wir endlich alles daransetzen, unser Handeln mit unseren Überzeugungen in Einklang zu bringen.

Das Gute ist, dass wir unser Leben unter die Lupe nehmen, diese Kollisionspunkte ausfindig machen und unseren Kurs ändern können. Wir können anfangen, unsere Prioritäten und unser gegenwärtiges Handeln wieder aufeinander abzustimmen. Der beste Weg, um damit anzufangen, ist der, eine noch ernstere Karambolage unter die Lupe zu nehmen: die Willenskollision. Manchmal kollidiert mein Wille mit dem Willen Gottes. Überlegen Sie mal, wie sich das auf das Zeitmanagement auswirkt. Gott hat mich geschaffen. Er hat auch den Tag mit seinen vierundzwanzig Stunden geschaffen. Wenn ich also in diesen vierundzwanzig Stunden nicht alles erledigen kann, was ich erledigen muss, dann folgt daraus, dass ich mich mit Dingen beschäftige, von denen Gott nie wollte, dass ich sie tue. Auch auf die Gefahr hin, jetzt zu pauschalisieren: Ich behaupte, so einfach ist das. Gott hat uns genug Zeit gegeben, um alles zu bewältigen, was er von uns will. Wenn wir in diesem Wissen ruhen und uns von ihm zeigen lassen, was an jedem Tag erreicht werden muss, lässt unser inneres Drängen nach, je mehr wir uns auf seine Pläne stützen.

Wir können uns aussuchen, welchen Weg wir im Leben einschlagen. Wir können auf Gott zusteuern oder auch unseren eigenen Kurs setzen und versuchen, es auf eigene Faust zu schaffen. Wir können das Auto fahren, das von seinem Willen angetrieben wird, oder auch dasjenige, das mit unserem eigenen Willen fährt. Wenn ich mich dafür entscheide, mein eigenes Auto zu fahren und alle meine Entscheidungen zu treffen, ohne ihn zu Rate zu ziehen, ist das so, als ob ich in Gegenrichtung durch eine Einbahnstraße fahre. Das führt zum Zusammenstoß mit Gott, und das ist kein Spaß. Erst wenn wir uns von ihm leiten lassen, können wir eine bleibende Wirkung hinterlassen. «Verlass dich nicht auf deine eigene Urteilskraft, sondern vertraue voll und ganz dem Herrn! Denke bei jedem Schritt an ihn; er zeigt dir den richtigen Weg und krönt dein Handeln mit Erfolg» (Sprüche 3,5–6).

«Jeder Tag zählt»-Moment

Wenn Sie sich auf einer Skala von eins bis zehn einordnen sollten, wobei eins dafür steht, dass Sie ganz und gar Ihrem eigenen Willen folgen, und zehn dafür, dass Sie ganz und gar Gottes Willen folgen wollen, wo stehen Sie dann zurzeit? In welchen Bereichen Ihres Lebens sehen Sie die größte Diskrepanz zwischen Ihrem und seinem Willen – Beziehungen, Finanzen, geistliches Wachstum oder etwas anderes?

Willenskraft

Wie aber können wir mitten in Gottes Willen bleiben? Der Psalmist fordert uns auf: «Verlass dich auf den Herrn und tue Gutes! Bleibe in Israel, dem verheißenen Land, und halte dich immer an die Wahrheit! Freue dich über den Herrn; er wird dir alles geben, was du dir von Herzen wünschst. Vertrau dich dem Herrn an und sorge dich nicht um deine Zukunft! Überlass sie Gott, er wird es richtig machen» (Psalm 37,3–5).

Wie vermeiden wir jene üblen Zusammenstöße, bei denen unser Wille seinem vollkommenen Plan für unser Leben in den Weg tritt? Wenn wir diesen Abschnitt aufteilen und tief ergründen, finden wir drei Prinzipien dafür, wie man im Willen Gottes bleibt. Beim ersten geht es darum, uns auf Gott zu verlassen: «Verlass dich auf den Herrn und tue Gutes!» Wenn wir uns auf Gott verlassen, dann wollen wir ihm gehorsam sein, statt unseren eigenen Wünschen zu folgen. Wenn wir uns nicht auf ihn verlassen, dann werden wir uns selbst ans Steuer setzen und die Kontrolle übernehmen wollen.

Dieses Prinzip erinnert mich an etwas, das ich kürzlich mit meinen beiden älteren Söhnen erlebt habe. Sie sind beide gute Fahrer, aber ich muss zugeben, als sie anfingen, war ich kein sehr guter Beifahrer. Ich hielt mich zähneknirschend zurück und versuchte, nicht zu viel zu sagen. Bald entdeckte ich, dass ich sie ja nicht gut für Dinge kritisieren konnte, die sie während vieler Jahre als meine Beifahrer aufgeschnappt hatten. Teenager lassen einem aber auch gar nichts durchgehen; ihr Heuchelei-Detektor ist superscharf eingestellt! Wenn meine Söhne zum Beispiel in der Ortschaft sechzig statt fünfzig fuhren, sagte ich: «Du musst dich ans Tempolimit halten. Sonst kriegst du einen Strafzettel.» Einmal sah mein Sohn Ryan mich an und erwiderte: «Dich habe ich auf dieser Straße noch nie fünfzig fahren sehen.» Autsch.

Nach einer solchen Fahrstunde schaute einer meiner Söhne zu mir hinüber und sagte: «Du hast ein Kontrollproblem.» Er hatte den Nagel auf den Kopf getroffen. Ich habe wirklich ein Kontrollproblem, und das macht sich besonders bemerkbar, wenn es um Gottes Willen geht. Das kennen Sie auch. Im Grunde ist es ein Kampf darum, wer am Steuer sitzt.

Wir versuchen immer wieder, Gott das Lenkrad aus der Hand zu nehmen, weil wir meinen, wir könnten besser fahren als er. Also sagen wir ihm, wie er fahren soll und wo es entlanggeht, und denken: «Ich weiß, was für mein Leben am besten ist.» Sicher, solange wir die Route einschlagen, die wir selbst uns auch ausgesucht hätten, lassen wir Gott gerne fahren. Aber sobald wir nicht recht wissen, was er vorhat, werden wir nervös. Und weil wir nicht sehen können, wo er hinwill oder wie wir dorthin kommen sollen, verlieren wir oft die Nerven und greifen ihm wieder ins Lenkrad.

Gerade dann müssen wir lernen, uns zu entspannen und dem Meisterfahrer die Kontrolle über das Steuerrad zu überlassen. Wir müssen lernen, uns so sehr auf ihn zu verlassen, dass wir sagen können: «Ich weiß nicht, was ich hier machen soll, aber ich will vor allem das, was *du* willst. Ich will, dass dein Wille geschieht. Bewahre mich davor, einen Fehler zu machen.» Wenn wir dahin kommen, dann leitet Gott uns auf unseren

Wegen und bringt uns in Einklang mit seinen Absichten für unser Leben.

Aber es gibt noch ein Prinzip dafür, im Willen Gottes zu bleiben. Ich muss mich nicht nur auf ihn verlassen, sondern mich auch über ihn freuen. Der Psalmist sagt: «Freue dich über den Herrn; er wird dir alles geben, was du dir von Herzen wünschst» (Vers 4). Dieses Wort «sich freuen» bedeutet im Hebräischen «genießen». Wenn man sich über jemanden freut, genießt man seine Gesellschaft und will Zeit mit ihm verbringen.

Wir alle hoffen auf die Erfüllung unserer Herzenswünsche, und dieser Bibelvers macht deutlich, dass das auch möglich ist. Aber es gibt eine Bedingung. Wir müssen uns über den Herrn *mehr* freuen, als wir uns nach der Erfüllung unserer Herzenswünsche sehnen. An dieser Stelle verlieren viele Leute aus den Augen, worum es bei Gottes Willen eigentlich geht. Wir meinen, wenn er uns wirklich liebt, sollte er uns ans Steuer lassen. Aber er möchte, dass wir uns danach sehnen, bei ihm zu sein, ihn zu kennen, ihn mehr zu lieben als jeden Zielort, den wir vielleicht auf eigene Faust erreichen könnten.

Als unser ältester Sohn den Führerschein machte, konnte er es gar nicht abwarten, aus dem Haus zu kommen und unabhängig zu sein. Es gab immer irgendwo ein Ballspiel, eine Verabredung zum gemeinsamen Lernen, eine Veranstaltung – irgendetwas, das es erforderlich machte, dass er irgendwo hinfuhr. Doch dann sah ich ihn eines Freitagabends zu meiner Überraschung zusammen mit der Familie beim Abendessen sitzen. «Schön, dich zu sehen, aber was machst du hier?», bemerkte ich. Er lächelte und sagte leise: «Ich wollte heute Abend einfach mal wieder zu Hause bleiben. Ich habe euch vermisst.» Wow. Das war für mich die Krönung des Tages!

Genauso ist Gott. Er möchte, dass wir uns mehr über ihn freuen als über unsere eigene Freiheit. Oft ist es sogar so, dass unsere Herzenswünsche sich verändern, wenn wir uns über ihn freuen. Wir wollen dann nicht mehr unseren Weg gehen, sondern seinen Weg.

Wenn wir im Zentrum des Willens Gottes bleiben wollen, müssen wir uns auf Gott verlassen, uns über ihn freuen, und schließlich müssen wir uns ihm anvertrauen. «Vertrau dich dem Herrn an und sorge dich nicht um deine Zukunft! Überlass sie Gott, er wird es richtig machen» (Vers 5). Oft sagen wir: «Gott, zeig mir deinen Willen, und ich werde ihn bei dieser Entscheidung, die ich treffe, mit in Betracht ziehen.» Gott aber sagt: «Nein, du musst dich mir anvertrauen und dich darauf festlegen, meinem Willen zu folgen. Und *dann* werde ich dir zeigen, was mein Wille ist.»

Vielleicht kommt es Ihnen so vor, als wäre Ihr Leben gegen einen Baum gekracht und überall lägen Trümmer, bis zur Unkenntlichkeit verbeult und nicht mehr zu reparieren. Es scheint, als wären Sie eine Attraktion für die Schaulustigen in den vorbeifahrenden Autos – ein Lebenstotalschaden, den alle anstarren. Nun, ich habe eine Neuigkeit für Sie. Es ist noch nicht zu spät, den Kurs Ihres Lebens zu ändern! Gott hat immer noch einen großartigen Plan für Sie. Aber der erste Schritt ist, dass Sie vom Fahrersitz hinüberrutschen und Gott bitten, sich ans Steuer zu setzen. Fangen Sie an, ihm bei jeder Entscheidung das erste Wort zu geben, und schauen Sie zu, wie sich Ihr Leben verwandelt.

Womit wir wieder beim Vertrauen sind. Gehorsam fängt mit Vertrauen an und endet mit Vertrauen. Wir gehen im Glauben los und lassen Gott unser Auto steuern und uns dorthin bringen, wo er uns haben will. Aber das ist kein passiver Prozess. Er möchte, dass wir aufmerksam sind und unterwegs aktiv werden.

Der größte Teil eines bleibenden Vermächtnisses resultiert aus den aktiven Schritten, die wir während unseres Lebens tun. Wir sagen, wir wollen den Menschen, die wir lieben, nahe sein, aber das können wir nur durch ausreichend hochwertige Zeit, durch ehrliche Gespräche und dadurch, dass wir Sorgen und Freuden miteinander teilen. Wir sagen, wir wollen in dieser Welt etwas Positives bewirken und sie in einem besseren Zustand zurücklassen, als wir sie vorgefunden haben. Aber dazu müssen wir aktiv werden, geleitet von unserem Vater, um anderen die Hand zu reichen, sie zu lieben, sie zu betreuen und ihnen zu dienen.

Unsere Zeit in diesem Leben ist begrenzt. Wenn wir wirklich sichergehen wollen, dass wir unsere Bestimmung erfüllt haben, wenn es für uns Zeit ist zu gehen, dann müssen wir mitten in Gottes Willen bleiben, uns auf ihn verlassen, uns über ihn freuen und uns seinem Weg anvertrauen. Er ist der Einzige, der unser Leben wieder neu aufbauen und uns auf neuem Kurs leiten kann, wenn unser Wille mit seinem kollidiert.

Damit es fürs Leben hält

1. Was hindert Sie im Moment am meisten daran, sich in Ihrem Leben auf Gott zu verlassen? Welche Erfahrungen der Vergangenheit haben bei Ihnen Zweifel, Zorn, Verletzungen oder Enttäuschung ausgelöst? Nehmen Sie sich Zeit fürs Gebet und schreiben oder erzählen Sie Gott von diesen Erlebnissen. Wenn Sie nicht mit ihm kommunizieren, kann es schwer werden, Vertrauen zu ihm aufzubauen.

2. Machen Sie sich eine Liste von eins bis fünf und schreiben Sie sich Ihre Herzenswünsche auf. Seien Sie dabei so ehrlich zu sich selbst wie möglich. Nehmen Sie sich Zeit zum Nachdenken über jeden dieser Wünsche und darüber, warum Sie sich danach sehnen. Vertrauen Sie Ihre Liste Gott an und bitten Sie ihn um seine Perspektive zu jedem dieser Wünsche.

3. Wenn Sie nur noch einen Monat zu leben hätten, welche drei Schritte würden Sie tun wollen, um Ihre verbleibende Zeit in Einklang mit dem Willen Gottes zu bringen? Was hält Sie davon ab, diese Schritte jetzt zu tun? Wählen Sie einen davon aus und fangen Sie noch diese Woche an, ihn umzusetzen.

Tag 27

Seesterne

Leben mit Wirkung

Die wahre Größe eines Menschen zeigt sich darin,
wie er eine Person behandelt, die ihm absolut nichts
nützen kann.
Ann Landers

Das Böse triumphiert allein dadurch,
dass gute Menschen nichts unternehmen.
Edmund Burke

Das Leben hat sich definitiv sehr verändert, seit ich ein Kind war. Wenn es um unsere Kinder geht, sind wir viel mehr auf Sicherheit bedacht, als es unsere Eltern waren. In meiner Generation fuhr man doch tatsächlich Fahrrad ohne Helm, und in den Autos gab es keine Airbags. Wir tranken sogar Wasser direkt aus dem Gartenschlauch und überlebten es! Seine Kinder zu schützen ist nichts Falsches – meine Kinder werfen mir ständig vor, ich würde sie zu sehr behüten. Problematisch wird es dann, wenn wir anfangen zu denken, Glück bestehe darin, sicher und behaglich zu leben. Und wenn das Vermeiden aller Risiken unser oberstes Lebensziel wird. Wenn es unsere höchste Priorität ist, sicher und unangreifbar zu sein, verlieren wir nicht nur die Bedürfnisse anderer aus den Augen, sondern auch ein Grundbedürfnis von uns selbst.

Schließlich wurden wir für viel mehr geschaffen als nur dafür, auf Tasten zu drücken und durch Bildschirme zu scrollen. Wir wurden für ein großes Abenteuer geschaffen! Gott hat uns darauf angelegt, große Risiken einzugehen, uns riesigen Herausforderungen zu stellen und gewaltige Ziele zu erreichen, die eine bleibende Wirkung haben werden.

Wenn Sie entdecken würden, dass Sie nur noch einen Monat zu leben hätten, und darüber nachdächten, wie Sie ein bleibendes Vermächtnis in dieser Welt hinterlassen können, wären Sie vielleicht versucht zu denken: «Es ist zu spät. Ich habe weder das Geld noch die Macht, die ich bräuchte, um in dieser Welt etwas zu bewirken.» Aber unterschätzen Sie niemals die Macht eines Einzelnen. Jeder von uns hat jeden Tag die Fähigkeit, sich von Gott gebrauchen zu lassen, um dem Rest der Welt zum Segen zu werden.

«Jeder Tag zählt»-Moment

Wie wichtig ist Bequemlichkeit für Sie in Ihrer jetzigen Lebensphase? Welche Annehmlichkeiten aufzugeben würde Ihnen am schwersten fallen? Ihren Computer? Die Mikrowelle? Den iPod? Die Matratze? Die Kaffeemaschine? Anderes?

Die Macht des Einzelnen

Ein Geschäftsmann, der in einem Ferienort zu Gast war, verließ eines Morgens früh sein Hotel, um einen Spaziergang zu machen. Als er an den Strand kam, stieß er auf einen überwältigenden Anblick: Unzählige Seesterne waren bei einer Springflut während der Nacht ans Ufer geschwemmt worden. Sie waren noch lebendig und bewegten sich, kletterten alle übereinander und versuchten zurück in den Ozean zu gelangen. Er wusste, dass es nicht lange dauern würde, bis die tropische Sonne die armen Geschöpfe, die da auf dem Sand festsaßen, rösten würde. Er hätte gern etwas getan, aber es waren Tausende, so weit das Auge reichte; zu viele, um auch nur einen merklichen Teil von ihnen zu retten.

Also ging er weiter. Ein Stückchen weiter am Strand traf er auf einen kleinen Jungen, der sich gerade hinabbeugte, einen Seestern aufhob und ihn wie ein Frisbee ins Meer schleuderte. Das wiederholte er immer wieder, immer schneller werdend, offenbar um so viele von ihnen zu retten wie möglich.

Kaum hatte der Mann begriffen, was der kleine Junge da tat, hielt er es für seine Aufgabe, dem Jungen zu helfen, indem er ihn über eine harte Lebenswahrheit aufklärte. Er ging auf das Kind zu und sagte: «Mein Junge, lass mich dir etwas sagen. Was du hier tust, ist sehr edelmütig, aber du kannst nicht alle diese Seesterne retten. Es sind Tausende und Abertausende. Die Sonne wird bald sehr heiß scheinen, und sie werden alle sterben. Du könntest genauso gut einfach spielen gehen. Du kannst hier nicht wirklich etwas ändern.»

Zuerst sagte der Junge nichts, sondern starrte den Geschäftsmann nur an. Dann bückte er sich wieder, hob noch einen Seestern auf, schleuderte ihn hinaus ins Meer, so weit er konnte, und sagte: «Also, für *den* da habe ich gerade alles geändert.»

Oft können Kinder uns mehr beibringen als wir ihnen – in diesem Fall war das gewiss so. Dieser Junge ließ sich durch die Größenordnung des Problems nicht davon abhalten, zu tun, was er tun konnte: einen Seestern nach dem anderen zu retten. Vielleicht hat Helen Keller diesen Gedanken am besten zusammengefasst: «Ich bin nur eine, aber immerhin bin ich eine. Ich kann nicht alles tun, aber immerhin kann ich etwas tun. Und weil ich nicht alles tun kann, werde ich mich nicht weigern, das zu tun, was ich tun kann.»

Wenn wir abends in den Nachrichten an globale Probleme wie den Welthunger, die AIDS-Epidemie, Kriege und Hungersnöte erinnert werden, reagieren wir oft mit stumpfer Apathie oder resignierter Hoffnungslosigkeit. Die meisten von uns sind versucht zu denken: «Warum sich auch nur Mühe geben? Das Problem ist so riesig und komplex, dass ich nie etwas daran werde ändern können.» Die Versuchung besteht darin, diese Probleme als Abstraktionen zu sehen anstatt als tägliche Realitäten für einzelne Menschen.

Wenn wir unsere Sicht der Dinge jedoch auf Gottes Blickwinkel ausrichten und uns einem Seestern nach dem anderen widmen, werden wir tun, was wir können, wie klein oder wirkungslos unsere Anstrengungen auch erscheinen mögen. Wenn wir auch nur *ein* Menschenleben anrühren, können wir für diesen Menschen den Unterschied zwischen Leben und Tod ausmachen – sowohl im physischen als auch im geistlichen Sinn.

Wenn wir es uns zur Gewohnheit machen, zu tun, was wir können, werden wir selbst, indem wir anderen helfen, verändert. Ralph Waldo Emerson sagte: «Nichts kann unser Gesicht, unsere Gestalt oder unser Verhalten mehr verschönern als der Wunsch, Freude statt Schmerz um uns zu verbreiten.»

Lebendiges Opfer

Wir lassen es nur selten an uns heran, aber viele von uns haben tief in ihrer Seele eine Frage, die an ihnen nagt. Wie bringen wir die Tatsache, dass wir in schönen Häusern wohnen, tolle Autos fahren und reichlich zu essen haben, damit in Einklang, dass unglaublich viele Menschen auf der Welt mit weniger als zwei Euro am Tag auskommen müssen? Sie haben richtig gelesen. Drei Milliarden Menschen auf dieser Welt leben heute von weniger als dem Gegenwert von zwei Euro am Tag.

Wenn wir unsere Kinder in unseren Minivans zum Fußballtraining fahren, wie bringen wir unseren Lebensstil mit der Tatsache in Einklang, dass Kinder in San José (Costa Rica) oder in Nairobi (Kenia) oder in Tausenden von anderen Städten in aller Welt Fußball auf Straßen voller ungeklärter Abwässer spielen und Bälle kicken, die aus Abfall und Klebeband gemacht sind?

Ich versuche Ihnen hier keine Schuldgefühle einzureden, sondern nur, Sie daran zu erinnern, dass uns die Perspektive verloren gegangen ist. Wir haben vor allem aus zwei Gründen die Fähigkeit verloren, über unser eigenes Leben hinaus zu blicken. Der eine ist unser menschliches Verlangen, unsere eigene sichere und behagliche Welt unter Kontrolle zu behalten. Der andere ist, dass unsere Kultur uns dazu antreibt, eher mehr zu erwerben als mehr zu verschenken.

Wenn wir wüssten, dass unsere Zeit auf der Erde abläuft, würden wir alles tun wollen, was wir können, um anderen zu helfen. Wir würden nicht ein falsch eingesetztes, nur um uns selbst kreisendes Leben bereuen müssen. Wir würden wissen wollen, dass wir dem Gott, den wir lieben, Ehre gemacht haben, indem wir über alles, was er uns gegeben hat, die bestmögliche Haushalterschaft geübt haben. In seinem Brief an die Römer schrieb Paulus: «Weil ihr Gottes Barmherzigkeit erfahren habt, fordere ich euch auf, liebe Brüder und Schwestern, mit eurem ganzen Leben für Gott da zu sein. Seid ein lebendiges Opfer, das Gott dargebracht wird und ihm gefällt. Ihm auf diese Weise zu dienen ist die angemessene Antwort auf seine Liebe. Passt euch nicht dieser Welt an, sondern ändert euch, indem ihr euch von Gott völlig neu ausrichten lasst. Nur dann könnt ihr beurteilen, was Gottes Wille ist, was gut und vollkommen ist und was ihm gefällt» (Römer 12,1–2).

Ist es in Ordnung, uns täglich einen Cappuccino schmecken zu lassen? Schöne Sachen zu haben? Die Segnungen in unserem Leben zu genießen? Ja. Aber wenn wir uns danach sehnen, etwas Substanzielles zu hinterlassen, dann müssen wir aufwachen und erkennen, dass unsere Reife die Erreichung dieses Ziels vorantreibt. Paulus offenbart das Geheimnis der Reife: Wir müssen uns von unserer Ausrichtung auf den eigenen Komfort verabschieden und zu lebendigen Opfern werden. Das Ziel der Reife ist es, über uns selbst und unsere eigenen Wünsche hinauszuwachsen. Wenn wir wirklich in unserem Charakter und unserem Glauben wachsen wollen, dann müssen wir bereit sein, Aufopferung statt Sicherheit zu unserem Ziel zu machen.

Einer der ersten und wichtigsten Schritte, die wir tun können, um mehr für andere da zu sein, besteht darin, für die Armen und Unterdrückten in der Welt zu beten. Beten Sie für ihre Bedürfnisse. Für ihre Heilung. Für religiöse und politische Freiheit. Für Nahrung, sauberes Wasser und lebenswichtige Medikamente. Wenn wir anfangen, für die leidenden Menschen auf der anderen Seite der Welt zu beten, fangen wir auch an, Anteil an ihrem Leben zu nehmen, und werden mehr über die Einzelheiten ihres Daseins erfahren wollen.

So verbinden sich unsere Herzen mit ihren. Uns wird bewusster, was wir haben, wie wir es gebrauchen können und warum es uns anvertraut wurde. Ja, Gott kennt bereits die Bedürfnisse jedes Menschen auf dieser Welt. Doch das Gebet richtet Sie und mich auf einzigartige Weise auf die Bedürfnisse anderer aus. Es zwingt uns, über den eigenen Tellerrand hinaus zu blicken und uns von Gott zeigen zu lassen, wie wir denjenigen, für die wir beten, Liebe erweisen und helfen können.

«Jeder Tag zählt»-Moment

Wie oft lassen Sie sich Gelegenheiten entgehen, weil Sie meinen, Sie könnten nur einen geringen Beitrag leisten? Was sind die «Seestern»-Situationen in Ihrem Leben? Reagieren Sie eher so wie der Junge oder wie der Geschäftsmann? Warum?

Taten sind gefragt

Oft werden wir inspiriert, anderen Liebe zu zeigen, indem wir etwas abgeben – indem wir anbieten, was wir haben, um ihnen zu helfen, ihre Probleme zu überwinden, und um ihr Leben zu bereichern. Wir sind lebendige Opfer, wenn wir von unserer Zeit, unserem Talent und unserem Besitz abgeben. Wenn Sie das ganze Abenteuer erleben wollen, das Gott Ihnen zugedacht hat, dann müssen Sie bereit sein, zu handeln und Menschen in Not mit Gottes Liebe zu dienen. Die Bibel sagt eine Menge darüber, dass wir uns um die Bedürfnisse der Armen kümmern sollen. «Wer sich beim Hilferuf eines Armen taub stellt, wird selbst keine Antwort bekommen, wenn er Hilfe braucht» (Sprüche 21,13). Gott zieht uns dafür zur Rechenschaft, wie wir mit unseren Segnungen umgehen, um den Armen und Leidenden zu helfen.

Unsere größten Gaben – Zeit, Talente und Besitz – sind wesentlich für diesen Prozess der Reifung und des Aufbaus eines Vermächtnisses für diese Welt. Über den Wert der Zeit als unser kostbarstes, begrenztes Gut haben wir bereits gesprochen. Wenn Sie etwas opfern wollen, was niemand sonst geben kann, dann geben Sie einem anderen Menschen einen Teil Ihrer Zeit. Über dieses Gut kann niemand verfügen außer Ihnen selbst. Daran, wie Sie Ihre Zeit verbringen, zeigt sich, was in Ihrem Herzen die tiefsten Wurzeln geschlagen hat.

Was die Talente angeht, so haben wir alle welche, jede und jeder Einzelne von uns. Doch wir lassen uns alle möglichen Ausreden einfallen: «Also, ich bin wirklich kein Theologe; folglich kann ich auch nicht lehren oder missionarisch tätig sein.» Oder: «Ich habe wirklich nicht viel Geld übrig, das ich für wohltätige Zwecke spenden könnte.» Aber denken Sie darüber nach, was Sie tun können. Denken Sie an die Fachkenntnisse, die Sie an Ihren bisherigen Arbeitsstellen gezeigt haben – ob auf dem Bau, in der Bank, als Verkäufer, im medizinischen Bereich oder im Bildungswesen. Sie haben Kenntnisse, Fähigkeiten und Fertigkeiten, die das Leben anderer Menschen verändern können, wenn Sie nur etwas davon abgeben. Können Sie mit Anteilnahme zuhören? Jemandem ein Lächeln schenken? Ein Kind in den Arm nehmen? Die meisten von uns unterschätzen die Macht, die wir allein dadurch haben, dass wir im Leben eines anderen Menschen präsent sind.

Das Geld und unser Umgang damit machen ebenfalls in hohem Maß sichtbar, wer wir sind und was uns wertvoll ist. Gott sagt, es ist in Ordnung, finanziell gesegnet zu sein, solange wir mit unserem Geld und unserem Besitz zwei Dinge tun. Erstens: das genießen, was wir haben, anstatt immer noch mehr zu wollen. Und zweitens: großzügig abgeben. Wenn wir diese beiden Dinge tun, werden wir an Reife zunehmen und ein Maß an Zufriedenheit genießen, das wir uns mit Geld niemals erkaufen könnten.

Aber wenn wir unsere Segnungen nur für uns horten und Gottes Güte für selbstverständlich nehmen, werden sich unsere Herzen verhärten, und wir werden nie in der Lage sein, im Einklang mit den Dingen zu leben, die am meisten zählen.

Und schließlich nehmen wir an Reife zu und öffnen unser Herz für die Welt, indem wir gemeinschaftlich arbeiten. Ob es nun über unsere Gemeinden, unsere Schulen, unsere Firmen, unsere Nachbarschaften oder unsere Familien geht, wir sind aufgerufen, uns zusammenzutun, um anderen zu helfen. «Unser Körper besteht aus vielen Teilen, die ganz unterschiedliche Aufgaben haben. Ebenso ist es mit uns Christen. Gemeinsam bilden wir alle den Leib Christi, und jeder Einzelne ist auf die anderen angewiesen. Gott hat jedem von uns unterschiedliche Gaben geschenkt» (Römer 12,4–6). Gemeinsam können wir buchstäblich die Welt verändern.

Damit es fürs Leben hält

1. Suchen Sie sich für den kommenden Monat eine angenehme, luxuriöse oder praktische Sache aus, auf die Sie verzichten werden. Das kann Ihr täglicher Cappuccino sein, die halbstündige Sitcom vor dem Schlafengehen, Ihr Lieblingsnachtisch oder dergleichen. Nutzen Sie die Zeit bzw. das Geld, die Sie normalerweise für diese Sache verwenden, für einen höheren Zweck – zum Beten, für Spenden für mildtätige oder missionarische Zwecke oder dazu, jemandem in Not Ihre Hilfe anzubieten. Ähnlich wie die Praxis, während der Fastenzeit auf etwas zu verzichten, kann diese Übung Ihnen helfen, eine neue Perspektive dafür zu gewinnen, was es bedeutet, ein lebendiges Opfer zu sein.

2. Welches Anliegen, welche Situation oder welche ethnische Gruppe hat Ihnen schon immer am Herzen gelegen? Das könnte der von Kriegen gepeinigte Nahe Osten sein, Menschen mit AIDS in Ihrer eigenen Stadt oder die Mission in China, aber die meisten von uns sind schon hin und wieder zu einem Anliegen außerhalb unseres gewohnten Gesichtskreises hingezogen worden. Nehmen Sie sich diese Woche Zeit, um für diese Menschen zu beten und nachzuforschen, wie Sie ihnen dienen können – indem Sie Ihre Zeit, Ihre Talente und Ihren Besitz einsetzen. Verpflichten Sie sich für eine konkrete Sache, die mithilft, die Bedürfnisse der Menschen in dieser Situation zu befriedigen.

3. Bedürfnisse sind überall um uns herum, so dass wir nicht einmal unsere Nachbarschaft, geschweige denn unser Land verlassen müssen, um Opfer für andere zu bringen. Initiieren Sie diese Woche ein diakonisches Projekt in Ihrer Gegend. Dazu können Sie mit Ihrer

Gemeinde, einer Gemeinschaftswebsite (Blogsites eignen sich hervorragend dafür) oder Ihrer Abteilung in der Firma, in der Sie arbeiten, zusammentun. Setzen Sie sich ein konkretes Ziel – zum Beispiel Reparaturen im Haushalt einer alleinstehenden Mutter oder einer Witwe durchzuführen, Kleider für eine Obdachlosenunterkunft oder Geld für Hilfsfonds zu sammeln. Setzen Sie sich ein Datum und legen Sie fest, welchen Beitrag jeder in der Gruppe leisten wird, um dem Bedürfnis zu begegnen und die Aufgabe zu erfüllen.

Tag 28

Fußabdrücke

Einen bleibenden Eindruck hinterlassen

Meine Kinder werden sich nicht an die weisen Worte erinnern, die ich ihnen über die Jahre weitergegeben habe, und auch Ihre werden sich nicht an Ihre guten Ratschläge erinnern. Doch eingegraben in ihre Gedanken und eingepflanzt in ihre Herzen ist ein unauslöschliches Bild dessen, wer Sie sind und was Sie ihnen vorgelebt haben.
Dorothy Kelley Patterson

Wir leben von dem, was wir bekommen;
wir leben durch das, was wir geben.
Winston Churchill

Das Bewusstsein für unsere Umwelt breitet sich nach wie vor weiter aus. Mehr und mehr Menschen scheinen sich heute Gedanken über die ökologischen Fußabdrücke zu machen, die sie hinterlassen. Angesichts nachhaltig bedeutsamer Fragen wie der globalen Erwärmung, des Recyclings, der Abhängigkeit von fossilen Brennstoffen und der Umweltverschmutzung sollten wir bemüht sein, unseren Fußabdruck in der Umwelt so klein wie möglich zu halten.

Wegen der Verantwortung für seine Schöpfung, die Gott uns anvertraut hat, wollen wir gute Haushalter über unseren Planeten sein. Doch während wir nach Wegen suchen, unseren Umweltfußabdruck zu verkleinern, sollten wir gleichzeitig bemüht sein, unseren geistlichen Fußabdruck zu vergrößern. Wir müssen das Leben anderer so positiv und nachhaltig prägen wie irgend möglich. Um das zu tun, müssen wir uns unserer

Wirkung auf das Leben anderer voll und ganz bewusst sein und diesen Einfluss zielstrebig geltend machen.

Oftmals fallen unsere geistlichen Prioritäten mit praktischen Aktivitäten zusammen. Ich vergesse nie die Aktion in unserer Gemeinde, als wir hörten, dass in unseren Obdachlosenheimen in Houston die Schuhe knapp werden. Viele Leute hatten Decken und Lebensmittel gespendet, doch nur wenigen war bewusst, wie dringend die Obdachlosen warme, solide Schuhe brauchten. Also äußerte ich am Ende eines Gottesdienstes den Gedanken, wir könnten an einem einzigen Wochenende eine Menge Gutes bewirken, und bat alle, die sich dazu geführt fühlten, ihre Schuhe auszuziehen, sie am Ausgang stehen zu lassen und dann in Socken oder barfuß hinauszugehen und das Straßenpflaster unter ihren Füßen zu spüren, wie es viele obdachlose Männer und Frauen jeden Tag tun. Die Gemeinde ließ sich das nicht zweimal sagen. An jenem Tag sammelten wir über viertausendfünfhundert Paar Schuhe und lösten damit an einem einzigen Tag das Schuhproblem in Houston für etliche Monate.

Das ist die Art Wirkung, auf die wir jeden Tag hinarbeiten können. Wir müssen nicht unbedingt Auslandsmissionare werden, superreich sein oder unseren Beruf aufgeben. Wenn wir Einfluss auf die nehmen wollen, die uns nachfolgen, müssen wir einfach nur Gott lieben, anderen dienen und von dem abgeben, was uns geschenkt wurde. Eine der besten Möglichkeiten, wie wir unseren einzigartigen Fußabdruck hinterlassen können, ist die Art, wie wir mit anderen umgehen.

«Jeder Tag zählt»-Moment

Denken Sie an ein Erlebnis aus der letzten Zeit, bei dem Ihre geistlichen Überzeugungen zu einem praktischen Handeln im Dienst für andere führten. Welches Bedürfnis bei anderen stand dabei im Mittelpunkt? Welches Ihrer eigenen Bedürfnisse wurde dabei befriedigt?

Schadstoffentsorgung

Ebenso, wie wir unseren Ausstoß an toxischen Gasen in der Industrie und die Verschmutzung unserer Straßen unter Kontrolle halten müssen, müssen wir uns auch mit dem Unrat beschäftigen, der sich in unseren Seelen ansammelt. Die Versuchung kann stark sein, unsere eigenen Fehler und Unzulänglichkeiten zu übersehen und nur auf die Fehler der anderen zu schauen. Wir alle kennen Leute, die stolz auf ihre eigenen geistlichen Qualitäten sind und auf die Fehler aller anderen hinweisen, während sie die eigenen ignorieren.

Gott ruft uns auf, nach innen zu schauen und unser eigenes Gewissen zu prüfen, ohne jemand anderen zu verurteilen. In Jesaja 1,18 heißt es: «Eure Sünden sind blutrot, und doch sollt ihr schneeweiß werden. Sie sind so rot wie Purpur, und doch will ich euch rein waschen wie weiße Wolle.»

Wir alle haben Fehler gemacht, schlechte Entscheidungen getroffen und Menschen verletzt, die wir lieben. Wir können zwar versuchen, diesen Müll in unserer Seele zu überdecken, zu ignorieren und so zu tun, als wäre er nicht da, aber davon verschwinden nicht die Schadstoffe, die unsere Herzen anfressen und ersticken. Wir urteilen über andere und vergleichen uns mit ihnen, so dass wir uns als etwas Besseres fühlen, weil wir nicht dieselben Fehler begangen haben. Aber Sünde ist Sünde. Sie und ich mögen unterschiedliche Sünden in unserem Leben haben, aber sie lassen uns alle gleichermaßen hinter Gottes Maßstäben zurückbleiben. Jeder von uns kennt das Problem der Seelenverschmutzung, weil wir alle gesündigt haben.

Die lebensverändernde Nachricht ist, dass Jesus Christus uns vergibt und uns selbst von dem übelsten Unrat reinigen kann. Die meisten Menschen, die wissen, dass sie sich dem Ende ihres Lebens nähern, sind gezwungen, sich ihren Unzulänglichkeiten, den Dingen, die sie bereuen, und auch ihren Fehlern zu stellen. Oft sind sie begieriger als je zuvor, das Geschenk der Gnade Gottes anzunehmen. Die gute Nachricht ist, dass dieses Geschenk uns jeden Tag zur Verfügung steht, ob uns nun noch vier Wochen oder noch viele Jahre auf dieser Erde bleiben.

Wenn wir denen, die nach uns kommen, ein Vermächtnis der Gnade hinterlassen wollen, müssen wir zuerst eingestehen, dass wir persönlich Gottes Vergebung brauchen. Eine der besten Möglichkeiten, das zu tun, ist, täglich unser Gewissen zu prüfen. Wenn wir in kurzen Abständen mit Gott «abrechnen», verhindern wir, dass der geistliche Unrat sich ansammeln und unsere Fähigkeit zu lieben und zu dienen blockieren kann.

«Jeder Tag zählt»-Moment

Wie reagieren Sie meistens, wenn Sie über Ihre Sünden und Unzulänglichkeiten nachdenken? Treibt Sie das typischerweise hin zur Gnade Gottes oder nur tiefer ins Versteck? Wie reagieren Sie meistens auf die Fehler und Sünden anderer? Wie ist der Zusammenhang zwischen Ihrem Umgang mit Ihrer eigenen Sünde und Ihrem Umgang mit der Sünde anderer?

Gnaden-Recycling

Wenn Menschen die Vergebung und Liebe Gottes durch das Geschenk seines Sohnes erfahren, werden sie oft bereit, diejenigen, denen sie Unrecht getan haben, um Vergebung zu bitten, und denen, die ihnen Verletzungen zugefügt haben, barmherzig zu begegnen. Mit der Freiheit und Freude, die sie als Folge der Vergebung Gottes erfahren, gewinnen sie die Kraft, sich manchen der schwierigen Kapitel ihres Lebens zu stellen.

Tatsächlich besteht, wie Jesus in einem seiner Gleichnisse erklärt, eine wechselseitige Beziehung zwischen der Vergebung, die wir erfahren, und der Vergebung, die wir gewähren. Ich nenne das gern Gnaden-Recycling – wir geben großzügig weiter, was wir von Gott empfangen haben. Nachdem ein verschuldeter Diener seinen König gebeten hat, ihm seine gewaltigen Schulden zu erlassen, lässt derselbe Diener einen seiner Untergebenen ins Gefängnis werfen, weil der ihm seine Schuld, die viel geringer ist als das, was er selbst dem König schuldete, nicht zurückzahlen kann. Aber wenn man auf solche

Weise zweierlei Maß anlegt, kommt man damit in Gottes Reich nicht durch: «Da ließ der König den Verwalter zu sich kommen und sagte: ‹Was bist du doch für ein hartherziger Mensch! Deine ganze Schuld habe ich dir erlassen, weil du mich darum gebeten hast. Hättest du da nicht auch mit meinem anderen Verwalter Erbarmen haben können, so wie ich mit dir?› Zornig übergab er ihn den Folterknechten. Sie sollten ihn erst dann wieder freilassen, wenn er alle seine Schulden zurückgezahlt hätte. Auf die gleiche Art wird mein Vater im Himmel euch behandeln, wenn ihr euch weigert, eurem Bruder wirklich zu vergeben» (Matthäus 18,32–35).

Wenn wir andere weniger verurteilen und dafür mehr unsere eigenen Unzulänglichkeiten bekennen, investieren wir damit in ein ewiges Vermächtnis: in unseren Charakter und seine Wirkung auf künftige Generationen. Um Vergebung zu bitten und unsere eigenen Verletzungen zuzugeben, mag uns niemals so leicht und selbstverständlich vorkommen, wie wir es gern hätten. Aber wenn wir wüssten, dass wir vielleicht nie wieder die Gelegenheit haben, unsere Beziehungen in Ordnung zu bringen, würden wir jede Gelegenheit nutzen, um unser Bedauern darüber auszudrücken, wie sehr wir andere verletzt haben.

In den Sprüchen lesen wir: «Wer seine Sünden vertuscht, hat kein Glück; wer sie aber bekennt und meidet, über den erbarmt sich der Herr» (Sprüche 28,13). Indem wir alles offenlegen, was wir auf dem Herzen haben, können wir den Frieden wiederherstellen, den unser Stolz, unser Zorn und unsere Selbstgerechtigkeit uns rauben.

Allzu oft versuchen wir mit anderen wieder ins Reine zu kommen, ohne wirklich die Kraft der Gnade in unserem Leben anzunehmen und zu erfahren. Wir meinen, wir müssten uns extra viel Mühe geben, um unser Unrecht gegen andere wiedergutzumachen, und denen gegenüber, die uns verletzt haben, den Mund halten und so tun, als wäre gar nichts geschehen. Doch wenn wir der radikalen Kraft der Gnade Gottes begegnen, verändert das buchstäblich unser Leben.

Gott liebt Sie so, wie Sie sind, aber er liebt Sie zu sehr, als dass er Sie so bleiben ließe. Philipper 2,13 drückt es so aus: «Und doch ist es Gott allein, der beides in euch bewirkt: Er schenkt euch den Willen und die Kraft, ihn auch so auszuführen, wie es ihm gefällt.» Unser Vater versetzt uns in die Lage, ein verändertes Leben zu führen, wenn wir unsere Fehler und ihre Konsequenzen zugeben. Gott gibt den Demütigen Gnade, aber den Stolzen widersteht er, sagt die Bibel (Sprüche 3,34). Wenn wir uns also demütigen und sagen: «Gott, ich brauche deine Kraft, um mich zu ändern. Ich brauche deine Kraft, um zu lieben. Ich brauche deine Kraft, um die Dinge zu tun, die du von mir willst», dann füllt er uns mit seiner Kraft und Stärke.

Christus begegnet uns mitten in unserem Durcheinander, aber er sagt nicht: «He, bring erst einmal dein Leben in Ordnung, und dann denke ich darüber nach, ob ich dich lieben kann.» Nein, die Bibel sagt, als ich noch ein Sünder war, hat Christus sich zu mir herabgebeugt und mich aufgehoben, und er hat mich in die Arme genommen und mir vergeben.

Als einer meiner Söhne gerade lernte, ohne Windel auszukommen, passierte ihm in Gegenwart einiger erwachsener Freunde von mir ein Missgeschick. Als er es bemerkte, war er sehr verlegen und schämte sich. Er schaute zu mir herauf und sagte: «Arm!» Wie habe ich wohl darauf reagiert? Habe ich gesagt: «Kommt gar nicht in Frage! Ist ja ekelhaft! Geh und mach dich sauber, und *dann* nehme ich dich auf den Arm!» Natürlich nicht! Ich hob ihn hoch und nahm ihn in die Arme, weil er mein Sohn ist und ich ihn liebe, was auch immer passiert.

Gnade nimmt mich an, wie und wo ich bin, aber Gnade gibt mir auch die Kraft, mich zu ändern. In Titus 2,11–12 heißt es: «Denn Gottes Barmherzigkeit ist sichtbar geworden, mit der er alle Menschen retten will. Sie bringt uns dazu, dass wir uns von aller Gottlosigkeit und allen selbstsüchtigen Wünschen trennen, dafür besonnen und rechtschaffen leben, wie es Gott gefällt.» Wenn wir in einer Atmosphäre der Gnade Gottes leben und uns vollkommen angenommen fühlen, sehnen wir uns nach Veränderung. Wir wollen ihn besser kennen lernen und ihm ähnlicher werden.

Wenn Sie nur noch einen Monat zu leben hätten, würden Sie ganz sicher manches in Ihrem Leben anders machen wollen. Das Problem ist, dass wir uns nicht nachhaltig ändern können, es sei denn, wir werden von der größten Kraftquelle von allen verwandelt und angetrieben, der Gnade Gottes. Ohne sie wäre es hoffnungslos, im Leben einen guten Abgang zu bekommen. Wir können keinen bleibenden geistlichen Fußabdruck hinterlassen, wenn wir nicht eine Meile in den Schuhen anderer laufen und ihnen vergeben, so wie uns vergeben wurde.

Wir alle sind Trophäen der Gnade. «Nehmt einander an, so wie Christus euch angenommen hat. Auf diese Weise wird Gott geehrt» (Römer 15,7). Wir sollen einander annehmen und den Menschen in unserem Umfeld die Liebe Gottes zeigen. Das kann manchmal bedeuten, dass wir andere zur Rede stellen oder auch uns selbst demütigen, um ihnen etwas zu bekennen und sie um Vergebung zu bitten. Nur Gottes Gnade kann uns fähig machen, Verletzungen der Vergangenheit loszulassen und anderen zu vergeben. Nur seine Gnade kann uns dazu motivieren, unseren Stolz, unsere Scham, unsere Schuldgefühle und die Dinge, die wir bedauern, aus dem Weg zu räumen und andere um Vergebung zu bitten.

Je mehr wir uns die Gnade in unserem Leben zur Praxis machen, desto größer wird das Vermächtnis sein, das wir hinterlassen. Die Schriftstellerin Jackie Windspear drückte es so aus: «Gnade ist kein kleines heruntergeleiertes Gebet vor einer Mahlzeit. Sie ist eine Lebensweise.»

Damit es fürs Leben hält

1. Denken Sie an einen verstorbenen Menschen, der Ihnen nahestand. Wie würden Sie sein oder ihr geistliches Vermächtnis beschreiben? Was am charakterlichen Vermächtnis dieser Person würden Sie gerne nachahmen? Was möchten Sie eher vermeiden?

2. Nehmen Sie sich Zeit zum Gebet und zum Bekenntnis vor Gott. Bitten Sie ihn, Ihnen seine Gnade auf neue Art zu offenbaren, so dass Sie die Grenzenlosigkeit seiner Liebe zu Ihnen besser verstehen können. Gehen Sie zu jemandem, den Sie beleidigt oder verletzt haben, und bitten Sie um Vergebung.

3. Gibt es jemanden, der Ihre Vergebung braucht? Denken Sie an den hohen Preis, den Gott bezahlt hat, um Ihnen zu vergeben, und fragen Sie ihn dann, was er möchte, dass Sie in Bezug auf diese Person tun.

Tag 29

Abpfiff

Sterben, um zu leben

Wenn wir nun in uns selbst ein Bedürfnis entdecken, das durch nichts in dieser Welt gestillt werden kann, dann können wir daraus doch schließen, dass wir für eine andere Welt geschaffen wurden.
C. S. Lewis

Fürchte dich nie davor, eine Zukunft, die du nicht kennst, einem Gott anzuvertrauen, den du kennst.
Corrie ten Boom

Man muss kein Sportfan sein, um von der Spannung, Leidenschaft und Dramatik mitgerissen zu werden, wenn sich auf dem Spielfeld zwei ebenbürtige Gegner gegenüberstehen. Sei es ein Gleichstand, der durch den möglicherweise spielentscheidenden Home Run im letzten Inning des Little-League-Baseballspiels Ihres Kindes entstanden ist, oder das Tor in der letzten Sekunde aus fünfzig Meter Entfernung, das die Super Bowl entscheidet, wir alle finden es packend, Zeuge eines solchen wunderbaren Spiels zu sein.

Wenn es jedoch um das Spiel des Lebens geht, wird ein Moment kommen, wo der Abpfiff ertönt und das Spiel vorbei ist. Statistiken zeigen, dass die Todesrate bei den Menschen konstant bei hundert Prozent liegt! Sie können den Tod nicht vermeiden; Sie können sich nicht daran vorbeimogeln. Irgendwann werden auch Sie den Moment am Ende Ihres Daseins erleben, wo der Abpfiff ertönt und kein wundersamer Spielzug Ihnen noch eine Nachspielzeit beschert. Wenn unser Körper schließlich erschöpft ist, verlassen wir das Leben, das wir auf der Erde gekannt haben. Wir sind gezwungen, uns dem zu stellen, was immer auch danach kommen mag.

Eine jüngere Meinungsumfrage zeigt, dass 81 Prozent der Amerikaner an ein Leben nach dem Tod glauben. Früher wollte niemand so recht über dieses Thema sprechen, aber heute sind mehr und mehr Menschen fasziniert von denen, die haarscharf am Tod vorbeigegangen sind oder die glauben, sie hätten einen Einblick in das bekommen, was nach unserem letzten Atemzug geschieht.

Wie ich in diesem Buch immer wieder betont habe, kann uns das Annehmen unserer Sterblichkeit dazu befreien, unser Leben bis ins Letzte auszukosten. Im Buch des Predigers lesen wir: «Der Weise geht dorthin, wo man trauert, aber der Unverständige liebt den Ort, wo gefeiert wird» (Prediger 7,4). Es ist weise, das Leben mit dem Blick aufs Ende anzugehen. Das Unvermeidliche zu ignorieren wäre töricht. Das Nachdenken darüber, was geschehen wird, wenn der Abpfiff ertönt, lässt uns das Leben klarer sehen. Es hilft uns, bewusster so zu leben, dass jeder Augenblick zählt.

«Jeder Tag zählt»-Moment

Was hat Sie diese Woche an Ihre Sterblichkeit erinnert? Irgendwelche Beschwerden oder Schmerzen? Medikamente, die Sie einnehmen müssen? Die ersten grauen Haare? Oder etwas anderes? Was empfinden Sie normalerweise, wenn Sie auf solche kleinen Erinnerungen stoßen?

Der Himmel kann nicht warten

Gott hat Sie aus einem bestimmten Grund auf diese Erde gestellt, und er hat einen Plan für Ihr Leben. Aber dieses Leben ist nicht das Ende. Die Bibel macht diese Realität ganz klar. Eines Tages werden Sie aufhören zu atmen, aber Sie werden nicht aufhören zu leben. Sie werden in alle Ewigkeit weiterleben.

Im Moment nach Ihrem Tod werden Sie entweder das größte Fest oder die größte Trennung aller Zeiten erleben. Himmel und Hölle sind wirkliche Orte, und wir haben die Wahl, wo wir die Ewigkeit verbringen werden. Gott hätte uns auch als

Roboter erschaffen können, die dazu programmiert sind, ihn zu lieben, ihm zu dienen und ihm nachzufolgen. Aber das hat er nicht getan. Er ist das größte Risiko von allen eingegangen, als er uns mit dieser Fähigkeit schuf, die wir den freien Willen nennen. Gott liebt Sie so sehr, dass er für Sie starb, aber er lässt Ihnen die Wahl, ob Sie seine Liebe erwidern und für alle Ewigkeit bei ihm sein wollen oder nicht.

Wir sind dazu geschaffen, in einer vollkommenen Beziehung zu Gott zu leben. Uns ist ein Heimweh nach der ewigen Wirklichkeit eines Ortes eingepflanzt, der unsere wildesten Träume übertrifft. In einem alten Choral heißt es: «Ich bin ja nur ein Gast auf Erden.» Im Himmel ist unser Herz zu Hause, und die Heimkehrfeier wird dort nie ein Ende haben. Aber er ist auch ein Ort des «nie wieder» – nie wieder Tränen, Trauer, Verlust oder Tod. «Er wird alle ihre Tränen trocknen, und der Tod wird keine Macht mehr haben. Leid, Klage und Schmerzen wird es nie wieder geben; denn was einmal war, ist für immer vorbei» (Offenbarung 21,4).

Oft haben sich die Menschen den Himmel als einen mystischen Ort vorgestellt, wo wir auf Wolken sitzen werden. Insgeheim haben wir Angst, dass wir diesen vollkommenen Ort bald leid sein werden und uns die Monotonie der Heiligenscheine und Nebelschwaden langweilen wird. Aber das wäre dann nicht der Himmel, oder? Nein, nach der Bibel ist der Himmel ein vollkommener Ort voller Abenteuer und aufregender Erlebnisse.

Wenn die Bibel über den Himmel spricht, verwendet sie menschliche Worte, um etwas zu beschreiben, was in menschlichen Begriffen einfach nicht zu beschreiben ist. Es werde dort Straßen aus Gold und Tore aus Perlen geben, sagt sie. Der ganze Ort trieft geradezu von Kostbarkeit und Bedeutung, von Sinn und Ziel. Wir werden dort Aufgaben haben, die uns die größte Erfüllung bringen werden. Christus ist dort, so dass wir mehr Barmherzigkeit und Kreativität erleben werden, als wir uns je träumen lassen könnten. Wir werden einen neuen, vollkommenen Körper haben. Wir werden wieder vereint sein mit unseren Angehörigen, Freunden und geliebten Menschen, die ebenfalls dort sind. So viel Freude, Friede und Herrlichkeit werden dort für uns zusammenfließen, dass wir kaum erahnen können, wie das sein wird.

Wenn wir den Himmel erleben wollen, müssen wir jeden Moment hier auf der Erde auf die Ewigkeit vorbereitet sein. Bereit zum Leben ist man im Grunde erst, wenn man bereit zum Sterben ist. Und Sie brauchen keine Sorge davor zu haben. Sie können gleich jetzt Ihren Zielort bestimmen, falls Sie es noch nicht getan haben. Wenn Sie sich im Moment nicht sicher sind, ob Sie ewiges Leben haben; wenn Sie nicht genau wissen, ob Sie eines Tages im Himmel sein werden, dann können Sie es am Ende dieses Kapitels ganz sicher wissen. «Gott aber hat ganz eindeutig bezeugt, dass er uns das ewige Leben schenkt, und zwar nur durch seinen Sohn. Wer also dem Sohn vertraut, der hat das Leben; wer aber dem Sohn nicht vertraut, der hat auch das Leben nicht» (1. Johannes 5,11–12).

Wenn Sie in den Himmel wollen, kommt es also im Grunde nur darauf an, wen Sie kennen. Wenn Sie den Sohn kennen, kommen Sie hinein. Wenn Sie den Sohn nicht kennen, dann nicht.

Der Himmel ist ein vollkommener Ort für vollkommene Leute, und das Problem ist, dass wir nicht vollkommen sind. Wir haben alle gesündigt. Deshalb ist Christus gekommen, um unseren Platz einzunehmen – damit wir eines Tages im Himmel bei ihm sein können. Nicht, dass wir das je verdienen oder es uns je erarbeiten könnten, aber er hat den Weg für uns frei gemacht. Die Bibel sagt, aufgrund dessen, was Christus getan hat, sind wir Freunde Gottes geworden. Sie können gleich jetzt beten und Christus bitten, in Ihr Leben zu kommen, Ihnen alle Schuld der Vergangenheit zu vergeben und Ihnen eines Tages eine Zukunft im Himmel zu schenken. Vor der Ewigkeit brauchen Sie sich nicht zu fürchten. Gott liebt Sie mehr, als Sie je ermessen können. Das tut er wahrhaftig.

Jeden Moment im Leben voll ausschöpfen können Sie wirklich erst, wenn Sie wissen, dass Ihre ewige Bestimmung geklärt ist. Dieses Wissen befreit Sie dann dazu, das Leben zu genießen und das Leben anderer positiv zu beeinflussen.

«Jeder Tag zählt»-Moment

Nach einer jüngeren Meinungsumfrage glauben 74 Prozent der Amerikaner an Himmel und Hölle. Wie ist es mit Ihnen? Wie würden Sie beides gegenüber einem Freund oder einem Menschen, den Sie lieben, beschreiben? Wodurch sind Ihre Beschreibungen dieser beiden Orte geprägt – durch Bücher, Filme, Fernsehen, die Bibel, Predigten oder etwas anderes?

Ewige Gewissheit

Sobald Sie auf die Ewigkeit vorbereitet sind, wollen Sie in Dinge investieren, die ebenfalls für immer Bestand haben. Sie fangen an zu erkennen, dass vieles von dem, was wir für wertvoll erachten und womit wir uns beschäftigen, im Licht der Ewigkeit belanglos und ohne Bedeutung ist.

Oft leben wir so, als könnten wir für immer auf dieser Erde bleiben. Betrachten Sie es einmal so. Angenommen, Sie fahren in Urlaub und checken in Ihrem Hotel ein, in dem Sie für zwei Wochen bleiben wollen. Da Ihnen aber das Zimmer nicht gefällt, holen Sie Ihren eigenen Innenarchitekten hinzu. Sie stecken eine Menge Geld hinein und lassen das Zimmer neu tapezieren, neue Vorhänge anbringen, neue Bilder aufhängen. Das ganze Zimmer wird vollkommen umgestaltet. Dann wollen Sie noch einen größeren Fernseher; also kaufen Sie einen Flachbildfernseher im Kinoformat und lassen ihn an die Wand montieren. Dann heuern Sie auch noch einen Landschaftsgärtner an, weil Ihnen draußen vor der Tür die Büsche und Blumen nicht gefallen. Immer mehr Dinge verändern Sie nach Ihren eigenen Wünschen. Dann fahren Sie nach Hause …

Genauso verhalten sich viele von uns heute auf dieser Erde. Wir tun so, als ob wir für immer hierbleiben würden. Dinge, die uns im Moment unheimlich wichtig vorkommen, aber letzten Endes doch keinen Bestand haben, nehmen unsere ganze Aufmerksamkeit in Beschlag.

Wir müssen uns neu ausrichten auf die Dinge, die den Test der Zeit bestehen werden, und davon gibt es eigentlich nur zwei: Gottes Wort und die Menschen. Die Bibel sagt: «Das Gras verdorrt, die Blumen verwelken, aber das Wort unseres Gottes bleibt gültig für immer und ewig» (Jesaja 40,8). Wenn Sie also Zeit mit dem Wort Gottes verbringen – Ihren Charakter bilden, Christus ähnlicher werden, Werte vom Wort Gottes übernehmen und sie anwenden –, dann hat das für immer Bestand. Das können Sie mit in die Ewigkeit nehmen.

Die andere Ewigkeitsinvestition, die Sie tätigen können, ist die Investition in Menschen. Wann immer Sie im Leben anderer etwas bewirken, wird das für immer Bestand haben. Deshalb sind Beziehungen das Wichtigste in Ihrem Leben.

Allzu oft konzentrieren wir uns auf Dinge, die einfach keinen Bestand haben. Schauen Sie sich Prediger 11,7–8 an: «Wie schön ist das Licht, und wie wohltuend ist es, die Sonne zu sehen! Freu dich über jedes neue Jahr, das du erleben darfst! Auch wenn noch viele vor dir liegen – denk daran, dass die Dunkelheit danach lange dauert! Alles, was dann geschieht, ist sinnlos!» Egal, wie lange wir leben, vor dem großen Maßstab der Ewigkeit sind es nur ein paar Sekunden.

Wo Sie die Ewigkeit verbringen, hängt davon ab, was Sie mit Jesus Christus anfangen. Was Sie aus Ihrer Zeit, Ihren Talenten und Ihrem Besitz machen, bestimmt, welchen Lohn Sie in der Ewigkeit bekommen.

Erinnern Sie sich an ein Brettspiel namens «Spiel des Lebens»? Dort konnte man sich einen Berufsweg und eine Lebensweise aussuchen, und am Ende des Spiels gab es dann den Tag der Abrechnung, an dem diese Entscheidungen ausgewertet wurden. Das ist gar nicht so anders als die Rechenschaft, die wir für unsere Entscheidungen ablegen müssen. Was Sie mit Ihrem Bis-Strich der Zeit hier auf dieser Erde machen, bereitet Sie auf die Ewigkeit vor. Solange Sie sich nicht bewusst machen, dass das Leben eine Vorbereitung auf die Ewigkeit ist, wird das Leben für Sie keinen Sinn ergeben.

Als junger Pastor in Owensborough, Kentucky, schloss Jess Moody enge Freundschaft mit einem jungen Ehepaar in seiner

Gemeinde. Eines Tages kam der Ehemann völlig außer sich in Pastor Moodys Büro und sagte: «Jess, ich habe gerade eine schreckliche Nachricht bekommen. Meine Frau hat unheilbaren Krebs, und er hat sich schon überall in ihrem Körper ausgebreitet. Die Ärzte haben uns eben gesagt, dass sie nicht einmal mehr Monate zu leben hat, nur noch Wochen. Jess, sie ist im Krankenhaus, und sie fragt nach dir. Wir wissen nicht, wie wir das bewältigen sollen. Wir wissen nicht, was wir tun sollen.»

Jess fuhr sofort ins Krankenhaus. Dort sagte die junge Ehefrau und Mutter zu ihm: «Ich erinnere mich, dass du in einer deiner Predigten einmal sagtest, dass tausend Jahre für Gott wie ein Tag sind, und ein Tag wie tausend Jahre. Stimmt das? Sind tausend Jahre für Gott wie ein Tag?» Der Pastor antwortete: «Ja, so steht es in der Bibel.» Darauf erwiderte sie: «Gut; ich habe nämlich nachgerechnet und bekomme heraus, wenn tausend Jahre wie ein Tag sind, dann sind vierzig Jahre ungefähr eine Stunde. Ich werde bald meinen Mann und die Kinder verlassen. Er lebt vielleicht noch vierzig Jahre, aber für mich im Himmel wird das wie eine Stunde sein. Wenn er in den Himmel kommt, werde ich ihn begrüßen und sagen: ‹Wo bist du denn diese Stunde gewesen? Warst du noch einmal kurz im Büro, oder hattest du noch etwas zu erledigen? Ich habe dich vermisst.› Meine Kinder leben vielleicht noch siebzig oder achtzig Jahre, aber das wird für mich sein wie zwei Stunden. Wenn sie in den Himmel kommen, werde ich sie begrüßen und sagen: ‹Wie war's denn heute in der Schule? Mama vermisst euch, wenn ihr zwei Stunden lang weg seid. Ich frage mich, wie es euch geht, denn Mamis sind nicht gerne lang von ihren Kindern fort.›»

Zwei Wochen später, berichtet Jess Moody, ging sie zum Herrn, und das Letzte, was sie zu ihrem Mann sagte, war: «Ich liebe dich. Kümmere dich um meine Kinder. Bis in einer Stunde.» Das nenne ich eine Ewigkeitsperspektive. Das ist die wahre Perspektive, die jeden von uns motivieren kann, über Jahre hinweg den Dreißig-Tage-Lebensstil zu leben.

Damit es fürs Leben hält

1. Nehmen Sie sich Zeit zum Nachdenken darüber, wie Sie sich den Himmel vorstellen. Malen Sie ein Bild, nehmen Sie ein Foto, machen Sie sich eine Collage mit Zeitschriftenausschnitten, oder fertigen Sie eine Skulptur an, die für Sie den Himmel darstellt. Das kann so persönlich sein, wie Sie wollen. Suchen Sie dafür einen Ort, der Sie daran erinnert, wo Sie die Ewigkeit verbringen wollen.

2. Beschreiben Sie in Ihrem Tagebuch oder an einer anderen sicheren Stelle eine Szene, in der Sie sich vorstellen, wie Sie im Himmel zum ersten Mal Gott begegnen. Was würden Sie zu ihm sagen wollen? Welche Fragen würden Sie ihm stellen? Was würden Sie ihn sagen hören? Nehmen Sie sich Zeit zum Beten und teilen Sie Ihre Gedanken demjenigen mit, der Sie am meisten liebt.

3. Was haben Sie diese Woche in die Ewigkeit investiert? Wie viel Zeit haben Sie mit Gottes Wort verbracht? Wie viel wirklich bedeutsame Zeit mit Menschen? Setzen Sie sich ein Ziel für die Ewigkeit – etwas, das Sie tun wollen, das den Test der Zeit bestehen wird, etwas, in das Sie investieren wollen. Und finden Sie in der kommenden Woche Zeit, auf dieses Ziel hinzuarbeiten.

Tag 30

Das Spiel geht weiter

Das volle Leben

Hier ist der Test, um herauszufinden, ob Ihr Auftrag auf Erden erfüllt ist: Wenn Sie noch leben, ist er es nicht.
Richard Bach

Es kann zwar niemand zurückgehen und einen ganz neuen Anfang machen, aber jeder kann jetzt anfangen und ein ganz neues Ende machen.
Carl Bard

Da Sie jetzt dieses letzte Kapitel in unserer Betrachtung des Dreißig-Tage-Lebensstils lesen, wissen Sie, dass Ihre Zeit noch *nicht* um ist. So Gott will, werden Sie noch viele Monate, Jahre oder Jahrzehnte leben und das Leben voll auskosten als ein veränderter Mensch, ganz im Einklang mit seinen Absichten für Ihr Leben und voller Leidenschaft bestrebt, sie zu erfüllen.

Das ist in aller Kürze die ganze Absicht dieses Buches. Sie haben ein außergewöhnliches Geschenk bekommen – Ihr Leben. Sie haben eine einzigartige Berufung – ganz und gar Sie selbst zu sein, so wie Gott Sie gedacht hat. Ihr Ziel ist es, dieses Geschenk auszupacken und alles, was Ihnen gegeben wurde, zu gebrauchen, um nach dem zu streben, was am meisten zählt: Gott zu lieben und andere Menschen zu lieben.

Passionsspiel

Am Ende unserer gemeinsamen Reise auf diesen Seiten möchte ich Ihnen ein letztes Wort mitgeben. Wenn ich Ihnen aus diesem Buch nur eine einzige Sache mitgeben dürfte, wünschte ich mir, dass Ihre Leidenschaft in Ihrem Leben entzündet und wiederherstellt würde. Wenn Sie nur noch einen Monat zu leben hätten, würden Sie jeden einzelnen Moment als die kostbare Gabe genießen wollen, die er ist. Und Sie würden wollen, dass jede Sekunde davon zu etwas Sinnvollem und Ewigen beiträgt, etwas, das Ihren Daseinszweck auf dieser Erde erfüllt. Der Kraftstoff, der uns den Dreißig-Tage-Lebensstil auf die Dauer durchhalten lässt, ist die Leidenschaft.

Ohne Leidenschaft kommt nie etwas Großes zustande. Die treibende Kraft hinter allen meisterhaften Kunstwerken, aller bewegenden Musik, aller klassischen Literatur, jedem eindrucksvollen Theaterstück, aller überwältigenden Architektur ist Leidenschaft. Leidenschaft treibt Sportler dazu an, Rekorde zu brechen. Leidenschaft drängt Wissenschaftler, neue Therapien für Krankheiten zu finden. Leidenschaft inspiriert uns, die Liebe Gottes auf kreative, neuartige Weise an die Menschen um uns herum weiterzugeben. Leidenschaft ist das, was dem Leben erst Leben einhaucht.

Gott möchte, dass wir leidenschaftlich leben. «Ihn sollt ihr von ganzem Herzen lieben, mit ganzer Hingabe, mit eurem ganzen Verstand und mit all eurer Kraft» (Markus 12,30). Wir sind mit der Fähigkeit zur Leidenschaft geschaffen, weil Gott ein leidenschaftlicher Gott ist und wir nach seinem Bild geschaffen sind. Uns wird gesagt: «Lasst nicht nach in eurem Eifer, lasst euch vom Geist entflammen und dient dem Herrn!» (Römer 12,11; Einheitsübersetzung). Beachten Sie das «Lasst nicht nach». Es sagt uns, dass Leidenschaft etwas ist, was man auch verlieren kann. Wenn wir nicht daran arbeiten, können uns die Belastungen und Zwänge des Lebens unsere Leidenschaft für unsere Familien, unsere Freunde und unseren Beruf rauben.

Das Leben, das sich wirklich lohnt

Um unsere Leidenschaft lebendig und brennend zu erhalten, müssen wir darauf achten, dass ihre vier wesentlichen Zutaten immer vorhanden sind. Das Erste, was Leidenschaft braucht, ist das Wichtigste: Liebe. Liebe ist das Fundament eines leidenschaftlichen, zielstrebigen Lebens. Der Kraftstoff, der die Leidenschaft in einer ehelichen Beziehung antreibt, ist Liebe. Der Kraftstoff, der die Produktivität am Arbeitsplatz antreibt, ist

Liebe. Der Kraftstoff, der uns in unserer Beziehung zu Gott wachsen lässt, ist Liebe. Nicht Pflichtgefühl oder gesetzlicher Gehorsam. Liebe.

Was aber ist, wenn Sie für Gott nicht mehr dieselbe Leidenschaft empfinden wie einst, wenn Ihr geistlicher Eifer nachgelassen hat? Dann müssen Sie wieder anfangen, die Dinge zu tun, die Sie getan haben, als Sie anfingen, Gott zu lieben. Was haben Sie damals getan? Sie haben Zeit mit ihm verbracht. Sie waren völlig begeistert von der Bibel und davon, zu lernen, was es bedeutet, Gott zu lieben. Sie haben allen Leuten erzählt, was in Ihrem Leben vor sich ging. Sie haben Ihren Freunden gesagt, was Gott in Ihrem Leben tat. Diese Dinge müssen Sie wieder tun, wenn Sie sich von neuem in Gott verlieben wollen. Wenn Sie Ihre Leidenschaft fürs Leben neu entfachen wollen, richten Sie den Blick auf Gottes Liebe zu Ihnen.

Die nächste wesentliche Zutat in einem leidenschaftlichen Leben ist Integrität. Man mag diesen Begriff unterschiedlich definieren, aber Integrität bedeutet schlicht und einfach, dass das, was wir zu glauben behaupten, mit dem übereinstimmt, wie wir leben.

Genauso wie Begierde die Leidenschaft in unserem Leben zerstört, so tut es auch ein Mangel an Integrität. Nichts verwässert unsere Leidenschaft mehr, als wenn wir behaupten, wir glaubten etwas, es aber nicht ausleben. Wenn wir sagen, unsere Gesundheit sei uns wichtig, aber ständig zu viel von den falschen Lebensmitteln essen, dann verlieren wir Integrität. Wenn wir sagen, unsere Familien seien uns wichtig, aber wir sind immer nur an der Arbeit und nie zu Hause, dann verlieren wir unser Herz. Wenn wir behaupten, wir liebten Gott als Grundlage unseres Lebens, suchen aber nicht täglich den Kontakt zu ihm, dann leiden wir darunter. Unsere Herzen sind dann geteilt, und wir verlieren die wesentliche Ausrichtung unseres Lebens.

Wenn Sie leidenschaftlich leben wollen, müssen Sie ein stimmiges Leben führen und nach dem handeln, was Sie als wahr erkannt haben.

Das nächste Element, das unverzichtbar ist, um uns die Leidenschaft zu erhalten, ist Vergebung. In jedem der vier Abschnitte dieses Buches ist Vergebung in der einen oder anderen Form als entscheidender Teil des Dreißig-Tage-Lebensstils aufgetaucht. Nichts lässt die Leidenschaft schneller austrocknen als ein ungelöster Konflikt. In Hiob 5,2 lesen wir: «Denn einen Toren tötet der Unmut, und den Unverständigen bringt der Eifer um» (Luther). Diese beiden – Unmut und Eifer – rauben einem die Leidenschaft schneller als alles andere.

Unmut und Groll töten die Leidenschaft. Darum sagt Gott, wir müssen lernen, anderen zu vergeben. Wenn Sie Ihre Leidenschaft fürs Leben wiederherstellen wollen, müssen Sie lernen, Menschen zu vergeben. Wenn wir Groll, Verbitterung und Verletzungen mit uns herumschleppen, nagen sie an unserem Leben. Den Leuten, die uns verletzt haben, macht das gar nichts aus. Wir zahlen ihnen überhaupt nichts heim. Jene negativen Emotionen schaden nur uns selbst und nehmen uns die Leidenschaft fürs Leben. Jesus ist uns hier wie immer das große Vorbild. Was sagte er, als er am Kreuz hing? «Vater, vergib ihnen, denn sie wissen nicht, was sie tun!» Er vergab denen, die ihn kreuzigten. Niemand hat mehr vergeben als Jesus Christus. Er war die leidenschaftlichste Person, die je gelebt hat, denn er hat mehr vergeben als jeder andere.

Schließlich brauchen wir Enthusiasmus, um unsere Leidenschaft fürs Leben zu erhalten. Das Wort «Enthusiasmus» setzt sich aus zwei griechischen Wörtern zusammen: *en* und *theos*. *Theos* ist das griechische Wort für «Gott», und *en* steht einfach für «in»; es bedeutet also wörtlich «Gott innen», «der von Gott Erfüllte».

Wenn Sie jeden einzelnen Tag so leben wollen, als wäre es Ihr letzter, dann müssen Sie sich auf Ihre Beziehung zu Gott ausrichten. Wenn es Ihnen an Leidenschaft im Leben fehlt, pflegen Sie vielleicht Ihre Beziehung zu ihm nicht so, wie es sein sollte. Wir haben einen geistlichen Hunger in uns, der nie gestillt wird, bis wir Ruhe finden in Gott. Auch wenn wir noch so vielen Dingen nachjagen, die uns erfüllen und glücklich machen sollen, wird uns nur einer jemals wirklich befriedigen können. Wenn wir den Rest unseres Lebens so leben wollen, als bliebe uns nur noch ein Monat, dann wollen wir wissen, dass Gott in uns ist, in den Einzelheiten jedes Tages. Wir wollen die Nähe seiner Liebe zu uns spüren und sie an die Menschen in unserem Umfeld weitergeben.

Liebe. Integrität. Vergebung. Enthusiasmus. *Leben.* Das leidenschaftliche Leben, das eine Leben, das uns gegeben ist, das sich wirklich lohnt. Es geht darum, mit dieser Leidenschaft zu leben, das Leben voll auszukosten und sich nicht mit weniger zufriedenzugeben. Es geht darum, leidenschaftlich zu leben, bedingungslos zu lieben, demütig zu lernen und ein Vermächtnis zu hinterlassen, das eine ewige Wirkung hat. Wenn Sie nur noch einen Monat zu leben hätten, würden Sie dann nicht so leben wollen – in dem Wissen, dass Sie aus jeder Sekunde Ihres Lebens alles herausgeholt und das überfließende (nicht das sichere, leichte oder bequeme) Leben, das Gott uns verheißen hat, genossen haben?

Unser Vorbild

Wenn ich das Leben Jesu betrachte, sehe ich jemanden, der wusste, wie man lebt. Jesus wusste sogar, wie viel Zeit er noch hatte. Wie also hat er gelebt, als er wusste, dass ihm noch ein Monat auf der Erde blieb? Er lebte diese vier Prinzipien aus, die wir hier betrachtet haben. Erstens lebte er leidenschaftlich. Wir nennen ja sogar das Ende seines Lebens die «Passion» Christi. Er lebte sein Leben total aus und setzte alles für seinen Vater ein und dafür, etwas in der Welt zu bewirken. Jesus war der leidenschaftlichste Mensch, der je lebte, und er möchte, dass wir mit derselben Passion leben. In Johannes 10,10 sagt er: «Ich aber bringe Leben – und dies im Überfluss.»

Er möchte, dass wir ein Leben führen, das angefüllt ist mit den Dingen, die er für uns bereithält. Kürzlich war ich auf der Beerdigung einer lieben Frau aus unserer Gemeinde, die in ihren Neunzigern war, als sie zum Herrn ging, und alle waren sich einig, dass sie ein gutes, volles Leben geführt hatte. Es gibt einen großen Unterschied zwischen einem vollen Leben und einem guten, vollen Leben. Vielleicht ist Ihr Leben auch voll – voll von Aktivitäten, Stress und Sorgen. Aber was ich meine, ist ein gutes, volles Leben. Diese Frau führte ein Leben voller Barmherzigkeit, und das ist ein gutes, volles Leben.

Zweitens liebte Jesus bedingungslos. In Johannes 13,1 heißt es: «Am Vorabend des Passahfestes wusste Jesus, dass nun die Zeit gekommen war, diese Welt zu verlassen und zum Vater zurückzukehren. Er hatte die Menschen geliebt, die zu ihm gehörten, und er hörte nicht auf, sie zu lieben.»

Was also tat Jesus, als er wusste, dass er nur noch einen Monat zu leben hatte? Er liebte bedingungslos die Menschen, denen er am nächsten stand. Er konzentrierte sich auf die Beziehungen, die am meisten zählten – die zu seinen Jüngern. Und ebenso können auch wir ohne Zurückhaltung lieben, indem wir uns mit aller Kraft auf die Beziehungen konzentrieren, die in unserem Leben am wichtigsten sind.

Es erstaunt mich immer wieder, wie bewusst ich an den Beziehungen zu meiner Familie arbeiten muss, damit wir einander wirklich begegnen. Wir müssen jeden Tag aufs Neue bewusst aufeinander zugehen, sowohl auf jedes unserer Kinder als auch aufeinander in unserer Ehe und in jeder anderen Beziehung, die uns wichtig ist, damit diese Beziehungen gedeihen können.

Das dritte Prinzip im Dreißig-Tage-Lebensstil ist das demütige Lernen, und auch für die Demut war Jesus unser größtes Vorbild. In Philipper 2,8 lesen wir: «Er erniedrigte sich selbst und war Gott gehorsam bis zum Tod, ja, bis zum schändlichen Tod am Kreuz.» Jesus war Gott selbst, und doch erniedrigte er sich, kleidete sich in einen menschlichen Körper und wurde einer von uns, damit wir Gott begegnen können.

Das vierte universelle Prinzip besteht darin, unerschrocken loszulassen. Und auch hier wieder ist Jesus unser größtes Vorbild, denn er hinterließ ein ewiges Vermächtnis hier auf der Erde, ließ unerschrocken los und ging zurück zu seinem Vater. Er war bereit zu gehen. In Lukas 9,51 lesen wir: «Als die Zeit nah war, dass Jesus wieder zu Gott zurückkehren sollte, brach er nach Jerusalem auf.» Jesus ging den Weg ans Kreuz entschlossen, weil er uns liebte. Auch wir können ein kühnes Vermächtnis auf der Erde hinterlassen und unsere Tage auf etwas verwenden, das uns noch lange überdauern wird.

Als meine Mutter etwa so alt war wie ich jetzt, erfuhr sie, dass sie Krebs hatte, und es dauerte nicht lange, bis ihr gesagt wurde, sie habe nur noch einen Monat zu leben. Doch das Schöne war, dass sie gar nichts zu verändern hatte. Von dem Tag an, als sie jene Worte hörte, lebte sie weiter so wie zuvor. Warum? Weil sie schon von jeher bewusst gelebt hatte. Sie hatte die Menschen in ihrem Leben ohne Zurückhaltung geliebt. Sie hatte die Dinge getan, die sie tun musste. Sie hatte nichts ungesagt gelassen, was gesagt werden musste. Und als sie dann erfuhr, dass ihr noch ein Monat blieb, konnte sie denselben Weg weitergehen.

Mein Ziel für Sie und für mich ist, dass auch wir so bewusst leben, dass wir nichts zu bereuen haben werden. Ich bete darum, dass Sie und ich, wenn unser letzter Tag auf dieser Erde anbricht, wissen werden, dass wir ganz und gar das Leben gelebt haben, für das wir geschaffen wurden.

Eines der Mysterien des Lebens ist, dass keiner von uns weiß, wann wir sterben werden. Dass es aber so kommen wird, ist eine Tatsache. «Die Jahre eines jeden Menschen sind gezählt; die Dauer seines Lebens hast du festgelegt» (Hiob 14,5). Wenn wir bereit sind, das anzunehmen und Gott das Ende unserer Zeit auf der Erde anzuvertrauen, können wir uns darauf konzentrieren, wie wir den Bis-Strich zwischen unserem Geburtsjahr und unserem Todesjahr ausfüllen. Wir können unseren Bis-Strich zu einem unglaublichen Abenteuer voller Entdeckungen, Freude und zielbewusster Zufriedenheit machen. Wir können *leben.*

Meine Hoffnung für Sie ist, dass dieses Buch Ihr Leben verändert hat – dass es Sie zum Nachdenken darüber gebracht hat, was es bedeutet, leidenschaftlich und zielstrebig zu leben wie noch nie zuvor. Ich bete darum, dass Gott alles Wahre auf diesen Seiten benutzt, um Sie zu einer neuen Lebensqualität zu inspirieren. Lassen Sie sich herausfordern, jeden Tag so zu leben, als bliebe Ihnen nur noch ein Monat!

Damit es fürs Leben hält

1. Nachdem Sie jetzt die Dreißig-Tage-Herausforderung abgeschlossen haben, möchte ich Sie ermutigen, den Dreißig-Tage-Lebensstil weiterzuführen.

2. Nehmen Sie sich so bald wie möglich einen Tag, an dem Sie sich allein zurückziehen, um noch einmal zu überdenken, was Sie mit diesem Buch erlebt haben. Machen Sie einen Dreißig-Tage-Auswertungstag daraus. Gehen Sie die Reaktionen, Gedanken und Empfindungen noch einmal durch, die Sie beim Lesen dieses Buches hatten. Was hatte während dieses Monats die stärkste Wirkung auf Sie? Warum? Inwieweit hat das Lesen dieses Buches und seine Umsetzung in Ihrem Leben Sie verändert?

3. Treffen Sie sich mit mindestens einem Ihrer Freunde zum Kaffee oder zum Essen und erzählen Sie ihm oder ihr von Ihren Erlebnissen im vergangenen Monat. Fragen Sie Ihre Freunde, was sie tun würden, wenn sie wüssten, dass sie nur noch einen Monat zu leben hätten.

Über die Autoren

Mit acht Leuten gründeten Kerry und Chris Shook 1993 die «Fellowship of The Woodlands». Seither ist diese Gemeinde auf über fünfzehntausend Menschen angewachsen und zu einer der größten und einflussreichsten Gemeinden in Amerika geworden. Ihr Hauptstandort befindet sich in The Woodlands in der Nähe von Houston, Texas.

In ihrem Bestreben, Barrieren aus dem Weg zu räumen, die Menschen davon abhalten, eine Beziehung zu Jesus Christus zu erleben, sind Kerry und Chris zu der Überzeugung gekommen, dass Gemeinde packend sein und Menschenleben verändern sollte. Sowohl vor Ort als auch in Ländern rund um die Welt haben sie durch die Einsätze und Dienste der «Fellowship of The Woodlands» Tausenden von Menschen, denen es an Ressourcen mangelte, weitergeholfen.

Mit ihrer wöchentlichen Fernsehsendung erreichen sie Millionen von Zuschauern. Sie ist in allen fünfzig Staaten der USA und darüber hinaus weltweit in über zweihundert Ländern zu sehen.

Kerry und Chris sind seit fast fünfundzwanzig Jahren verheiratet und haben vier Kinder.

Hinweis für die Leserinnen und Leser:
Wenn Sie gut Englisch verstehen, gibt es unter

www.OneMonthToLive.com

weitere Informationen und Anregungen.